139
ER INDICVM ROTVNDVM CANDIDVM,
T NIGRVM.
Ronder weisser vnd schwartzer indi
nischer pfeffer

mandelbaum *verlag*

Für Simone

Nathalie Pernstich-Amend
Konrad Pernstich

Pfeffer

Rezepte und Geschichten um Macht, Gier und Lust

mandelbaum *verlag*

www.mandelbaum.at
www.mandelbaum.de

ISBN: 978385476-940-8

3. Auflage 2022

Lektorat: Inge Fasan
Satz & Umschlaggestaltung: Michael Baiculescu
Umschlagillustration: Linda Wolfsgruber
Druck: Interpress, Budapest

Inhalt

Vorwort

Kaffee, Olivenöl, Schokolade: Der aufgeklärte (sprich: geografisch und/oder sozial privilegierte) Genießer von heute weiß genau, welche speziellen Sorten dieser Produkte er bevorzugt. Beim Wein ist das ja schon länger so, und auch bei anderen Lebensmitteln wird zunehmend differenziert, verkostet und »sich ausgekannt«. Bei Pfeffer, so kam uns vor, ist das noch anders. In den meisten Mühlen – oder gar Streuern – fristet dieses Universalgewürz ein Dasein der Selbstverständlichkeit, unverzichtbar und doch zuweilen missachtet. Und das trotz seiner vielfältigen Vorzüge und facettenreichen Geschichte.

Diese ist – fast untrennbar von der Geschichte anderer Gewürze – in vieler Hinsicht menschen- und weltbewegend. Die scharfen Körnchen kamen schon in frühen Kulturen bei der Anbetung von Göttern, zu Heilzwecken und als Genussmittel zum Einsatz und wurden zeitweise mit Gold aufgewogen. Die Suche nach Pfeffer war ein Grund für die Öffnung Europas zur Welt. Seinetwegen wurden Afrika und die Welt zum ersten Mal umsegelt, Kriege geführt und die Weltkarte neu gezeichnet. Trotz wechselhafter kulinarischer Trends, die ihn einmal krönten, einmal verdammten, ist Pfeffer über die Jahrhunderte bis heute eines der gebräuchlichsten Gewürze geblieben.

Nicht zuletzt war es diese abenteuerliche Vergangenheit des Pfeffers, die uns derart faszinierte, dass wir sie hiermit weitererzählen möchten. In nicht geringerem Maße gründet unser persönliches Interesse an Pfeffer in unserer Vorliebe für sein besonderes Aroma und seinen unersetzbaren Geschmack. Die heute einzigartige Verfügbarkeit einer Vielfalt von Pfeffersorten mit eigenständigen Charakteristiken, besonderen kulinarischen Vorzügen und individuellen Geschichten schürte dieses Interesse erheblich.

So machten wir uns in erster Linie als interessierte GenießerInnen und nicht als WissenschafterInnen ans Werk, dieses Buch zu schreiben. Einschlägige Quellen über historische und botanische Fakten wurden gewissenhaft konsultiert, aber nicht lückenlos eingebaut, schon allein deswegen, weil die anfänglichen Zweifel, ob ein Buch über Pfeffer mehr als 200 Seiten füllen könnte, sich recht bald als gänzlich unbegründet erwiesen. Unverkennbar wird auch unser europäischer Blickwinkel auf die Pfefferhistorie sein. Den Handel Chinas mit Indien und den Gewürzinseln erwähnen wir daher nur am Rande, obwohl er vor dem europäischen einsetzte und über lange Zeit auch der bedeutendere war. Die Pflanzenporträts sollten umfassend, aber nicht allzu wissenschaftlich sein. Dieser Herangehensweise fielen Fachausdrücke und manches botanische Detail zum Opfer, die uns für das allgemeine Verständnis über die Pfeffer-Pflanzenwelt unwesentlich vorkamen. Die Rezepte in diesem Buch sind teils gesammelt, teils aus Experimenten in der eigenen Küche entstanden. Bei der rein subjektiven Auswahl waren die variantenreichen Einsatzmöglichkeiten der Pfeffervielfalt und natürlich die reine Gaumenfreude unsere Leitmotive. Unsere Faszination für Pfeffer hat sich im Laufe der Recherche für dieses Buch noch weiter vertieft. Wenn es uns gelungen ist, auch Ihnen dieses geschichtsträchtige Gewürz ans Herz zu legen und Ihre Pfeffermühle mit neuer kulinarischer Bedeutung zu belegen, so sind wir mit dem Resultat zufrieden.

Nathalie Pernstich-Amend, Konrad Pernstich

GESCHICHTEN UM MACHT, GIER UND LUST

Die Händler des siebzehnten Jahrhunderts holten dort Pfeffer, denn die Leidenschaft für den Pfeffer muß den holländischen und englischen Abenteurern zur Zeit Jakobs I. wie die Flamme der Liebe in der Brust gelodert haben. Wo gingen sie nicht um des Pfeffers willen hin. Für einen Sack Pfeffer hätten sie einander ohne zu zögern die Kehle durchgeschnitten und ihre Seelen verkauft, um die sie sonst so besorgt waren: die groteske Hartnäckigkeit jenes Verlangens ließ sie des Todes in seinen tausend Formen spotten; der unbekannten Meere, der abscheulichen und fremden Krankheiten; Wunden, Gefangenschaft, des Hungers, der Pestilenz und Verzweiflung. Es machte sie groß! Himmel, ja! es machte sie zu Helden …

Joseph Conrad, »Lord Jim«

Pfefferernte. Aus: Paré, Des Monstres et Prodiges, 1585.

Von himmlischen Geschenken: wie alles begann

Die Geschichte des Pfeffers beginnt in Indien, und auf diesen fruchtbaren Boden gelangte er auf Geheiß der indischen Götter. Pfeffer sollte, so erließen sie, dem Wohle und Erhalt des Menschen dienen.[1] In anderen Himmels- und Sagenreichen zogen die Götter und jene, die es werden wollten, selbst großen Nutzen aus der verzaubernden Kraft von Gewürzen. Reich umweht von Zimtdüften, erzählt uns Ovid, marschierte Helena in Troja ein und machte das Volk glauben, sie sei eine Göttin. Die Eroberung der Stadt konnte erfolgreich besiegelt werden.[2]

Die Herznote dieses Erfolgs: ein betörendes Aroma! Die Götter und ihre Wohnstätten rochen eben gut, und das nicht nur in der Vorstellung der Griechen und Römer. Weihrauch und Myrrhe, Kräuter, Sandelholz, Zimt – heute wie einst taucht man im Rahmen eines Verehrungsrituals in mystisch aromatische Rauchwolken ein. Seit Jahrtausenden wird mit kostbaren, wohlriechenden und essbaren Opfern um die himmlische Gunst geworben. So hatten besonders Gewürze mit ihren inspirierenden Düften und vermeintlich magischen Kräften in nahezu allen Religionen rituelle Bedeutung.

Zum Beispiel in Ägypten: Dort wurde dem vielgestaltigen Pantheon täglich Speis und Trank dargebracht und der göttliche Duft der Tempel mit balsamischen Gaben erneuert. Dass dabei zumindest im Neuen Reich des Alten Ägypten, also schon vor 1000 v. Chr., bereits Pfeffer im Spiel war, belegen archäologische Funde an der Stätte der ehemaligen Hafenstadt Berenike am Roten Meer. Die Ausgrabungen brachten erstaunliche Mengen an Pfeffer zutage, ein Großteil dieser Körner wurde verkohlt in der Nähe von Tempeln entdeckt. Unter anderem wurde ein indisches Gefäß ausgegraben, gefüllt mit 7,5 kg Pfeffer. Die Vermutung liegt nahe, dass »die Gesamtmenge von Pfefferkörnern, die als Opfergabe dargebracht oder auch einfach verschüttet wurde, beträchtlich gewesen ist«.[3]

» 1 Vgl. Müller, F. M.; Bloomfield, M.: Hymns of the Atharva-Veda, S. 21–22.

» 2 Vgl. Turner, J.: Spices, S. 228.

» 3 Neef, R.; Cappers, R. T. J.: Ausgegrabene Gewürze, S. 88–89.

Pharaonen und weiteren wichtigen Würdenträgern wurden zumindest nach ihrem Tod die Ehren solcher Opfergaben zuteil. Der älteste persönlich bekannte Konsument von Pfeffer (Götter ausgeschlossen) war Ramses II., dem nach seinem Ableben am 12. Juli 1224 v. Chr. einige Pfefferkörner in die Nase und in die Bauchhöhle gesteckt wurden, bevor man ihn zur besterhaltenen Mumie des Alten Ägypten einbalsamierte.[4] Bei weiteren bekannten Leichnamen der ägyptischen Pharaonenzeit ist die Verwendung von Pfeffer bei der Mumifizierung allerdings nicht belegt, und so gibt Ramses »der Große« einige Rätsel auf. Wurde mit den konservierenden Eigenschaften dieses Gewürzes experimentiert oder war dieser bedeutende Herrscher einfach eine extravagante Sonderbehandlung wert? Vielleicht sollte der Geruch des Pfeffers neues Leben anziehen, denn in der nachvollziehbaren Vorstellung der Ägypter kam der Lebenshauch durch die Nase – umso mehr, wenn ihn ein guter Duft anzog. In der Tat dienten die verschiedenen Mittel bei der Einbalsamierung der Verstorbenen nur einem Zweck: dem Erhalt des Körpers nach dem Tod, sodass die Seele ihren Weg dorthin wiederfinden möge. Im Fall von Ramses II. war dies wohl gewissermaßen gelungen: Als seine Mumie 1976 in Paris ankam – wo Experten die Pfefferkörner im Rahmen einer Notfallbehandlung wegen Pilzbefalls entdeckten – wurde er mit Pomp und Staatsehren empfangen.

Es duftete und rauchte nicht nur bei den Alten Ägyptern, aber vielleicht trugen sie wesentlich zur Verbreitung dieses religiösen Parfumkults bei. Laut dem Alten Testament war Ägypten immerhin der Ort, wo Moses ein Rezept für Räucherwerk offenbart wurde: »Der Herr sprach zu Mose: Nimm dir Duftstoffe, Staktetropfen, Räucherklaue, Galbanum, Gewürzkräuter und reinen Weihrauch, von jedem gleich viel, und mach Räucherwerk daraus, ein Würzgemisch, wie es der Salbenmischer herstellt, gesalzen, rein und heilig.«[5] Auch von heiligen Salbölen mit Zimt und Nelken ist im Buch Exodus die Rede, und Jahwes Anordnung ist unmissverständlich – beide sind allein für heilige Zwecke bestimmt: »Wer solches um des Duftes willen herstellt, soll aus seinen Stammesgenossen ausgemerzt werden.«[6]

Im alten Rom waren rauchende Gewürze ebenfalls prinzipiell der Götterschar vorbehalten, was so manchen römischen Kaiser dazu verführte, sich selbst in opulente Duftwolken zu hüllen, um das Image übermenschlicher Macht zu unterstreichen. Eine Zweckentfremdung, die zu Beginn dieser Gewohnheit um die Zeitwende von römischen Traditionalisten mit reichlich Kritik geahndet wurde: Als Opfer für die Götter, nicht aber profanen Interessen sollte heiliges Duftwerk dienen! Bei der Verwendung von Gewürzen für Begräbnisse

» 4 Vgl. Turner, J.: Spices, S. 145. Über den genauen Todeszeitpunkt von Ramses II. herrscht Uneinigkeit. Laut anderer Quellen starb der Herrscher etwas später.

» 5 Die Bibel, Einheitsübersetzung, Exodus 30.34–30.35.

» 6 Die Bibel, Einheitsübersetzung, Exodus 30.38.

oder Einäscherungen war man grundsätzlich toleranter. Nach altem Brauch begleitete man die Toten mit süßlich-aromatischen Zimtdüften auf ihrem letzten Weg. Zuweilen wurden dabei aber auch solche Mengen verwendet, dass Anlass zur Beunruhigung über die Kapazitäten Arabiens, dem Zulieferer dieser Requisiten, bestand: »Der Sache Kundige versichern, das Land bringe in einem jährlichen Anwachse nicht so viel hervor, als der Kaiser Nero an dem Bestattungstage seiner Gemahlin Poppäa verbrannt habe.«[7]

Ob die Sorge berechtigt war, ist nicht überliefert, anscheinend waren die Vorräte der Lieferanten über die Zeiten aber ausreichend, um die Rituale mehrerer Religionen mit Aromen zu untermalen und nebenbei die körperlichen Ansprüche ihrer Anhänger zu bedienen. Bei den drei großen monotheistischen Glaubensrichtungen war die Verwendung von Gewürzen auch lange Zeit zumindest offiziell dem Dienst an Jahwe, Gott und Allah vorbehalten – allein für medizinische Zwecke durfte die eine oder andere Ausnahme gemacht werden. Ein Teil der Schlusszeremonie des Sabbats ist es nach wie vor, den Besamimbehälter, eine Schale mit Gewürzen, herumzureichen und dem Schöpfer derselben zu danken. Gewürze waren heilige Früchte des Paradieses, ihr himmlischer Duft Symbol für ihre göttliche Provenienz. Das Mysterium über ihre tatsächliche Herkunft trug im Christentum bis ins späte Mittelalter dazu bei, diese Vorstellung zu schärfen. Doch korrumpierten über die Zeit einige Faktoren die vermeintliche *raison d'être* der mystischen Räucherwaren. Die aromatischen Gaben waren eben nicht nur heilig und dem Menschen verboten, sondern auch sehr verführerisch, und zuweilen wurden Gewürze eher mit dem Bild der Orgie als mit dem eines paradiesischen Himmelsreiches assoziiert. Bis zur Zeitwende war der besondere Genuss einer gut gewürzten Mahlzeit längst entdeckt – und nebenbei auch die bedenkliche Auswirkung derselben auf die Moral. So manchem römischen Gelehrten stieß der ausschweifende Lebensstil betuchter Mitbürger, deren Tische sich unter dem Gewicht von Gewürzen nur so bogen, ziemlich auf. Zweifel darüber, ob die standhafte römische Kultur diese Welle der Dekadenz überstehen würde, waren groß. Ob der Konsum von Gewürzen einem christlichen Lebensstil zuträglich sei, war ebenfalls eine immer wiederkehrende Frage im Mittelalter. Mit Sorge um seine Mönche bemerkte Bernhard von Clairvaux, der Begründer des Zisterzienserordens, Anfang des 11. Jahrhunderts, dass Pfeffer, Ingwer, Kreuzkümmel, Salbei und weitere Würzmittel zwar dem Gaumen schmeichelten, aber auch die Libido entzündeten.[8] Die Assoziation von guten Düften mit göttlicher Präsenz wackelte im Christentum aus anderen Gründen auch schon viel früher: Bis zum 5. Jahrhundert wehrten sich die klerikalen Autoritäten dieser jungen Religion gegen

» 7 Plinius Naturgeschichte, Bd. II, S. 523 (18. Buch, 12. Kapitel).

» 8 Vgl. Turner, J.: Spices, S. 267.

die Übernahme heidnischer Bräuche, wie etwa der Anbetung von Göttern mithilfe von Duftgaben, und so wurde der Gebrauch von Gewürzen in christlichen Ritualen ganz einfach untersagt. Als Argument diente, dass die reizvollen Aromen brennender Gewürze Dämonen (siehe Clairvaux!) herbeilockten, wohl war aber die Gewohnheit der Römer, ihren Kaiser und ihre gesamte Gottesschar mithilfe solcher Opfergaben zu verehren, der größere Dorn im Auge. So wie sich das Christentum über die Zeit erfolgreich durchsetzte, war der Klerus auch wieder bereit, die Bibel nach der Schrift zu lesen, und der Glaube an die paradiesische Herkunft aromatischer Früchte fand Anklang. Würzige Wohlgerüche in Form von Inzens wurden und blieben wichtiger Bestandteil der christlichen Liturgie. Bis zum späteren Mittelalter war es auch längst Usus geworden, dem »Teuflischen« mit potentem Rauchwerk nebst Gebeten im Rahmen von Exorzismen den Garaus zu machen. Wenn man bedenkt, dass auch heute Feng-Shui-Berater ihre Aufgabe meist mit dem Ausräuchern schlechter Energien aus Designer-Wohnungen beginnen und dass Aromatherapie die Stimmungslage positiv beeinflussen soll, so ist das Spiel mit Düften und die olfaktorische Logik dahinter wohl weder in religiöser und sozialer noch in zeitgeschichtlicher Hinsicht eingrenzbar.

Das Verlangen nach Gewürzen war in Europa bis zur Neuzeit zwar schon lange nicht mehr hauptsächlich – oder gar ausschließlich – religiös motiviert, doch dienten religiöse Vorstellungen während des gesamten Mittelalters dazu, die Attraktivität von Gewürzen deutlich zu erhöhen. Nach der dunklen Zeit und auch während des venezianischen Handelsmonopols nahm das Bild eines erreichbaren Paradieses auf Erden Formen an: War möglicherweise dieser geheimnisvolle Ort »Orient« mit seinen himmlischen Düften *der* Garten Eden, in dem aromatische Gewürze im Überfluss an den Bäumen hingen? Immerhin hatte der Herrgott diesen Garten ja im Osten angelegt, und dass die teuren, exotischen Spezereien aus dieser Richtung kamen, war auch kein allzu großes Geheimnis. Das Aroma von Gewürzen trug einiges dazu bei, die Fantasie der Europäer zu beflügeln: »Die Gewürze als Verbindungsglied zum Paradies, und das Paradies irgendwo als im Osten liegend vorgestellt – dieser Ursprung fasziniert die Phantasie des mittelalterlichen Menschen. [...] Das Paradies ist, in christlich-exotischer Mischung, eine phantastische Welt jenseits des lokalen Alltags, nicht ganz diesseits, nicht ganz jenseits.«[9]

Die Heimat der exotischen Gewürze war eine mysteriöse Welt, weit entfernt, sagenumwoben und vielversprechend – die Suche nach ihr wurde somit unvermeidbar. Dass die Entdeckung dieser fernen Lande im Rahmen der abenteuerlichen Seefahrten zu Beginn der Neuzeit im Wesentlichen nicht den Göttern zugute kam, zeigt die weitere Geschichte.

» 9 Schivelbusch, W.: Das Paradies, der Geschmack und die Vernunft, S. 16, 23.

Pfefferernte in Indien. Aus: Marco Polo.

Von Entdeckern, Pfeffersäcken und Verlierern: eine Geschichte des Pfefferhandels

Die frühesten archäologischen Hinweise auf die Verwendung von Gewürzen kann man auf etwa 50000 v. Chr. datieren. Eine sumerische Tontafel aus der Zeit um 3000 v. Chr. ist der älteste bekannte schriftliche Hinweis auf den Konsum von Nelken. Da diese nur auf den Molukken wuchsen, mussten also schon damals Kontakte bis in den Osten des heutigen Indonesien bestanden haben. Bei der Errichtung der Cheopspyramide in der Mitte des 3. Jahrtausends v. Chr. wurden den Arbeitern zur Förderung ihrer Kraft und Ausdauer Gewürze verabreicht.

Was Pfeffer betrifft, so bezeugen indische Quellen, dass dieser schon vor 4000 Jahren kultiviert wurde und in den Tempeln und der Küche des Subkontinents in Gebrauch war. Die Malabarküste im Südwesten Indiens war nicht nur Lieferant von Pfeffer und Zimt, sondern bereits zu dieser Zeit auch zentraler Umschlagplatz für die Gewürze aus Südostasien. Handelswege von Indien zum Persischen Golf und weiter über Ninive und Babylon bis nach Syrien und Ägypten lassen sich schon im 3. Jahrtausend v. Chr. nachweisen.[1]

Diese Handelswege waren anfangs nicht durchgehend organisiert, sondern liefen opportunistisch von einem Händler zum nächsten, ohne eine vorher festgelegte Enddestination der Ware. Wie lange die Reise der Gewürze von der Ernte in Indien bis zum Konsumenten in Mesopotamien oder Ägypten dauerte, war in diesem System nicht absehbar. Waren die Handelswege aber erst etabliert – und man kann davon ausgehen, dass dies frühzeitig geschah –, war die Frage der Dauer nicht mehr relevant. Entscheidend war nur die kontinuierliche Belieferung des wachsenden Marktes.

Lange bevor die ersten Gewürze Europa erreichten, waren sie also den Sumerern und Ägyptern bekannt. Gewürze waren dort nicht nur für kulinarischen Gebrauch, sondern auch als Basis zur Herstellung von Parfums und Kosmetika, als Opfergaben für Götter, als Medizin und als Ingredienz beim Einbalsamieren von Pharaonen begehrt. Auch in anderen Kulturen war die Heilwirkung von Gewürzpflanzen schon frühzeitig bekannt. Im 6. Jahrhundert v.

» 1 Vgl. Miller, I. J.: The Spice Trade of the Roman Empire, S. 194.

Chr. empfahl Konfuzius seinen chinesischen Landsleuten Ingwer als Medizin. Zu diesem Zeitpunkt importierte China bereits Gewürze von den Molukken und der Malabarküste.
Indische Gewürze, hauptsächlich Pfeffer, kamen erstmals um 500 v. Chr. nach Europa. Persische Händler verkauften sie den in Kleinasien ansässigen Griechen und den Phöniziern in der Levante, die sie nach Athen, nach Karthago und nach Sizilien, vermutlich sogar bis nach Marseille brachten.[2]
Die wichtigsten Märkte für Gewürze lagen aber weit östlich des Mittelmeeres in den Ländern Asiens. Indien als Zentrum des Handels bezog die Gewürze in erster Linie aus dem eigenen Land, aber auch aus Ceylon und lieferte sie nicht nur bis nach Persien und Ägypten im Westen, sondern auch nach China im Osten.
Europa blieb für Indien ein peripherer Markt von geringer Bedeutung. Weder besaßen die Produzenten der Gewürze in Indien und Südostasien Kenntnisse von der Destination im Westen noch hatte man damals in Europa eine konkrete Vorstellung über die Herkunft der Gewürze. Dies sollte sich erst während der Regentschaft von Kaiser Augustus in Rom (31 v. Chr. bis 14 n. Chr.) entscheidend ändern.
Das Verlangen der Menschen nach Gewürzen führte zur Entstehung der ältesten globalen Handelsbeziehungen und die steigende Nachfrage bestimmte langfristig und nachhaltig die politische, wirtschaftliche und kulturelle Entwicklung der Welt.

Die Griechen und die Römer und ihre Lust nach Gewürzen

Pfeffer und andere Gewürze erreichten Europa vergleichsweise spät, wurden dann aber schnell begehrte Ingredienzien in Küchen und Apotheken und eroberten rasch einen Markt in Rom und Griechenland. Das Ursprungsland des Pfeffers, die Malabarküste im Süden Indiens, entwickelte sich schnell zum dominierenden Handelsplatz in Asien und so war es nur natürlich, dass sie auch bald zum Umschlagplatz für Muskatnuss und Nelken von den Molukken wurde.
Der Handel lag zunächst hauptsächlich in der Hand der Nabatäer, nordarabische Kaufleute, die ab 1000 v. Chr. regelmäßig Karawanen zum Transport der wertvollen Güter auf dem Landweg von Südindien in den Norden und dann weiter bis Bagdad und ans Mittelmeer organisierten. Im Laufe der Zeit ent-

» 2 Vgl. A taste of adventure. The Economist, 17. Dez. 1998, http://www.economist.com [15.08.2011].

wickelten südarabische Händler eine alternative Route von der Malabarküste über das Meer – unter Ausnutzung der Monsunwinde – zur arabischen, später auch zur ägyptischen Küste des Roten Meeres und weiter über Karawanenwege ans Mittelmeer. Diese Route war schneller und sicherer als die nördlichen Karawanenstraßen und gewann daher zunehmend an Bedeutung. Ab der Mitte des 5. vorchristlichen Jahrhunderts wurde der Gewürzhandel von diesen südarabischen Kaufleuten dominiert. Sie wurden die Mittelsmänner zwischen Indien und Europa und über sie gelangte der Pfeffer dann von Ägypten auch nach Griechenland. Die alternative Route über Kleinasien verlor dadurch an Bedeutung. Städte, die entlang der Handelsrouten lagen, kamen zu großem Reichtum allein durch die Steuern, die von den durchziehenden Karawanen und landenden Schiffen zu entrichten waren.

Wie wir aus Erwähnungen von Hippokrates, Antiphanes und Aristoteles wissen, war Pfeffer um 400 v. Chr. in Athen als Medizin und Aphrodisiakum bekannt und erzielte extrem hohe Preise auf den Märkten der Stadt. Kein Wunder also, dass man dieses lukrative Geschäft mit allen Mitteln vor eventuellen Rivalen zu schützen versuchte. Daher verbreiteten arabische Händler zur Abschreckung und Irreführung fantastische Geschichten über die Herkunft der Gewürze.

In seiner Enzyklopädie »Etymologiarum sive originum libri XX« aus dem Jahre 623 n. Chr., in der er das bis zu seiner Zeit überlieferte Wissen der Antike niederschrieb, berichtet der Bischof Isidor von Sevilla Folgendes über die Herkunft des Pfeffers: »Der Pfefferbaum wächst in Indien an den Südhängen des Kaukasus in praller Sonne. Sein Laub ähnelt dem des Wacholders. Die Pfefferwälder werden von Giftschlangen bewacht. Wenn nun die Zeit der Ernte gekommen ist, legen die Eingeborenen Feuer in den Wäldern um die Schlangen zu vertreiben. Gleichzeitig bekommt der Pfeffer durch die Hitze des Feuers seine Schärfe und seine schwarze Farbe, denn seine ursprüngliche Farbe ist weiß […]«[3]

Als Alexander der Große 332–331 v. Chr. Ägypten eroberte, war der Gewürzhandel schon so bedeutend, dass er Alexandria unter anderem auch als Hafen und Handelsplatz für die Verschiffung der Gewürze nach Europa gründete. Wenn auch die arabischen Händler die Kontrolle über den Kontakt mit Indien behielten, kam Alexandria allein durch die auf den Gewürzhandel erhobenen Steuern und Abgaben zu enormem Reichtum. Dies schuf die Voraussetzung für die blühende Entwicklung der Stadt.

Während der Regentschaft von Kaiser Augustus stieg nach der Eroberung Ägyptens der Gewürzimport aus Indien weiter an. Im Jahre 80 v. Chr. wurde

» 3 Zit nach: Isidore of Seville, »Etymologiae« book 17, in: »Isidorus Hispalensis Etymologiae 17«.

Alexandria Teil des Römischen Reiches und entwickelte sich in der Folge zum größten Handelszentrum der antiken Welt und zum wichtigsten Marktplatz für den immer noch von arabischen Händlern kontrollierten Gewürzhandel. Rom setzte nun alles daran, die arabischen Mittelsmänner zu umgehen und direkte Handelsbeziehungen mit Indien aufzunehmen. Dies gelang erst, als ein griechischer Händler und Seefahrer um das Jahr 40 v. Chr. das Geheimnis der Monsunwinde entdeckte – ein Wissen, das die Araber fast tausend Jahre für sich behalten konnten. Ob dieser kühne Seefahrer, der von vielen Quellen Hippalus genannt wird, dessen wirklicher Name aber nicht zweifelsfrei überliefert ist, diese Entdeckung eher zufällig machte oder ob es sich dabei um einen frühen Fall von Wirtschaftsspionage handelte, ist ebenfalls nicht bekannt. Tatsache ist jedoch, dass damit die Reise von der Küste des Roten Meeres nach Indien und zurück viel schneller und mit wesentlich weniger Risiko zurückgelegt werden konnte und eine lange Periode kontinuierlicher und für beide Seiten gewinnbringender direkter Kontakte römisch-griechischer Kaufleute mit der indischen Westküste begann.

Damit war das Monopol der arabischen Händler gebrochen und der Handel zwischen Rom und der Malabarküste erlebte eine stürmische Entwicklung. Große römische Schiffe verließen im Juli, am Höhepunkt des Monsuns, die südlichen Häfen des Roten Meeres in Richtung Muziris, dem alten Handelshafen in Kerala. Als Orientierung diente den römischen Schiffen die Inselgruppe der Lakkadiven, etwa 200 Seemeilen vor dem Zielhafen gelegen. Mit dem Nordwestmonsun segelten sie dann im November voll beladen mit Gewürzen und anderen Gütern des Orients wieder zurück nach Ägypten. Das dadurch plötzlich stark erhöhte Angebot auf den römischen Gewürzmärkten führte erstaunlicherweise nicht zu einem Preisverfall, denn es kam gleichzeitig zu einem enormen Anstieg des Pfefferkonsums. Der Pfefferimport des Römischen Reiches nahm solche Ausmaße an, dass Plinius der Ältere (23–79 n. Chr.) im Senat wetterte: »Jedes Jahr rauben uns die Inder, die Serer [Chinesen] und die Bewohner dieser Halbinsel [Araber] 100 Millionen Sesterzen nach der niedrigsten Schätzung. Soviel lassen wir uns den Luxus und unsere Frauen kosten.«[4]

Mit all seinem Lamentieren konnte Plinius die Römer aber nicht von ihrem Verlangen nach Pfeffer abbringen. Bei allen Unterschieden der diversen Zielmärkte für Gewürze in Bezug auf Kultur, klimatische Gegebenheiten und geografische Distanz zu den Produzenten war ihnen doch eines gemein: das geradezu besessene Verlangen nach exotischen Gewürzen und deren Einstufung als Luxusgüter.

» 4 Zit. nach Miller, I. J.: The Spice Trade of the Roman Empire, S. 227.

Im Alten Ägypten war einer der Gründe dafür die schon erwähnte Verwendung der Gewürze für rituelle Zwecke und zur Einbalsamierung der Pharaonen, von deren Angehörigen und anderen hochgestellten Persönlichkeiten. Europa hatte dafür wesentlich profanere Gründe: Wohlgenüsse, Wohlgerüche und Wohlbefinden. Würze, Parfüm und Medizin sollten dem Leben eine neue Qualität verleihen. Pfeffer eroberte schnell die Küchen der vermögenden Schichten Roms und wurde zum Luxusartikel schlechthin. Silberschalen, vollgefüllt mit Pfeffer, durften – auch als Dekoration – bei keinem Bankett fehlen. Diese *Piperatoria* genannten Ziergefäße waren weit verbreitet und schmückten die Tafeln eines jeden Gastmahles, um den feinen Geschmack des Gastgebers zu demonstrieren, aber wohl noch mehr um seinen Reichtum zur Schau zu stellen. Die Herkunft der Gewürze aus fernen, unbekannten Gegenden und ihre abenteuerliche Reise nach Europa über viele Stationen regten die Fantasie zusätzlich an und verliehen Pfeffer, Zimt, Nelken und anderen orientalischen Aromen einen Hauch von Abenteuer und Extravaganz. Dafür war man bereit, »gepfefferte« Preise zu bezahlen, die Gewürze sogar mit Gold aufzuwiegen.

Unser Wissen über den damaligen Handel des Römischen Reiches mit Indien verdanken wir einer einzigartigen Quelle, dem »Periplus Maris Erythraei (Küstenfahrt des Roten Meeres)«[5]. Das zwischen 40 und 70 n. Chr. verfasste Werk beschreibt die Handelsrouten an der arabischen, nordostafrikanischen und indischen Küste und gibt dazu auch genaue Auskunft über die Handelsplätze und die angebotenen Waren. Hier erfahren wir auch Details über die Warenströme aus dem Römischen Reich nach Indien. Die Liste der Exportartikel umfasst unter anderem Metalle, vor allem Kupfer, Textilien, Wein, Glas, Schmuck und auch Sklaven. Für die Heimreise wurden dann Gewürze, Seide, Weihrauch und die über Indien umgeschlagenen Güter aus China und den Molukken geladen.

Der unbekannte Verfasser dieses erstaunlichen Werkes muss ein profunder Kenner der Routen, der besten Reisezeiten und Gefahren wie Untiefen, aber auch der Piraterie gewesen sein. Daneben besaß er auch noch detailliertes Wissen über die lokalen Handelswaren und die Umschlaggüter. Er gibt uns damit einen detaillierten Bericht über den globalen Handel seiner Zeit.

Der schon erwähnte Protest von Plinius im Senat gegen den Abfluss römischen Geldes durch den Import von Luxusgütern aus Asien blieb wirkungslos, und so segelten immer mehr Schiffe im Auftrag römischer Händler nach Indien. Bereits in den ersten Jahren nach der Entdeckung des Geheimnisses der Monsunwinde berichtet der »Periplus« von 120 Schiffen pro Jahr zwischen

» 5 Das einzige erhaltene Exemplar dieses Werkes ist eine Abschrift aus dem 10. Jahrhundert, die sich heute in Heidelberg befindet.

dem Roten Meer und der Malabarküste. Die größten Schiffe liefen dort den Hafen von Muziris an, den wichtigsten Handelsplatz für Pfeffer und andere Gewürze aus dem ganzen indischen Subkontinent und den Gewürzinseln der Molukken. Die römischen Händler waren dort gern gesehen und hoch geachtet. Eine lokale Chronik berichtete darüber: »Die schön gebauten Schiffe der Yavanas [lokale Bezeichnung für Griechen und Römer] kamen mit Gold und kehrten mit Pfeffer zurück, und Muziris hallte wider von lauten Festen.«[6]
Gegen Ende des 1. Jahrhunderts war die Menge an importierten Gewürzen derart angestiegen, dass Rom für ihre Lagerung besondere Speicher bauen ließ, die *horrea piperatoria*. Pfeffer war für Rom so wichtig geworden, dass ein Teil der strategischen Reserven der Stadt in eben diesem Gewürz angelegt wurde.[7]

Die im »Periplus Maris Erythraei« genannten Häfen und Handelsplätze wurden mittlerweile von der modernen Archäologie identifiziert, zahlreiche Funde römischer Münzen und Amphoren an der Küste des Roten Meeres und in Indien zeugen von den blühenden Handelsbeziehungen zwischen Rom und dem Subkontinent in dieser Zeit. Pfeffer und andere Gewürze ließen diesen Handel in einer Weise anwachsen, dass schwarzer Pfeffer in Indien auch als *yavanapriya* (von Römern geliebt) bekannt war. Auch die Inder liebten es natürlich, ihren Gerichten mit Pfeffer die gewünschte Schärfe zu verleihen. Pfeffer war aber in Indien ein billiges Alltagsprodukt, während man in Rom für 1 Pfund den Gegenwert von 32 Pfund Brot entrichten musste. Da man mit dem Export von Pfeffer enorme Gewinne erzielen konnte, hatte in Indien der Verkauf an die römischen Händler Vorrang.[8]

Der römische Staat verdiente am Handel kräftig mit: Die unter Kaiser Marc Aurel (161–180 n. Chr.) erstmals veröffentlichte Liste der alexandrinischen Zolltarife legte einen Zoll von 25 Prozent für indische Gewürze fest.

Über das damalige Handelsgebaren gibt ein im Wiener Papyrusmuseum befindliches Dokument detaillierte Auskunft. Dieser als »Muziris Papyrus« bekannte Vertrag aus dem 2. Jahrhundert n. Chr. zwischen zwei Händlern über eine Schiffsladung indischer Güter von Muziris über das Rote Meer nach Berenike oder Myos Hormos in Ägypten legt Einzelheiten über die Waren, Kosten, Zölle, Finanzierung und Zahlungsmodalitäten fest. Der Wert dieser Schiffsladung betrug 7 Millionen Sesterzen, eine erstaunliche Summe, wenn man bedenkt, dass der höchste Jahressold eines römischen Soldaten damals 800 Sesterzen betrug.

» 6 Zit. nach Miller, I. J.: The Spice Trade of the Roman Empire, S. 201.

» 7 Vgl. Miller, I. J.: The Spice Trade of the Roman Empire, S. 83.

» 8 Vgl. Tomber, R.: Indo-Roman Trade, S. 16.

Den Verlockungen hoher Gewinne konnte auch die Kirche nicht widerstehen. Schon im 4. Jahrhundert berichtet der »Liber Pontificalis«, dass die Kirche in Rom Pfeffer und andere Gewürze erstand und weiterverkaufte. Ab dem 5. Jahrhundert beteiligte sich vornehmlich das Patriarchat von Alexandria regelmäßig am Handel. Christliche Händler und Seeleute erhielten die Sakramente, bevor sie im Auftrag der Kirche die ägyptischen Häfen am Roten Meer in Richtung Indien verließen.[9]

Mit dem Beginn des Niedergangs des Römischen Reiches im 3. Jahrhundert spielten arabische Kaufleute wieder eine zunehmende Mittlerrolle im Gewürzhandel. Die letzte Etappe im Umschlag der Gewürze nach Europa wurde aber vom Byzantinischen Reich übernommen. Alexandria und Konstantinopel waren dafür die wichtigsten Handelszentren.

Als im Zuge der Ausbreitung des Islams Alexandria, die letzte byzantinische Besitzung in Ägypten, im Jahre 641 vom Heer des Kalifen Omar erobert wurde, kam der Handel von Indien bis an die Küsten Ägyptens und der Levante vollends unter die Kontrolle arabischer Kaufleute.

Damit endete eine Epoche fruchtbarer direkter Kontakte, die unter Kaiser Augustus begonnen hatte und geprägt war von ausgewogenen Handelsbeziehungen, friedlicher Kooperation und gegenseitiger Achtung.

Als Folge des weiteren Vordringens der muslimischen Heere wurde die Welt zweigeteilt und direkte Kontakte zwischen der christlichen und der islamischen Welt kamen praktisch zum Erliegen. Handelsschiffen der einen Welt war es ab dem 8. Jahrhundert nicht mehr möglich, in die Häfen der anderen zu segeln und dort anzulegen. Die einzigen Kaufleute, die sowohl von Christen wie auch von Moslems toleriert wurden und sich daher frei zwischen beiden Welten bewegen konnten, waren fahrende jüdische Händler, die als Radaniten bekannt waren. Sie waren in der Lage, Gewürze in bescheidenen Mengen aus Asien durch das muslimische Reich an die Mittelmeerküsten und nach Europa zu liefern.

In dieser Zeit ohne direkte Kontakte zwischen Indien und Europa hatten lediglich die Radaniten Kenntnis über die gesamte Handelskette. Die Produzenten an der Malabarküste und die europäischen Konsumenten der Gewürze waren diesen Händlern in jeder Beziehung ausgeliefert, was enorm hohe Preise auf den europäischen Märkten zur Folge hatte.

» 9 Vgl. Tomber, R.: Indo-Roman Trade, S. 170.

Die Radaniten: Jüdische Händler zwischen Christen und Muslimen

Mitte des 8. Jahrhunderts lösten in Europa die Karolinger das Geschlecht der Merowinger als Herrscher über das Frankenreich ab. Fast gleichzeitig übernahmen in der islamischen Welt die Abbasiden die Macht von den Umayyaden. Beide Reiche standen sich in tiefer Feindschaft gegenüber, es gab weder direkte Handelsbeziehungen noch Personenverkehr zwischen Christen und Muslimen.

Auf exotische Gewürze und andere Luxuswaren aus Asien musste man im christlichen Europa dennoch nicht verzichten. Die uneingeschränkte Reisefreiheit genießenden Radaniten wurden von beiden Seiten als neutral akzeptiert, erkannten die einzigartige Chance, die ihnen die starre, sowohl für Christen als auch Muslime undurchdringliche Grenze bot, und versorgten beide Seiten mit begehrten Gütern aus dem jeweils anderen Reich.

Wer waren nun diese sagenumwobenen Radaniten?

Die einzige zeitgenössische Quelle, die über diese jüdischen Kaufleute berichtet, ist »Das Buch der Wege und Königtümer (Al-Kitab al Masalik w'al Mamalik)« von Ibn Khordadbeh. Aboul Kassim Obaid Allah Ibn Khordadbeh war Geograf und Generalpostmeister in Dschibal im Abbasidenreich. In seinem Buch beschreibt er die Handelsrouten und Kurierstrecken einschließlich der Poststationen der gesamten islamischen Welt vom Kaspischen Meer bis Nordwestafrika und Spanien.

Ein eigenes Kapitel ist den Radaniten gewidmet:

»Diese Händler sprechen arabisch, persisch, Latein, die Sprache der Franken, Andalusier und Slawen. Sie reisen von West nach Ost, von Ost nach West, teils zu Land, teils zur See [...] Sie segeln mit ihren Schiffen vom Land der Franken am westlichen Meer nach Farama[10]. Dort laden sie ihre Güter auf den Rücken von Kamelen und reisen zu Land in fünf Tagen nach Kolzum [Suez]. Sie schiffen sich dann im östlichen Meer ein und segeln von Kolzum nach El-Jar [Hafen von Medina] und Jeddah, dann reisen sie weiter nach Sind, Indien und China. Für die Rückreise laden sie Moschus, Kampfer/Zimt und andere Produkte des Ostens auf ihre Schiffe bis Kolzum, bringen sie von dort nach Farama, wo sie sich wieder auf dem westlichen Meer einschiffen. Manche segeln von da nach Konstantinopel und verkaufen ihre Waren an die Römer, andere reisen bis zum Palast des Königs der Franken, um ihre Güter zu verkaufen.«[11]

» 10 Östlich des heutigen Port Said, einst wichtigster Hafen nach Alexandria.

» 11 Zit nach: Who were the Radanites? Biot Report # 533, 02/08/2008 published by SEMP, http://www.Semp.us/biot_reader.php?BiotID=533 [15.08.2011].

Manche dieser jüdischen Händler reisten auch über Antiochia zum Euphrat und weiter nach Bagdad. Von da erreichten sie über den Tigris den Golf von Persien und den Indischen Ozean. Welchen Weg sie auch nahmen, ihr Ziel war Indien und China. Ibn Khordadbeh beschreibt noch zwei weitere Routen, bei denen die zu Land zurückgelegte Strecke bei Weitem überwiegt. Von Frankreich und Spanien ausgehend führte eine Route über die Straße von Gibraltar der nordafrikanischen Küste entlang nach Syrien und weiter durch Persien nach Indien und China. Eine andere verlief durch Deutschland und die slawischen Länder zur Wolgamündung und über das Kaspische Meer weiter nach Transoxanien und die Länder der Tagazgaz (Uiguren) nach China.
Diese bemerkenswerten Handelsreisen entlang vier verschiedener Routen durch die gesamte damals bekannte Welt und Teile der unbekannten sind ein Phänomen ohne Parallele in der Weltgeschichte. Auf ihren Reisen achteten die Radaniten stets darauf, dass die transportierten Waren einerseits geringes Volumen einnahmen, um sie auf Pferden und Kamelen transportieren zu können, andererseits aber in Europa begehrt waren und hohe Preise erzielten. Kein Wunder also, dass unter den Handelsgütern Gewürze den größten Anteil darstellten.[12]
Ohne das gleichzeitige Zusammentreffen von mehreren günstigen Faktoren wären jedoch den Radaniten die außerordentliche Leistung und der Erfolg ihrer Handelsreisen nicht möglich gewesen:

– Das Karolingerreich erlebte gerade eine Blütezeit und die jüdischen Händler wurden wegen der begehrten Waren, die sie aus Asien brachten, sogar unter den Schutz der christlichen Könige gestellt.
– Im riesigen Reich der Abbasiden, bewohnt von vielen verschiedenen Völkern, darunter auch eine erhebliche Anzahl von Juden, gewannen die Radaniten das Wohlwollen der Kalifen durch ihre positive Rolle als Vermittler zwischen den einzelnen Völkern und als Förderer des Handels mit dem Reich der Christen, an dem die Abbasidenherrscher trotz der religiösen Gegensätze großes Interesse hatten.
– Ihr neutraler Status erlaubte den Radaniten, die Grenze zwischen den Reichen der Christen und Muslime trotz der herrschenden Blockade jederzeit gefahrlos zu überwinden.
– Entlang der vier Handelsrouten existierten jüdische Siedlungen, die den Radaniten als Stützpunkte dienten.
– Die Position der Radaniten kam einem Monopol gleich und garantierte ihnen enorm hohe Gewinne als Kompensation für die Risiken und Gefahren der meist mehrjährigen Handelsreisen.

» 12 Vgl. Rabinowitz, L. I.: Jewish Merchant Adventurers.

Über Namen und Herkunft der Radaniten herrscht immer noch keine Einigkeit unter den Historikern. Manche Experten sehen ihre Ursprünge in Frankreich im Tal der Rhone, dessen lateinischer Name Rhodanus zur Bezeichnung Radaniten geführt haben soll. Andere vertreten die Ansicht, dass sie aus dem Distrikt Radhan, östlich des Tigris nahe Bagdad, stammen. Wiederum andere glauben, dass ihr Zentrum in Ravi im nördlichen Persien lag. Schließlich gibt es noch die Theorie, dass ihr Name nicht auf die Herkunft Bezug nimmt, sondern vom persischen Rah (Pfad) und Dan (der Wissende) abgeleitet ist, also »der den Weg kennt« bedeutet.

Die vorherrschende Meinung ist heute, dass die Radaniten europäische Juden waren, da der Ausgangspunkt ihrer Reisen mit höchster Wahrscheinlichkeit immer in Frankreich oder Spanien lag. Ibn Khordadbeh schien sie auch als Juden aus dem Westen zu sehen, da sie nach seiner Darstellung von Europa auszogen und wieder dahin zurück gingen.[13]

Als zu Beginn des 10. Jahrhunderts die günstigen Randbedingungen für die Radaniten nacheinander zusammenbrachen, kollabierte auch ihr Handel sehr rasch. Die Routen nach Indien und China wurden durch kriegerische Handlungen unterbrochen, die Radaniten verloren die Unterstützung der europäischen Höfe, die islamische Welt schloss sich nicht mehr so rigide ab und Venedig und Genua konnten erste direkte Handelsbeziehungen mit den Arabern aufnehmen.

Für ein Jahrhundert aber hatte Europa einzig und allein den Radaniten die Versorgung mit Gewürzen aus Asien zu verdanken.

» 13 Vgl. Heyd, W.: Geschichte des Levantehandels im Mittelalter, 1. Bd., S. 142.

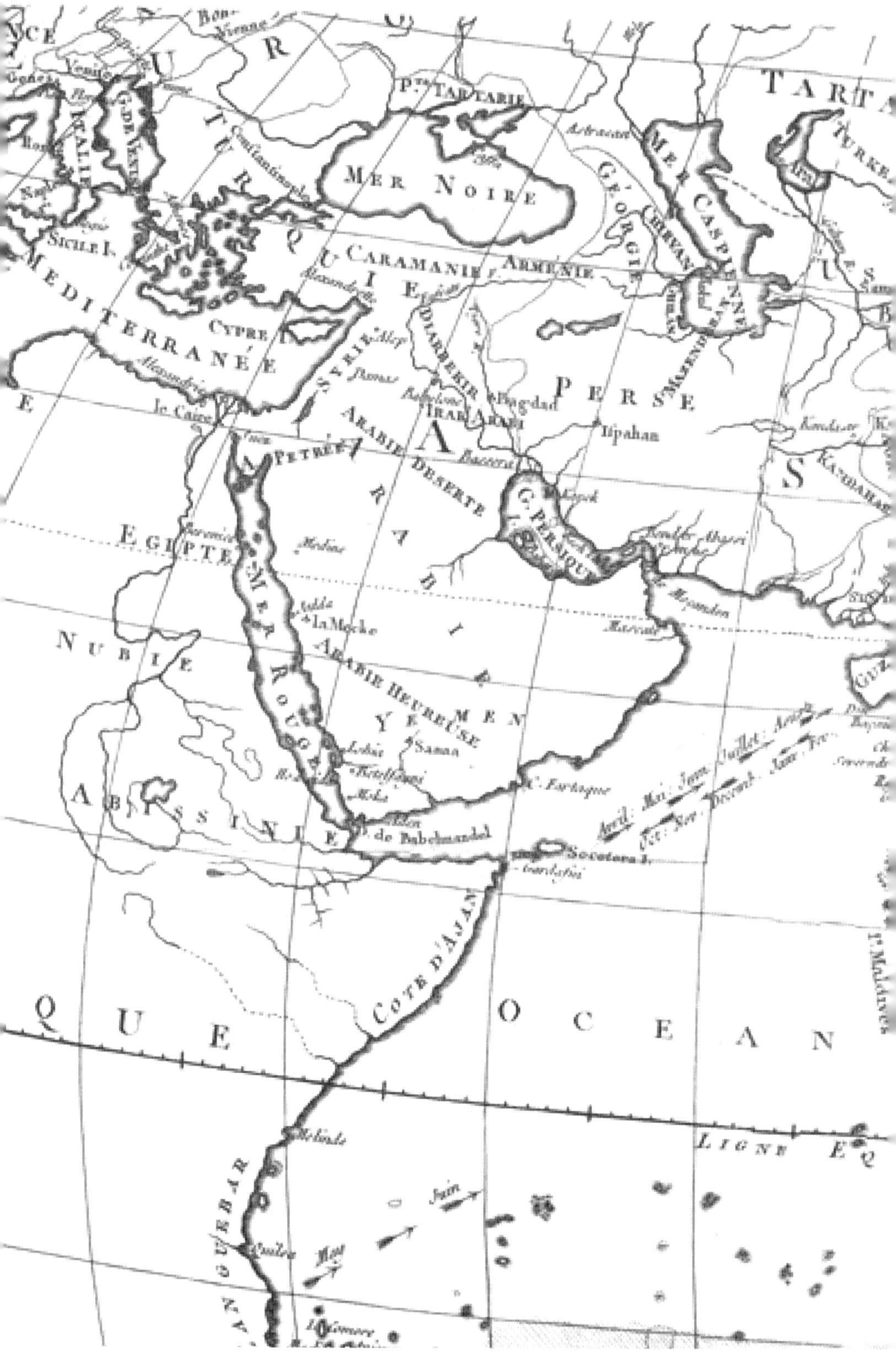

Die Seewege in die Gewürzländer. Aus: Histoire Philosophique et Politique, 1774.

CARTE
POUR SERVIR A L'HISTOIRE
PHILOSOPHIQUE
et
POLITIQUE
des Etablissemens
et du Commerce
DES EUROPÉENS
dans les deux INDES
Dressée par M. Bonne
GRAND THIBET
BUKARIE
MANTCHEOUX
CORÉE
Nankin
CHINE
KIANGSI
FOKIEN
Canton
I. des Pecheurs
TUNKIN
COCHINCHINE
CAMBODGE
R. DE SIAM
Siam
R. DE PEGU
Pegu
R. D'ARACAN
R. D'AVA
G. DE BENGALE
Calcutta
Madras
Pondichery
CEYLAN I.
Achem
Queda
Malaca
SUMATRA
BORNEO
LA SONDE
JAVA
Batavia
ISLES
INDIEN

Venedigs Aufstieg zur mittelalterlichen Handelsmetropole

Es waren die enormen Preise für Gewürze und die damit verbundene Aussicht auf hohe Gewinne, die Venedig und Genua im 10. Jahrhundert veranlassten, nach einem Anteil an diesem lukrativen Handel zu streben. Dazu suchten sie Kontakte zu muslimischen Händlern, die ihrerseits ebenso an einem Handel interessiert waren, der hohe Gewinne versprach. In der Welt der Moslems war der Handel von alters her ein ehrbares Gewerbe, schließlich war ja Khadijeh, die erste Frau Mohammeds, die Witwe eines Gewürzhändlers. Es kam also wieder zu einer Verbindung Europas mit Indien über arabische Kaufleute. Damit begann der Aufstieg von Genua und vor allem von Venedig zu mächtigen Stadtstaaten.

Zunächst lief der Handel von der Malabar- zur Mittelmeerküste wie schon vor über tausend Jahren wieder opportunistisch von einem lokalen Händler zum anderen. Diese mühsamen Geschäfte über viele Zwischenhändler endeten jedoch mit der weiteren Expansion des Islams nach Osten. Entlang der Handelswege verlief nämlich auch die Ausbreitung der Lehre Allahs und so wurden nach und nach alle Handelsposten islamisch und es kam bald wieder zu einem zusammenhängenden Handelsnetz im Orient. Damit stieg die Versorgung Europas mit Pfeffer langsam wieder an, wobei auch diesmal Alexandria und später Konstantinopel die wichtigsten Umschlagplätze waren. In der Folge entwickelte sich aber Konstantinopel zum bedeutenderen Mittler.

Gegen Ende des 10. Jahrhunderts wird Venedig zur Drehscheibe des Handels zwischen Orient und Okzident. Im Jahre 992 erhielt die Republik Handelsprivilegien vom oströmischen Kaiser, womit die venezianischen Kaufleute praktisch ungehindert und ohne Zollabgaben in allen Provinzen des Byzantinischen Reiches Handel treiben konnten.[14] Die Güter des Orients begannen wieder vermehrt nach Europa zu fließen. Dank der Privilegien und einer geschickten Politik profitierte Venedig vom Wachstum des Handels wesentlich mehr als der Rivale Genua und wurde so zum nahezu exklusiven Gewürzlieferanten. Mit dem Beginn der Kreuzzüge, zu denen Papst Urban II. 1095 im Konzil von Clermont aufrief, strömten Ritter aus allen Teilen Europas nach Jerusalem und nahmen die Stadt im Jahre 1099. Die rückkehrenden Kreuzfahrer brachten neben vielen anderen Schätzen auch Pfeffer und sonstige Gewürze mit. Damit wurde Pfeffer auch in Teilen Europas verbreitet, in denen er bisher nicht oder kaum bekannt war, und fand rasch Eingang in die lokalen Küchen. Europa hatte den Pfeffer wiederentdeckt und Venedig, zu einem

» 14 Vgl. Karsten, A.; Mischer, O.: Die Geschichte Venedigs.

geringeren Teil auch Genua, lieferte die gewünschten Mengen und ließ sich dafür fürstlich bezahlen.

Nach 1171 wurde Venedig von Konstantinopel zwar die Privilegien entzogen und das Byzantinische Reich erließ ein Handelsverbot, wenige Jahre später konnte der Handel aber wieder aufgenommen werden. Venedig war mittlerweile auch ein politischer Machtfaktor. So vermittelte die Republik im Konflikt zwischen Kaiser Friedrich I. und Papst Alexander III. Als Dank für diese Dienste, die 1177 zum Frieden von Venedig führten, verlieh der Kaiser Venedig das Recht, im gesamten römisch-deutschen Reich zollfrei Handel zu treiben, und stärkte dadurch Venedigs Position entscheidend. Venedigs Aufstieg ging aber noch weiter. Nachdem Konstantinopel im Jahre 1204 von einem Kreuzfahrerheer mit Unterstützung durch die venezianische Flotte erobert wurde, etablierte sich die Lagunenstadt endgültig als Großmacht mit eigenen Kolonien im östlichen Mittelmeer.

Genua blieb für die Republik Venedig jedoch weiterhin ein Störfaktor und es kam immer wieder zu kriegerischen Auseinandersetzungen. Im Jahre 1381 belagerte eine genuesische Flotte die Lagunenstadt. Die Venezianer besiegten diese Flotte und der darauffolgende Friede schloss Genua für immer als ernsthaften Rivalen aus. Genuas Anteil am Gewürzhandel blieb künftig unbedeutend.[15]

Mit dem Erstarken des Ottomanischen Reiches ging der Gewürzhandel über die Karawanenstraßen nach Konstantinopel immer mehr zurück und nach der Eroberung der Stadt durch Sultan Mehmed II. und dem Ende des Byzantinischen Reiches versiegte er schließlich vollständig für längere Zeit.

Damit blieb als einzig offener Weg für den Gewürzimport nach Europa die Verbindung über Alexandria und Venedig. Die arabischen Kaufleute in Alexandria, die über Schifffahrtswege und Karawanenstraßen die Gewürze an das Mittelmeer brachten,[16] waren sich dieser Tatsache und damit ihrer Machtposition so sicher, dass sie auf alle Gewürze, die den Hafen in Richtung Europa verließen, ein Drittel des Preises als Steuern aufschlugen. Da ihre venezianischen Kollegen mit ihren Preisaufschlägen auch nicht gerade bescheiden waren, erreichten die Gewürze auf den europäischen Märkten ein horrendes Preisniveau.

Venedig erreichte durch geschickte Politik mit der moslemischen Welt praktisch die vollständige Kontrolle über den Gewürzhandel im Mittelmeer und dominierte auch die Verteilung auf dem europäischen Kontinent. Alle mit Gewürzen beladenen Schiffe mussten Venedig anlaufen und dort ihre La-

» 15 Vgl. Karsten, A.; Mischer, O.: Die Geschichte Venedigs.

» 16 Über die nördlichen Karawanenstraßen kamen übrigens nicht nur Gewürze, sondern auch die Pest, die 1347 in Venedig ausbrach, sich rasch über Europa verbreitete, bis 1351 wütete und geschätzte 25 Millionen Opfer forderte.

dung löschen. In eigenen staatlichen Gebäuden wurde die Ware gelagert und der Handel mit den Aufkäufern aus allen europäischen Ländern abgewickelt. Beamte der Republik Venedig beaufsichtigten die Transaktionen und stellten sicher, dass die Mieten für die Lagerhäuser und die Abgaben auf die Geschäfte korrekt entrichtet wurden. Unter den fremden Kaufleuten in der Stadt war kein direkter Handel gestattet. Keine Ware durfte Venedig verlassen, die nicht vorher durch die Hände eines einheimischen Kaufmannes gegangen war. Der Pfefferhandel war besonders strengen Auflagen unterworfen.[17]

Für Kaufleute aus Deutschland wurde die »Casa dei Tedesci« an der Rialtobrücke errichtet. Die »Casa« war gleichzeitig Lagerhaus, Warenbörse und auch Unterkunftsmöglichkeit, denn die deutschen Kaufleute mussten während ihres Aufenthaltes auch dort wohnen. Die Handelshäuser der Welser, der Fugger und der Tucher hatten dort permanent Lagerflächen und Wohnräume angemietet, obwohl sie über die strengen Vorschriften murrten. Auf Ochsenkarren wurden die Gewürze von der Lagunenstadt über die Alpen nach Augsburg und Nürnberg, den Stammsitzen dieser Handelshäuser, gebracht und von dort weiter in Süd- und teilweise auch in Mitteldeutschland verteilt. Waren, die für den Norden bestimmt waren, wurden meist auf venezianischen Galeeren nach Antwerpen und Brügge gebracht und von der Hanse an lokale Händler weitergeliefert.

Durch diese Quasi-Monopolstellung flossen hohe Profite nach Venedig, die den Patrizierfamilien, denn nur diese hatten das Handelsprivileg, immensen Reichtum bescherten. Der Gewürzhandel machte aber nicht nur Venedig reich, auch die Händler der einzelnen europäischen Länder kamen nicht zu kurz und in Nürnberg wurden die durch den Gewürzhandel reich gewordenen Kaufleute bald schon »Pfeffersäcke« genannt. Londoner Gewürzhändler organisierten sich bereits 1179 in der »Pepperers Guild«, die sich dann im 14. Jahrhundert mit anderen Handelszünften zur »Guild of Grossers« vereinigte. Ein Bericht aus dem 14. Jahrhundert gibt Auskunft über die Relationen von Einkaufs-, Zwischenhandels- und Endverbraucherpreisen: Für Gewürze, die um einen Dukaten in Indien erstanden wurden, verlangte man in Venedig schon 60 bis 100 und nach Brügge geliefert kostete diese Menge dann 180 bis 300 Dukaten. Von den Augsburger und Nürnberger Kaufherren wird berichtet, dass sie teilweise bis zu 600 Prozent auf die in Venedig gekauften Gewürze aufschlugen.[18]

Diese Preisspirale trug schließlich entscheidend zum Ende des venezianischen Handelsmonopols bei.

» 17 Vgl. Hümmerich, F.: Die erste deutsche Handelsfahrt nach Indien 1505/06, S. 9.

» 18 Vgl. Hansi, H.: Zum Beispiel Gewürze, S. 54.

Die Gründe dafür beschreibt sehr anschaulich Eberhard Werner Happel in seinem im Jahre 1687 in Ulm verlegten Werk »Mundus Mirabilis Tripartitus Oder Wunderbare Welt in einer kurtzen Cosmographia fürgestellet«:
»Von der Schifffahrt der jungeren Welt.
in den letzten verwichenen hundertjährigen Zeiten haben die Venediger unter allen Europäern sich am allerersten unterfangen mit den weit abgelegenen Indiern Kauff=Handel zu treiben und dazumahl waren sie gewohnet durch die Adriatische und Mittelländische See auf Alexandrien zu fahren. Allhier begaben sie sich zu Lande und im Arabischen Seebusen wieder zu Schiffe; von dar sie ferner fort nach Oost=Indien seegelten. Durch diese Reise so wohl zu Land als zu Wasser führeten sie die Indischen Wahren so lange nach Europa biß endlich der Egyptische Sultan durch Streiffen und Rauben unsicher machte, und darum wurden sie gezwungen Alexandrien liegen zu lassen und vor Antiochien, welches nicht ganz weit von Aleppo zu anckern. Von Antiochien zogen sie nach Babylon, von dar nach Balsarum, von hier nach Ormus. In Ormus begaben sie sich zu Schiffe in die Persische See, mit den Indianern allda zu handeln, und also versorgete Venedig das gantze Europa mit allerhand Gewächsen und köstlichen Dingen, welche man unter der Morgen=Sonne findet.
Weil nun die Venediger ihre Waaren mit grossen Kosten/ und nicht weniger Mühe/ auf Cameelen über Land fortzuschaffen pflegten/ seynd sie endlich von den Portugalliern/ welche sich zum allerersten unterstunden/ ohne einige Landreyse gerade zu auf Indien zu segeln/ in solchem Handel/ den sie bißher allein besessen/ mercklich gestöhret worden.«[19]

19 Happel, E. W.: Mundus Mirabilis Tripartitus oder Wunderbare Welt in einer kurtzen Cosmographia fürgestellet. Drittes Buch; Das XLVII Capitul.

Die erste deutsche Handelsfahrt

Bis zum Ende des 15. Jahrhunderts besaß die Republik Venedig praktisch das Monopol für den Handel mit Gewürzen und Luxusgütern aus Indien und dem Fernen Osten. Deutsche und alle anderen ausländischen Kaufherren fügten sich daher notgedrungen, aber mit Unmut den harschen Konditionen, zu denen Venedig den Einkauf der orientalischen Waren erlaubte. Als im Jahre 1499 zwischen der Republik und dem Sultan Bajesid II. Krieg ausbrach und den Handel auf Jahre lahmlegte, suchten die deutschen Handelshäuser verzweifelt nach Alternativen. Man dachte dabei zunächst an Genua und wollte gemeinsam Schiffe ausrüsten und direkt in den Handel mit der Levante einsteigen.

Doch dazu kam es nicht, denn im Mai 1498 hatte eine portugiesische Flotte unter Vasco da Gama den Seeweg nach Indien entdeckt und schon ab 1500 sandte Portugal in rascher Folge bedeutende Flotten dorthin auf die Reise. Der Asienhandel bekam damit eine neue Dimension. Es zeugt vom Weitblick der süddeutschen Handelshäuser, dass sie dies sehr schnell erkannten und danach handelten. Bereits am 13. Februar 1503 unterschrieb Anton Seitz, als Vertreter des Handelshauses Welser aus Augsburg, einen Privilegienvertrag mit König Manuel in Lissabon. Die darin eingeräumten Rechte sollten für alle deutschen Handelshäuser gelten, die in Lissabon Niederlassungen errichten und sich mit einem Kapital von mindestens 10.000 Dukaten am Handel beteiligen würden. Der Vertrag gestattete den Deutschen auch, »eigene Schiffe, die sie in Portugal bauen ließen mit allen Privilegien und Freiheiten der eigenen Untertanen des Königs für das Schiff wie für die Güter, die es führe, in allen Häfen des Landes wie zum Handel nach auswärts zu benutzen.«[20]

Die Welser waren die ersten deutschen Kaufherren, die sich in Lissabon mit einer Handelsniederlassung festsetzten. Schon 1503 entsandten sie Lucas Rem, einen Augsburger Patrizier, zur Gründung dieser Niederlassung in die portugiesische Hauptstadt. Er sollte vom portugiesischen König auch die Genehmigung für die Teilnahme seines Handelshauses an der nächsten Flotte nach Indien erwirken. Mit Empfehlungsschreiben von Kaiser Maximilian und dessen Sohn, Philipp dem Schönen, hoffte Lucas Rem den König zur Zustimmung zu bewegen. Für die Ausrüstung der Schiffe und den Kauf von Waren in Indien stand ihm die stattliche Summe von 20.000 Dukaten, teils in Bargeld, teils in Waren, zur Verfügung. Der als wankelmütig bekannte Manuel II. zögerte zunächst mit der Genehmigung. Am 1. August 1504 konnte Lucas Rem schließlich doch im Namen eines Konsortiums deutscher Handelshäuser unter Führung der Welser den Vertrag abschließen, der die Grundlage für

» 20 Hümmerich, F.: Die erste deutsche Handelsfahrt nach Indien 1505/06.

die erste deutsche Handelsfahrt nach Indien bildete. Die beteiligten Häuser sollten drei Schiffe ausrüsten, sie mit der Flotte des Jahres 1505 nach Indien senden und dort durch eigene Agenten Gewürze und sonstige Waren einkaufen dürfen.

Die Genehmigung war jedoch an strenge Bedingungen gebunden. Das Konsortium hatte die Schiffe zu stellen und den Unterhalt der Besatzung zu bestreiten. Kapitäne und Mannschaften mussten Portugiesen sein. Für die Dauer der Reise standen sie unter der absoluten Befehlsgewalt des portugiesischen Flottenkommandanten und mussten daher auch an eventuellen Kriegshandlungen teilnehmen.

Auch für die Handelsgeschäfte wurden ihnen nicht uneingeschränkte Freiheiten eingeräumt. Der Tauschwert der von den Kaufleuten aus Europa mitgeführten Waren und der Gewürze wurde von den königlichen Faktoren bindend festgelegt. Der Kauf der indischen Gewürze war jedoch nicht eingeschränkt und daher nur durch die Kaufkraft der Kaufleute und die Tragfähigkeit der Schiffe begrenzt. Von den in Lissabon angelandeten Gewürzen mussten insgesamt 30 Prozent an Abgaben an die Krone entrichtet werden.

Das erforderliche Kapital von 65.400 Cruzados für diese Handelsfahrt wurde zusammen mit italienischen Kaufleuten aus Florenz und Genua aufgebracht. Von dem auf die Deutschen entfallenden Anteil von 36.000 Cruzados steuerten die Welser 20.000, die Fugger und Hochstetter je 4.000, die Imhof und Gossenprott je 3.000 und die Hirschvogel 2.000 Cruzados bei.

Im März 1505 machte sich eine stattliche Flotte von 15 Großseglern sowie 15 kleinen und wendigen seetüchtigen Karavellen am Tejo für die Fahrt nach Indien bereit. Die Schiffe hatten unterschiedliche Bestimmungen. Einige Schiffe sollten in Indien bleiben und dort Verwendung finden, andere sollten zur Bekämpfung des arabischen Gewürzhandels eingesetzt werden.

Die größten und tragfähigsten Schiffe hatten den Auftrag, in Indien Ladung zu nehmen und spätestens im Januar 1506 unter Ausnutzung des günstigen Nordostmonsuns die Rückreise anzutreten. Zu dieser Gruppe gehörten auch die Schiffe »S. Jeronimo«, »Rafael« und »Lionarda« des deutsch-italienischen Handelskonsortiums.

Auf der »Lionarda« schiffte sich Balthasar Sprenger aus Vils in Tirol als Beauftragter der deutschen Handelshäuser ein. Er verfasste einen Bericht über diese Reise, der 1509 unter dem Titel »die Merfart und erfarung nüwer Schiffung und Wege zuo viln onerkanten Inseln und Künigreichen …« erschien. Darin bezeichnete Sprenger, der vermutlich Angestellter der Welser war, Indien als »ein reich land von edelgesteyn unn Spetzerey«. Auf der »Rafael« fuhr mit Hans Mayr noch ein weiterer Deutscher. Er kam bereits vor 1502 nach Portugal und nahm als Schreiber des königlichen Feitor (Handelsagent) an der

Handelsfahrt teil. Mayr war königlicher Beamter und galt daher als Portugiese.

Am 25. März setzte die Flotte unter Salutschüssen der Schiffskanonen Segel und stach in See. Das Ziel der Flotte war Cochin, das sich seit dem ersten Erscheinen der Portugiesen zum wichtigsten Pfefferumschlagplatz an der Malabarküste entwickelt hatte.

Am 1. November erreichten die Schiffe dieses Ziel. Nach den Aufwartungen des mitreisenden portugiesischen Vizekönigs am Hof und der Überreichung der Geschenke an den Raja am folgenden Tag begannen die Schiffe sogleich mit der Ladung der Gewürze. Die rechtzeitige Abfertigung sowohl der königlichen als auch der deutschen Schiffe war nun die Hauptaufgabe. Der zunächst angelieferte Pfeffer stammte aus der vorjährigen Ernte und war gut getrocknet, also von bester Qualität. In der Folge gab es aber doch einige Schwierigkeiten, genügend Pfeffer zu beschaffen und nicht unerhebliche Mengen mussten in Cananore und anderen Häfen gekauft werden. Darunter war auch ein Teil frisch geernteter und noch ungenügend getrockneter Pfefferkörner.

Das erste Geschwader konnte aber schließlich am 2. Januar 1506 voll beladen die Heimreise antreten. Mit dabei waren die beiden Schiffe des Handelskonsortiums »Rafael« und »S. Jeronimo«. Die »Lionarda« war in der Zwischenzeit nach Cananore gesegelt um ihre Ladung zu komplettieren und brach von dort am 21. Januar nach Portugal auf.

Die Reise des ersten Geschwaders verlief schnell und glücklich, sodass die Schiffe bereits am 22. Mai Portugal erreichten und vor Rastello Anker warfen. Der Flottenverband, in dem die »Lionarda« segelte, war vom Glück nicht sehr begünstigt. Balthasar Sprenger berichtet von ungünstigen Winden, schwerer See und knappen Lebensmitteln an Bord. Auf Madagaskar trennte sich sein Schiff von den übrigen und setzte die Reise allein fort. Nach mehreren Zwischenaufenthalten an der afrikanischen Westküste, den Kapverden und Madeira lief die »Lionarda« am 15. November 1506 endlich in den Hafen von Lissabon ein. Mit den Worten: »[wir] hatten do mit diesse Reiß in dem namen gottes volnbracht und geendet / Dem sey Ere und glory ymmer und ewigklichen Amen«, schließt Sprenger seinen Bericht.

In seinem Buch schildert Sprenger ausführlich alle Vorkommnisse der Reise mit Ausnahme des kaufmännischen Ablaufes, über den er nur spärlich Auskunft gibt. Glücklicherweise stehen uns jedoch andere Quellen zur Verfügung, die über die Ankunft und Ladung der ersten Teilflotte am 22. Mai 1506 berichten. Da in Lissabon gerade die Pest wütete, wurde die Ladung außerhalb der Stadt beim Palast von Santa Cruz gelöscht. Die beiden deutschen Schiffe hatten zusammen 9.000 Quintal (ca. 530 Tonnen) Pfeffer geladen und daneben noch kleinere Mengen anderer Gewürze wie Ingwer, Nelken, Kampfer und Sandelholz. Für die im November eingetroffene »Lionarda« schätzt man eine Ladung von 3.000 Quintal (ca. 176 Tonnen) und damit für alle drei Schiffe zusammen eine Gesamtmenge von 12.000 Quintal (ca. 706 Tonnen) Pfeffer. Von dieser Menge mussten 30 Prozent als Abgabe an den König entrichtet werden. Den Händlern blieben somit 8.600 Quintal zur eigenen Vermarktung. Nach einer königlichen Verordnung aus dem Jahre 1503 war der Preis für 1 Quintal auf mindestens 20 Cruzados festgelegt. Nimmt man diesen Preis an, ergab sich für den Pfeffer ein Wert von 168.000 Cruzados oder 160 Prozent des eingesetzten Kapitals von 65.400. Bis die Welser und ihre Konsorten diesen schönen Gewinn tatsächlich einstreichen konnten, verstrich viel Zeit, in der mit Geschick und Geduld die vielen Schwierigkeiten ausgeräumt werden mussten, die ihnen der König in den Weg legte. Für einen Teil des Pfeffers mussten die Welser Zucker aus Madeira in Zahlung nehmen. Sie verstanden es aber durch ihr kaufmännisches Geschick, daraus noch zusätzlichen Gewinn zu erzielen.

Die Handelsfahrt 1505/06 blieb das einzige Unternehmen dieser Art der deutschen Handelshäuser. Man beteiligte sich zwar auch in Zukunft finanziell an Schiffen nach Indien, so etwa schon im Jahre 1506 an der Flotte unter dem Kommando von Tristão da Cunha. Ein eigener Handelsagent, der im Namen und auf Rechnung der Handelshäuser in Indien Gewürze kauft, wurde aber nie mehr entsandt.[21]

» 21 Vgl. Haebler, K.: Die überseeischen Unternehmungen der Welser und ihrer Gesellschafter; Hümmerich, F.: Die erste deutsche Handelsfahrt nach Indien 1505/06.

Die abenteuerlichen Entdeckungsfahrten der Portugiesen und der Spanier

Andere europäische Nationen, zunächst Portugal und Spanien, wollten im 15. Jahrhundert Venedigs Monopolstellung im Gewürzhandel nicht länger hinnehmen. Sie begannen ihrerseits nach einem direkten Zugang zu den »Gewürzinseln« zu suchen, um an diesem lukrativen Geschäft teilzuhaben. Portugal spielte dabei eine Vorreiterrolle und das Verdienst dafür gebührt Heinrich dem Seefahrer. Prinz Heinrich, der vierte Sohn von König João I., wurde, ohne je selbst zur See gefahren zu sein, zum Mentor der zukünftigen portugiesischen Entdeckungsfahrten entlang der afrikanischen Küste und nach Indien. Im Jahre 1415 gründete er in Sagres, im Süden des Landes, eine Akademie, in der – zumeist basierend auf den Erkenntnissen jüdischer und arabischer Gelehrter – Geografie, Astronomie und der Umgang mit nautischen Instrumenten gelehrt wurden.[22]

Man kann mit Sicherheit davon ausgehen, dass er schon bei der Gründung dieser Akademie nicht nur von wissenschaftlichen Interessen geleitet wurde, sondern auch an die Umschiffung Afrikas und den Zugang zu den asiatischen Ländern mit ihrem legendären Reichtum an Gewürzen und Bodenschätzen dachte. Die Portugiesen wurden mit dem in Sagres gesammelten Wissen und mit Erfahrung schnell die besten Nautiker und sichersten Seefahrer der Epoche. Systematisch drangen sie in vielen Entdeckungsfahrten der afrikanischen Küste entlang nach Süden vor, und 1488 gelang es Bartolomeu Diaz, die Ostküste Afrikas zu erreichen, nachdem er das Kap der Guten Hoffnung umschifft hatte. Heinrich der Seefahrer erlebte diesen Triumph seiner weitsichtigen Strategie jedoch nicht mehr, er starb bereits 1460.

Der portugiesische König João II. förderte die Seefahrt aber weiterhin und legte noch mehr Gewicht auf die kommerziellen Seiten der Entdeckungsfahrten. Zusätzlich lag dem König auch die »Suche nach Christenmenschen« am Herzen, vermutete man doch im Osten ein sagenumwobenes christliches Reich, regiert von einem legendären Priesterkönig Johannes, in dem man einen Verbündeten gegen die islamischen Reiche zu finden hoffte.

König João II. starb 1495. Sein Nachfolger Manuel I. setzte die »Mission Seeweg nach Indien« aber noch energischer fort und man kann davon ausgehen, dass die Handelsinteressen dabei im Vordergrund standen. Im Jahre 1497 ließ er zu diesem Zweck eine Flotte von vier Schiffen ausrüsten und beauftragte Vasco da Gama mit ihrer Führung. Warum der König den damals noch nicht einmal Dreißigjährigen als Kommandanten auswählte, ist den Historikern

» 22 Vgl. Giertz, G. (Hrsg.): Vasco da Gama, S. 8.

auch heute noch unklar. Es stellte sich aber bald heraus, dass es eine glückliche Wahl war.
Wie sorgfältig man bei der Erkundung des Seewegs nach Indien vorging, zeigt auch die Tatsache, dass schon 1487 Pêro da Covilhã losgeschickt wurde, um auf dem Landweg die Länder zu erkunden, über die der Gewürzhandel lief, der Venedig so großen Reichtum brachte. Es gelang Pêro da Covilhã tatsächlich, die Malabarküste zu erreichen und dort die Zentren des Gewürzhandels zu erkunden. Im Jahre 1491 kehrte er nach Kairo zurück und sandte von dort einen ausführlichen Bericht an den portugiesischen König. Dieser Bericht stand Vasco da Gama für die Planung der Reise zu Verfügung. Covilhã selbst kehrte nie mehr nach Portugal zurück.[23]
Am Vormittag des 8. Juli 1497 war es endlich so weit: Die Flotte Vasco da Gamas sticht von Restelo am Tejo in See, mit der »São Gabriel« als Flaggschiff. Die »São Rafael« wird von da Gamas älterem Bruder Paolo befehligt und die »Berrio« segelt unter dem Kommando von Nicolas Coelho. Das vierte und mit Abstand größte ist das Proviantschiff »Pedro Nunez«.
Vasco da Gama ging wohlgerüstet und gut vorbereitet auf diese Reise. Neben dem Bericht von Covilhã hatte er mit dem »Roteiro« von Bartolomeu Diaz auch dessen Wegbeschreibung bis zur afrikanischen Ostküste an Bord. Außerdem war ihm bekannt, dass zwischen Afrika und der indischen Küste offenes Meer liegt. In Malindi, an der ostafrikanischen Küste, nahm er den arabischen Piloten Ahmed Ibn Majid an Bord und setzte am 24. April 1498 die Segel für die Überfahrt nach Calicut. Der Südwest-Monsun brachte die Flotte schon am 20. Mai ans Ziel. Es war das erste Mal, dass europäische Schiffe Calicut nach einer Umsegelung Afrikas erreichten. Diese erste Fahrt war jedoch noch kein politischer oder kommerzieller Erfolg, aber der Weg um das arabisch-venezianische Monopol im Gewürzhandel zu brechen, war gefunden. Am 5. Oktober trat Vasco da Gama von Goa aus die Rückfahrt an. Ungünstige Winde verzögerten die Reise und er erreichte Portugal über die Kapverden und die Azoren, wo er seinen Bruder Paolo zu Grabe tragen musste, erst Ende August 1499. Die »Berrio« unter Kapitän Coelho fand günstigere Winde und erreichte schon am 10. Juli den Hafen von Lissabon.[24]
Zur Absicherung des Seeweges nach Indien und zur Kontrolle über den Gewürzhandel schickte König Manuel I. im März 1500 eine weitere Flotte von 13 Schiffen unter Pedro Álvares Cabral auf den Weg, um in Calicut eine Faktorei zu errichten und freundliche Beziehungen mit dem lokalen Herrscher aufzunehmen. Cabral segelte nach Anweisungen von Vasco da Gama. Auf Höhe der Kapverden wurde Cabral jedoch während einer Flaute von der

» 23 Vgl. Giertz, G. (Hrsg.): Vasco da Gama, S. 13.
» 24 Vgl. Henze, D.: Enzyklopädie der Entdecker und Erforscher der Erde, Bd. 2, S. 317.

Äquatorialströmung nach Westen abgetrieben und sichtete am Abend des 22. April Land, das er »Terra da Vera Cruz«, Land des wahren Kreuzes, nannte und für Portugal in Besitz nahm. Heute nennen wir dieses Land Brasilien, Cabral war an der Küste des heutigen brasilianischen Bundesstaates Bahia gelandet.[25] Pfeffer gab es dort zu dieser Zeit keinen, erst im 20. Jahrhundert sollte auch Brasilien damit beginnen, Pfeffer zu kultivieren und zu exportieren. Am 2. Mai legte er wieder ab und segelte weiter nach Indien. Unterwegs geriet die Flotte jedoch in einen Orkan und verlor vier Schiffe. Schließlich erreichten sechs Schiffe am 13. September 1500 Calicut. Cabrals Absicht, in der Stadt permanente Faktoreien zu errichten, wurde von den etablierten arabischen Händlern mit Gewalt vereitelt. Daraufhin ließ er die Stadt mit seinen Schiffskanonen beschießen und segelte weiter nach Cochin. Dort gelang es ihm dann, die erste bleibende portugiesische Faktorei auf indischem Boden zu gründen. Im Dezember trat er, beladen mit wertvollen Gewürzen, darunter mehr als 3.000 Quintal Pfeffer,[26] die Rückreise an und erreichte im Juli 1501 Lissabon. Damit hatte Pedro Álvares Cabral den direkten Gewürzhandel mit Indien eröffnet, aber noch nicht dauerhaft gesichert. Diesen Handel zu festigen und zu erweitern, gelang erst Vasco da Gama mit seiner zweiten Reise, die er im Februar 1502 mit einer Flotte von zwanzig Schiffen antrat. An der Malabarküste angekommen, setzte er die Interessen seines Königs mit Gewalt durch und legte zwischen Cananore und Cochin mehrere Faktoreien an, zu deren Schutz er Besatzungstruppen zurückließ. Bevor er Indien wieder verließ, fragte Vasco da Gama angeblich den König von Calicut, ob er nicht einige Pfefferpflanzen mitnehmen könne. »Unseren Pfeffer kannst du gerne haben, aber ich glaube nicht, dass es dir gelingt, auch unsere Regen mitzunehmen«, soll die Antwort des Königs gewesen sein; er spielte damit auf die beiden Regenzeiten Südindiens an, die eine Voraussetzung für die Qualität des Pfeffers darstellen.

Auf der Rückfahrt gründete Vasco da Gama noch Niederlassungen in Sofala und Moçambique an der afrikanischen Ostküste. Am 11. Oktober erreichte er mit seiner Flotte Lissabon.[27] Die Reise war ein großer politischer und wirtschaftlicher Erfolg, der allerdings nur durch äußerste Gewaltanwendung gegenüber der einheimischen Bevölkerung der Malabarküste erzielt wurde. Der Seeweg von Portugal nach Indien, »a Carreira da Índia«, wie ihn die Portugiesen von nun an bis zum Jahr 1800 bezeichneten, war damit festgelegt und weitgehend abgesichert.[28]

» 25 Vgl. Henze, D.: Enzyklopädie der Entdecker und Erforscher der Erde, Bd. 1, S. 463.

» 26 1 portugiesisches Quintal ist etwa 60 Kilogramm, etwa 17 Quintal ergeben 1 Tonne.

» 27 Vgl. Giertz, G.: Vasco da Gama, S. 22.

» 28 Vgl. Contente Domingues, F.: A Carreira da Índia, S. 9.

Venedigs Monopol im Handel mit dem Orient war dadurch zwar gebrochen, der Pfefferimport der Lagunenstadt über die Levante kam aber trotzdem nicht zum Erliegen. Während des 16. Jahrhunderts gelangten über diese Route immer noch bedeutende Mengen Pfeffer nach Europa.[29]

Wie sehr sich Venedig der Gefahr bewusst war, die Portugals Erfolg für die eigene Position darstellte, zeigt der Umstand, dass im Jahre 1502 der Senat der Republik kurzfristig Pläne zum Bau eines Kanals vom Mittelmeer zum Roten Meer erwog. Allerdings wurden diese Überlegungen sehr bald wieder fallengelassen.[30]

Mit der Eroberung von Goa und der weiter nördlich an der Küste des heutigen indischen Bundesstaates Gujarat gelegenen Städte Daman und Diu in den Jahren 1509/1510 durch Alfonso de Albuquerque, und 1515 auch noch Hormus, war die portugiesische Herrschaft über das Arabische Meer und den Persischen Golf endgültig gesichert.[31]

Malakka auf der malaysischen Halbinsel wurde 1512 erobert und damit lagen auch die Molukken in erreichbarer Nähe. António de Abreu segelte noch im gleichen Jahr nach Osten und entdeckte die Molukkeninsel Tidore und die Gruppe der Banda-Inseln, die einzigen Lieferanten der Muskatnuss.

Portugals erklärte Absicht war es, den Gewürzanbau, die wichtigsten Handels- und Umschlagplätze sowie die Schifffahrtswege zu kontrollieren und damit den Handel zu monopolisieren. Bei der Verwirklichung dieser Strategie gingen die Verantwortlichen immer wieder mit äußerst brutaler Gewalt gegenüber den lokalen Machthabern und Händlern andere Länder vor. Später wählten die Niederländer und Briten bei der Durchsetzung ihrer Interessen eine ähnliche Strategie und standen den Portugiesen in der Brutalität ihres Vorgehens nicht nach.

Diese Politik kommentierte der große französische Denker Voltaire in seinem 1756 veröffentlichten »Essai sur les moeurs et l'esprit des nations« mit den Worten:

»Dès l'an 1500, on ne put avoir du poivre à Calicut qu'en répandant du sang.« Ab dem Jahr 1500 konnte man in Calicut nur durch Blutvergießen an Pfeffer kommen [Übers. d. A.].

Die gesamte Suche nach dem direkten Zugang zu den Reichtümern Asiens war geprägt von einer steigenden Rivalität zwischen Portugal und Spanien. Dank des weitsichtigen Wirkens Heinrich des Seefahrers und der bedingungslosen Unterstützung durch seine Könige errang das kleine Portugal im Überseehandel die Oberhand über das mächtigere Spanien. Die Rivalität eskalierte

» 29 Vgl. Pemsel, H.: Weltgeschichte der Seefahrt, Bd. II, S. 527.

» 30 Vgl. Karsten, A.; Mischer, O.: Die Geschichte Venedigs, S. 174.

» 31 Vgl. Giertz, G.: Vasco da Gama, S. 23.

jedoch in einem Maße, dass Papst Alexander VI. von beiden Ländern als Mediator um Schlichtung gebeten wurde. Im Vertrag von Tordesillas einigte man sich schließlich im Jahre 1494 darüber, die Welt außerhalb des Abendlandes zwischen beiden Ländern entlang einer 370 Leguas (1.770 km) westlich der Kapverden in Nord-Süd-Richtung verlaufenden Linie zu teilen: Alle neu entdeckten Länder östlich dieses Meridians wurden Portugal, die westlich davon liegenden Spanien zugeschlagen. Damit wurden Vasco da Gamas Entdeckungen auf dem Weg nach Indien zu portugiesischen Besitzungen.

Spanien, das keine der Akademie von Sagres vergleichbare Einrichtung besaß und auch keine klare Strategie verfolgte, blieb dennoch nicht untätig im Kampf um die Vorherrschaft auf den Meeren und im Handel. Die »Katholischen Könige« Isabella und Ferdinand setzten nach langer Prüfung ihre Hoffnungen auf den Genuesen Christoph Columbus und seine verwegene, aber mit großer Leidenschaft vertretene Idee, auf der Fahrt nach Westen die Küsten Indiens mit ihrem Reichtum an Gewürzen und Bodenschätzen zu erreichen. Columbus stützte sich dabei auf die Annahme einer Kugelgestalt der Erde und einer sehr weiten Ausdehnung Europas nach Osten. Sein Zeitgenosse, der Florentiner Arzt und Kosmograf Paolo Toscanelli, unterstützte ihn dabei. Auf eine Anfrage ermunterte er Columbus, den Weg nach Asien in westlicher Richtung zu suchen: »[…] dies sei nicht nur möglich, sondern wahr und sicher« schreibt er ihm und fügt noch hinzu: »Eine solche Reise führt zu mächtigen Königreichen, berühmten Städten und Provinzen, die alles besitzen, was wir benötigen, und alle Arten von Gewürzen in reicher Menge wie auch Edelsteine in großer Fülle aufweisen.«[32]

Unterstützung für seine These, dass der westliche Ozean nur eine geringe Breite habe, holte sich Columbus zusätzlich auch noch aus Werken wie der »Imago mundi« des Petrus Alliacus sowie aus einer Marco Polo-Ausgabe von 1485 und anderen Werken in seinem Besitz. In seinen Büchern finden sich persönliche Anmerkungen wie: »Das Ende der bewohnbaren Erde gegen Osten und das Ende der bewohnbaren Erde gegen Westen sind nahe genug, und zwischen ihnen befindet sich ein kleines Meer.« Oder, sich auf Aristoteles berufend: »… dass zwischen dem Ende Spaniens und dem Anfang Indiens ein kleines Meer liege, durchschiffbar in wenigen Tagen.« Die Entfernung der Kanarischen Inseln bis Zipangu, das Japan Marco Polos, berechnete er mit lediglich 2.720 Seemeilen oder 68 Längengraden, also etwa 7.550 statt der tatsächlichen 13.600 Kilometer.

Im Jahre 1484 trug er seinen Plan dem portugiesischen König João II. vor und verlangte einige Schiffe, um Zipangu auf dem Weg über den westlichen Ozean zu erreichen. Die königliche maritime Kommission lehnte ab, wohl

» 32 Henze, D.: Enzyklopädie der Entdecker und Erforscher der Erde, Bd. 1.

auch, weil portugiesische Seefahrer schon so weit in den Süden vorgedrungen waren, dass man eine Umschiffung Afrikas und ein Erreichen Indiens auf dem östlichen Seeweg in absehbarer Zeit erwarten konnte.

Enttäuscht wandte sich Columbus dann an Spanien und durfte 1486 erstmals dem Königshof seine Pläne vortragen. Man übergab sie einer Kommission zur Überprüfung, diese fiel aber nicht positiv aus. Es kam daher zu keiner Einigung und so wandte er sich 1488 wieder an den portugiesischen König. In diesem Jahr kam aber gerade Bartolomeu Diaz von seiner Umrundung Afrikas zurück, womit für Portugal der Seeweg nach Indien offen lag und niemand an den Plänen des Genuesen interessiert war. Columbus kehrte nach Spanien zurück, gleichzeitig reiste sein Bruder Bartolomeo nach England, um dort Unterstützung zu suchen. Bartolomeo wurde aber von Heinrich VII. abgewiesen und auch beim französischen Hof hatte er kein Glück. Die spanische Kommission lehnte 1490 das Projekt neuerlich ab, weil es – so die Begründung – auf schwachen Beinen stünde.

Königin Isabella stimmte aber letztlich doch zu und so wurde am 17. April 1492 in Santa Fé zwischen der Krone und Columbus ein Vertrag zur Umsetzung seiner Idee unterschrieben. Endlich konnte Columbus am 3. August mit drei Schiffen und 90 Mann Besatzung zu seiner ersten Reise aufbrechen. Am 12. Oktober sichteten sie schließlich Land, nahmen es feierlich für die katholischen Majestäten in Besitz und nannten es San Salvador. Die Bewohner bezeichneten sie als Indianer, denn Columbus war überzeugt, endlich in Indien gelandet zu sein. Dieser Überzeugung blieb er bis an sein Lebensende treu. In Wirklichkeit war er aber auf einer Insel der Bahamas gelandet.

Auf seiner zweiten Reise glaubte er an der Küste von Kuba den Golf von Siam erreicht zu haben und ließ seine Mannschaft am 12. Juni 1494 eidesstattlich erklären, dass sie Festland erreicht hätten. Für das Widerrufen dieser Erklärung drohte er jedem Einzelnen mit drastischen Strafen.[33]

Von keiner dieser Reisen brachte Columbus Pfeffer, Zimt, Nelken oder Muskatnuss zurück nach Spanien. Allerdings erhielt er auf seiner ersten Fahrt gemahlene Chilischoten von den Eingeborenen. In Spanien war jedoch niemand daran interessiert, man suchte zunächst keine neuen Gewürze, sondern wollte den Zugang zu den bekannten.[34]

Obwohl auch die nächste Reise keinen Erfolg bei der Suche nach Gewürzen brachte, glaubte Columbus immer noch, den Weg nach Indien gefunden zu haben, und es gelang ihm schließlich, die spanischen Monarchen davon zu überzeugen. Isabella und Ferdinand von Spanien vertrauten Columbus und seinen Aussagen in einem Maße, dass sie ihm auf seine vierte Reise sogar ein

» 33 Vgl. Henze, D.: Enzyklopädie der Entdecker und Erforscher der Erde, Bd. 1, S. 597–610.

» 34 Vgl. Gööck, R.: Das Buch der Gewürze, S. 62.

Empfehlungsschreiben an Vasco da Gama mitgaben, der zu diesem Zeitpunkt gerade zum zweiten Mal um Afrika nach Indien segelte.

Auf dieser vierten und letzten Reise stieß Columbus Anfang Juli 1502 auf die Küste von Honduras und erreichte damit zum ersten und einzigen Mal das amerikanische Festland. Wie bei seinen früheren Reisen suchte er aber auch hier wieder alle Entdeckungen mit ost- und südasiatischen Gegebenheiten und Lokalitäten in Einklang zu bringen.[35]

Was die Gewürze betraf, hatte er sich schon 1499 in einem Brief an die katholischen Könige über seine Gefährten beschwert: »Sie sind nur mitgekommen, um sich zu bereichern, in der Meinung [...] die Gewürze lägen hier schon geerntet und gesammelt an der Küste.« Von seiner letzten Reise schrieb er im Sommer 1503 verbittert: »Als ich Indien entdeckte, sagte ich, es sei die reichste Herrschaft der Welt, und redete von Gold, Perlen, kostbaren Steinen und Gewürzen, von Handel und Märkten, und da diese Dinge nicht alle mit einem Schlag sichtbar wurden, hat man mich verächtlich behandelt.«[36]

Am 7. November 1504 endete seine vierte Reise mit der Ankunft im Hafen von Sanlúcar de Barrameda. Noch im selben Monat starb Königin Isabella, seine Gönnerin. Nur ein halbes Jahr später starb auch Columbus am 20. Mai 1505, krank und vergessen, aber in der festen Überzeugung, die Gestade Ostasiens erreicht zu haben.

Columbus löste mit der Entdeckung Amerikas eine Epoche der Entdeckungen und der Expansion aus; die abendländische Kenntnis der Erde trat in eine neue Ära. Ausgangspunkt war die Idee eines Mannes, in Richtung Westen den kürzesten Weg zu den Gewürzen Indiens zu finden.

Spanien gab aber nicht auf, den Weg zu den Gewürzinseln in Richtung Westen zu suchen und rüstete 1519 eine Expedition von fünf Schiffen unter dem Kommando von Fernando Magellan aus. Der Portugiese in spanischen Diensten segelte entlang der Küste Südamerikas und fand an der Südspitze dieses Kontinents eine Passage, die seither als Magellanstraße bekannt ist, in den Ozean, den er selbst den »Pazifischen« nannte. Im Frühling 1521 erreichte er die Philippinen, wo er in einer Schlacht mit Eingeborenen bei Macatan auf Cebu am 27. April 1521 sein Leben verlor. Die überlebende Mannschaft erreichte schließlich im November die »Gewürzinseln« Molukken. Den dortigen Bewohnern waren Europäer nicht unbekannt, denn schon 1512 waren ja die Portugiesen unter António de Abreu hier gelandet und so empfingen sie die Spanier recht freundlich. Von den ursprünglich 237 Mann der Magellan-Expedition waren nur mehr weniger als hundert am Leben. Mit dieser verbleibenden Mannschaft konnte man lediglich zwei Schiffe, die »Victoria« und

» 35 Vgl. Henze, D.: Enzyklopädie der Entdecker und Erforscher der Erde, Bd. 1, S. 616.

» 36 Zit. nach Gööck, R.: Das Buch der Gewürze, S. 65.

die »Trinidad«, unter Segel nehmen. Während die »Trinidad« von Portugiesen gekapert und später zerstört wurde, erreichte die »Victoria« am 6. September 1522 mit nur 18 der ursprünglichen Besatzungsmitglieder und einer Ladung Gewürze Sanlúcar, den spanischen Ausgangshafen. Damit war die erste Weltumsegelung vollendet. Sie ging als eine der großen Seereisen in die Geschichte ein. Bei der Ankunft in Spanien stellte man fest, dass das Datum nicht mit den Schiffsaufzeichnungen übereinstimmte und so führte diese Reise nebenbei auch zur Erkenntnis, dass es eine Datumsgrenze geben musste.

Der Erlös aus dem Verkauf der Gewürze brachte einen enormen Gewinn, trotz des Verlustes von vier der fünf Schiffe. Der Verlust an Menschenleben wurde dabei wohl nicht in die Rechnung einbezogen.

Die portugiesische Dominanz im Gewürzhandel konnten die Spanier nicht brechen. Spanien beschäftigte sich künftig in erster Linie mit den Eroberungen in der Neuen Welt und hatte an Asien wenig Interesse, lediglich die Philippinen behielten sie als einzige asiatische Besitzung. Im Vertrag von Saragossa präzisierten Spanien und Portugal am 22. April 1529 den Vertrag von Tordesillas und legten die östliche Trennlinie der Herrschaftsbereiche in der Nähe des 142. Meridians fest. Damit blieben die Molukken und der Handel mit Nelken und Muskatnuss unter portugiesischer Kontrolle.

Portugal bildete ein Weltreich mit den Ländern, die im Verlauf ihrer Suche nach dem Weg zu den Gewürzen und Reichtümern Asiens entdeckt und erobert wurden. Spanien, auf der Suche nach einer alternativen Route zu denselben Gütern, verlagerte seine Priorität aber bald weg von Gewürzen hin zu den Schätzen Amerikas und begründete dort ein weiteres Weltreich.[37]

Mit der Entdeckung des Seewegs nach Indien durch die Portugiesen begann eine neue Ära im Gewürzhandel. Die portugiesischen Galeonen transportierten große Mengen auf direktem Weg nach Lissabon – unter Ausschaltung aller Umschlagplätze mit ihren Zöllen, Abgaben und Gewinnaufschlägen der Zwischenhändler. Pfeffer und alle anderen Gewürze konnten daher in Lissabon wesentlich billiger angeboten werden. Allerdings wurde dieses Angebot zunächst nicht ohne Weiteres angenommen. Der Grund dafür war eine gewisse Skepsis, ob es sich dabei wirklich um Pfeffer handelte oder nicht eher um Paradieskörner aus Westafrika, die portugiesische Händler schon seit Längerem auf den Markt brachten. Diesem Umstand hatte es Venedig unter anderem zu verdanken, dass die Stadt auch noch weiterhin eine Rolle im Gewürzhandel spielen konnte.

Portugal wurde im frühen 16. Jahrhundert zum Hauptversorger Europas mit Gewürzen und anderen orientalischen Gütern. Hatte Pedro Álvares Cabral, wie schon erwähnt, 1501 rund 3.000 Quintal (177 Tonnen) Pfeffer aus Indi-

» 37 Vgl. Turner, J.: Spice, S. 214.

en mitgebracht, erreichten 1505 schon 25.000 Quintals (1.470 Tonnen) und 1517 bereits 48.100 Quintal (2.830 Tonnen) Lissabon.[38] Der direkte Import der Waren nach Portugal wurde fast ohne Ausnahme von Kaufmannssyndikaten durchgeführt, die mit Privilegien der Krone ausgestattet waren. Die Portugiesen machten sich jedoch gar nicht erst die Mühe, mit eigenen Unternehmen und Schiffen die angelandeten Gewürze in die einzelnen europäischen Länder zu liefern, sondern verkauften große festgesetzte Kontingente im Hafen von Lissabon an die Händler aus dem Norden Europas. Dabei wurde die Abnahme bedeutender Mengen verpflichtend vorgegeben, was die Händler zwang, sich zu Konsortien zusammenzuschließen. Aus Deutschland stiegen vor allem die Handelshäuser Fugger und Welser aus Augsburg und Tucher aus Nürnberg in großem Stil in den Handel mit Lissabon ein und wandten sich weitgehend von Venedig ab. Sie belieferten vor allem Süd- und Mitteldeutschland mit Gewürzen, während holländische Kaufleute die Verteilung im Norden und Westen Europas als Agenten Portugals übernahmen.

Schon im Jahre 1505 beteiligten sich die größten deutschen Handelshäuser an einer Indienfahrt, indem sie in Lissabon drei Schiffe charterten und ausrüsteten. Diese Schiffe segelten, mit Portugiesen bemannt, in einem portugiesischen Flottenverband, der den ersten Vizekönig des »Estado da Índia« nach Indien brachte.[39]

Es fanden sich auch immer wieder Kaufleute, die sich privilegierten Syndikaten anschlossen und Flotten für einzelne Handelsfahrten nach Indien ausrüsteten. Trotz der hohen Abgaben an die Krone brachten solche Handelsfahrten in der Regel riesige Gewinne und es mangelte daher nicht an unternehmerischen Händlern, die sogar bereit waren, persönlich nach Indien zu segeln. Vom portugiesischen Kaufmann Gil Vicente wird berichtet, dass er zwischen 1515 und 1543 insgesamt elf Fahrten an die Malabarküste unternahm.

Im Jahre 1591 kaufte ein Syndikat, bestehend aus der portugiesischen Firma Ximenes, den Handelshäusern Fugger und Welser, den italienischen Kaufleuten Rovalesca und Paris sowie Malvenda aus Spanien, den gesamten Pfeffer in Lissabon auf und lieferten ihn nach Deutschland und in die Niederlande. Dieses Syndikat zerbrach aber schon im folgenden Jahr und der Pfeffer wurde dann nach Amsterdam und London geliefert.[40]

Die Syndikate hatten keine Probleme, Kapitäne für ihre Indienfahrten anzuheuern. Diese nahmen solche Aufträge gerne an, konnten sie doch schon mit zwei erfolgreichen Fahrten genug verdienen, um sich danach zur Ruhe zu setzen.

» 38 Vgl. Pemsel, H.: Weltgeschichte der Seefahrt, Bd. II, S. 526.

» 39 Vgl. Hümmerlich, F.: Die erste deutsche Handelsfahrt nach Indien. Siehe auch das entsprechende Kapitel in diesem Buch.

» 40 Vgl. Nagel, J. G.: Abenteuer Fernhandel, S. 28.

Die Reisedauer von Lissabon zur Malabarküste lag im Durchschnitt bei 5 bis 6 Monaten. Zur optimalen Ausnutzung des Monsuns stachen die Schiffe in der Regel Anfang März von Portugal in See und traten im Dezember die Rückreise an.[41]

Im 16. Jahrhundert segelten rund 700 Schiffe von Lissabon nach Indien, etwa 450 kehrten wieder zurück. Einige Schiffe blieben in Indien zur Sicherung der Niederlassungen und der Seewege, andere aber erlitten Schiffbruch oder wurden Opfer von kriegerischen Handlungen und Piraten. Zwischen 1500 und 1634 registrierte man einen Verlust von 28 Prozent der Gewürzschiffe.[42]

Betroffen von einem solchen Schicksal war auch der Augsburger Kaufherr Jacob Fugger, der sich 1515 mit 10.000 spanischen Golddukaten an der Finanzierung einer Gewürzflotte beteiligte und 4.600 davon als »böse Schuld« abschreiben musste, weil nicht alle Schiffe in den Heimathafen zurückkehrten.[43]

Die Frage nach den Motiven, die einen Kaufmann bewegten, trotz aller Mühen und Risiken den Handel mit Indien zu betreiben, beantwortet Eberhard Werner Happel in seinem Werk »Mundus Mirabilis Tripartitus« mit einem Zitat:

»Wie denn Horatius solches fein austrücket in seinem Epistel / da er sagt:
Impiger extremus currit mercator ad Indos
per mare, pauperiem fugiens, per saxa, per ignes
Das ist:
Der Kauffmann frisch und unverzagt/
zu Wasser und Land sein Leben wagt:
Laufft biß in Indiam umher/
daß er sich deß Armuths erwehr.«[44]

Der deutsche Kaufmann Philipp van Mökern, der sich fünfzig Jahre in Indien aufgehalten hatte, schreibt in seinem 1857 erschienen Werk »Ostindien, seine Geschichte, Cultur und seine Bewohner« über die Einkünfte, die Portugal aus seinem »Estado da Índia« bezog:

»Die Krone von Portugal bezog von diesen Besitzungen während einer Zeit von mehr als fünfzig Jahren ein jährliches klares Einkommen von 250 000 Pfund Sterling, die Besoldung des Vicekönigs (14 000 Pfund Sterling) und der übrigen Statthalter abgezogen. Dieses Einkommen erwuchs aus den Abgaben, welche auf alle aus= und eingeführte Waaren in ihren verschiedenen Besitzungen erhoben wurden, aus dem Tribut, welche einige der kleineren Staaten an der malabarischen Küste für den ihnen ertheilten Schutz bezah-

» 41 Vgl. Pemsel, H.: Weltgeschichte der Seefahrt, Bd. II, S. 527.

» 42 Vgl. Freedman, P.: Out of the East, S. 204.

» 43 Vgl. Hansi, H.: Zum Beispiel Gewürze, S. 55.

» 44 Happel, E. W.: Mundus Mirabilis Tripartitus oder Wunderbare Welt in einer kurtzen Cosmographia fürgestellet.

len mussten, und aus dem Verkaufe der Schiffe, die weggenommen wurden, wenn man sie in den indischen Gewässern ohne Paß des Vicekönigs ertappte.« Weiter berichtet er über Portugals Indienpolitik unter König Sebastian und ab 1580 unter der Herrschaft Spaniens:

»Von nun an schienen die Portugiesen von einem neuen und wüthenden Religionseifer beseelt zu sein; Die Verbreitung der christlichen Lehre in Hindostan wurde nun der Hauptgegenstand ihrer Politik, sie verfolgten diese ihre Zwecke mit einer kaltblütigen und systematischen Grausamkeit, [...] indem die Portugiesen dadurch den Aufwand ihrer indischen Regierung vermehrten, vernachlässigten sie die Quellen, aus denen die erhöhten Ausgaben bestritten werden sollten. Die Künste des Friedens und der Betriebsamkeit wurden von ihnen nur als untergeordnete Gegenstände ihrer Aufmerksamkeit angesehen und ihr Handel sank nach und nach. [...] Der wesentliche Irrthum, den Portugal in seinem indischen Handel beging, und als die Hauptursache seines Verfalls betrachtet werden muß, war seine tyrannische Anmaßung eines ausschließlichen Rechtes auf diesen Handel und die Schifffahrt der indischen Meere.«[45]

Der zunehmende Religionseifer der portugiesischen Krone führte zu steigenden Ausgaben bei abnehmender Konzentration auf den Handel. Im Jahre 1560 wurde im »Estado da Índia« zudem noch die Inquisition eingeführt. Während der Allianz mit Spanien von 1580 bis 1640 erreichte dieser Religionseifer seinen Höhepunkt. Ihr brutales Vorgehen machte die Besatzer bei der einheimischen Bevölkerung zunehmend verhasst.

Der portugiesische Kronmonopolismus konnte damit auf Dauer nicht konkurrenzfähig bleiben, da für die Verwaltung und militärische Absicherung des »Estado da Índia« und die Verbreitung des Katholizismus derart enorme Kosten anfielen, dass diese bald die Einkünfte aus dem Gewürzhandel weit überstiegen. Portugal konnte seine führende Position im Handel nicht halten und verlor in der Folge auch weitgehend seinen territorialen Einfluss.

» 45 van Mökern, Ph.: Ostindien, seine Geschichte, Cultur und seine Bewohner, S. 104, 107 f.

Das Glückhaft Pfefferschiff

War da um 1680 zu Salzburg ein Häufel fürtrefflicher Handelsleut, die schickten Ihre Schiffe gen Morgenland, wohlfeil Zeug einzutauschen für Pfeffer, Muskatnuss und derlei Fremdgewürz mehr.
Reichen Gewinn brachte der Pfeffer dem, der ihn erhandelte, so das Schiff allem Unbill der Meere getrutzt, wohlbehalten und vollbeladen wiederum den Hafen Venedig erreicht.
Gab's nun zu der Zeit, da Johann Anton Kaufmann Dienst als Handelsgehilf im Fuchs'schen Kontor zu Salzburg versah, ein Schiff, das da längst schon sollte in Venedig zurückgemeldet sein. Setzten sich darob nach Jahr und Tag die Handelsleut zusammen, hielten Rat und waren sich einig, daß der Pfeffer wohl indes bei den Fischen lag.
Unser Johann Anton Kaufmann aber ergriff die Sach beim Schopf, warf sein Vertrauen auf St. Antonius von Padua, seinen absonderlich erkiesten Namenspatron und Vorsteher, und tat ein Gelübd, dem Schutzpatron ein Kirchlein zu errichten, so er das Schiff wohl heimgeleite.
Danach rafft er sein weniges an eigenem Spargut zusamm und kauft den großen Handelsherren ihr verlustig gegebenes Schiff ab.
Sieh da … über kurzem lieget das Schiff zu Venedig im Hafen!
Der Handelsgehilf hat sein Glück gemacht! Dem wällischen Baumeister Zugalli gibt er Auftrag, dem hülfreichen St. Anton das gelobte Kirchlein zu errichten, das nun durch aberhundert Jahr viel frommes Wallfahrervolk gesehen hat.
Zur leiblichen Ergötzung baut er sich das Schloss zu Söllheim und ziehet selbst als Schlossherr ein.
Als adeliger Herr verbringet er daselbst seine Tage.
Sein eigen sterblich Teil ist später in dem Kirchlein des St. Antonius zur Ruh gebettet worden.
Zum Gedenken an das wunderbare Begebnis wird dies Gebäud, vormalig altes Kaplanstöckl, darin Du diese Chronik liest, fortan das »Pfefferschiff« genannt.

Der heilige Antonius gewähr'
auch dir, viellieber Gast, was Dein Begehr!
Die Seele tröst' er Dir in Mißgeschicken,
den Leib magst du im Pfefferschiff erquicken!

Zur Verfügung gestellt von Jürgen Vigne, Betreiber und Küchenchef des Restaurants »Pfefferschiff« zu Söllheim bei Salzburg.

Eine Allegorie des Gewürzhandels. Aus: Histoire Philosophique et Politique, 1774.

Die Handelskompanien der Niederländer und der Briten

Als im Jahre 1580 Spanien die Herrschaft über Portugal übernahm und damit auch den Gewürzhandel beherrschte, verschlechterte sich die Situation der Händler im Norden und Westen Europas schlagartig. Spanien erhöhte die Preise drastisch, kündigte in der Folge die Agentenverträge mit den holländischen Kaufherren und drängte die etablierten Händler aus dem Geschäft. Diese ergaben sich aber nicht ihrem Schicksal, sondern versuchten ihrerseits, einen direkten Handel mit Indien und den Molukken zu etablieren. Mittlerweile hatten nämlich holländische Seeleute, die in portugiesischen Diensten nach Asien reisten, bereits gute Kenntnisse über die Seewege erworben. Besondere Bedeutung kommt dabei Jan Huygen van Linschoten zu, der als Angestellter des »Estado da Índia« in den Jahren 1584 bis 1592 den Indischen Ozean befuhr und darüber auch ein »Itinerario« verfasste.[46]

Eine Gruppe Amsterdamer Kaufleute gründete 1594 eine *»Compagnie van Verre«* mit der Absicht, das spanisch-portugiesische Handelsmonopol zu brechen. Im Jahre 1595 rüstete die Gesellschaft vier Schiffe für die erste offizielle Reise zu den Gewürzinseln aus. Das Ziel dieser ersten Reise war der Hafen von Banten im Westen der Insel Java, den alle vier Schiffe auch erreichten. Dort hatten sich schon vor Ankunft der Niederländer Chinesen, Türken, Perser und Inder niedergelassen und handelten mit Pfeffer, Gewürzen von den Molukken und chinesischen Luxusgütern. Nach der Rückkehr der Schiffe, voll beladen mit Gewürzen, brachen 1598 bereits fünf Flotten verschiedener Kompanien nach Asien auf. Weitere zehn Expeditionen stachen in rascher Folge in See. Auch ihr Ziel waren die ostasiatischen Gewürzinseln. Sie folgten alle der von den Portugiesen erkundeten Route um das Kap der Guten Hoffnung. Dabei kam es immer wieder zu bewaffneten Auseinandersetzungen mit portugiesischen Schiffen. Um diesen Zusammenstoßen zu entgehen, starteten die Holländer eine Suche nach einer alternativen Route, scheiterten dabei aber kläglich. Die drei Versuche von Willem Barentsz, nördlich um Europa und Asien herum zu segeln und eine Nordostpassage zu finden, endeten 1596/97 auf der zu Russland gehörenden Insel Nowaja Semlija im Nordmeer, wo Barentsz mit seinem Schiff überwintern musste und dabei ums Leben kam. Weitere Versuche wurden nicht mehr unternommen, es blieb bei der etablierten Passage rund um Afrika.

Mittlerweile kamen die niederländischen Kaufleute immer mehr zu der Erkenntnis, dass die einzelnen Kompanien zu schwach sein würden, um auf Dauer den Gewürzhandel kontrollieren zu können. Nach langen Verhand-

» 46 Vgl. Nagel, J. G.: Abenteuer Fernhandel, S. 100.

lungen schlossen sich schließlich die »Vorkompanien« 1602 zur *»Vereenigde Oostindische Compagnie, VOC«* zusammen.[47]
Die VOC war nach Ansicht von Wirtschaftshistorikern die erste Aktiengesellschaft. Ihre Aktien waren Namenspapiere, über deren Besitz ein Register geführt wurde. Diese Aktien wurden regelmäßig an der Börse in Amsterdam gehandelt. In den ersten Jahren konnten die VOC-Aktionäre jedoch nicht auf Dividenden in barem Geld hoffen, denn ihr Gewinn wurde bis 1645 in exotischen Gewürzen wie Ingwer, Zimt oder Pfeffer ausbezahlt. In Zeiten, in denen seltene Gewürze oft in Gold aufgewogen wurden, brachte diese Form der Erfolgsbeteiligung aber vielen Aktionären ein ansehnliches Vermögen.
Hinter der Gründung der VOC lag die Absicht, ein Monopol für den Handel mit den Gewürzen Südostasiens zu errichten. Zur Durchsetzung ihres angestrebten Monopols errichtete die VOC bald eine eigene Handelsstation weiter östlich, nahe der Stadt Jayakarta. Nach mehreren kriegerischen Auseinandersetzungen mit lokalen Machthabern und den Briten zerstörte die VOC schließlich 1619 Jayakarta und baute auf den Ruinen ihre Residenzstadt Batavia.
Bereits im Jahre 1609 entsandten die Niederlande zur Wahrung ihrer Machtansprüche mit Pieter Both einen Generalgouverneur, der 1610 in Banten eintraf. Damit begann die Kolonialherrschaft der Niederlande über den Malaiischen Archipel. Erst im Jahre 1949 wurde Niederländisch-Indien als Republik Indonesien endgültig unabhängig und Batavia wurde unter dem Namen Jakarta, in Anlehnung an das alte Jayakarta, zu seiner Hauptstadt. Um das Jahr 1670 war die VOC auf dem Höhepunkt ihrer Macht und galt als reichstes Unternehmen der Welt. Die jährlichen Dividenden ihrer Aktionäre erreichten Werte bis zu 40 Prozent.
Die Entwicklung im Überseehandel des ausgehenden 16. Jahrhunderts und die damit verbundenen erhöhten Aktivitäten der Niederländer waren anderen europäischen Mächten nicht verborgen geblieben. Allen voran die Briten beobachteten diese Entwicklung mit Argwohn und Sorge. Als Reaktion kam es daher, mit einer Charta von Königin Elisabeth I. vom 31. Dezember 1600, zur Gründung der britischen *»East India Company, EIC«*, noch bevor sich die niederländischen »Vorkompanien« zur VOC zusammenschlossen.
Im Vergleich zu den Spaniern, Holländern und vor allem Portugiesen hatte die EIC zunächst wenig Kenntnis der Routen und Handelsplätze. Die EIC führte daher in den ersten Jahren einige Kaperfahrten durch, um neben Gewürzladungen auch an Seekarten und nautische Aufzeichnungen der portugiesischen Schiffe zu gelangen. Der berühmteste dieser britischen Kaperfahrer war der vom Königshaus geadelte, von der übrigen Welt aber als Freibeuter verteufelte Sir Francis Drake.

» 47 Vgl. Nagel, J. G.: Abenteuer Fernhandel, S. 102.

Erstaunlich schnell gelang es den Briten, sich im Ostasienhandel festzusetzen. Kurzfristig kam es sogar zu einer Kooperation mit der VOC, in der im Jahre 1619 der EIC die Hälfte des Pfefferhandels und ein Drittel der übrigen Gewürze zugestanden wurde. In der Folge flammten aber dann doch, vor allem auf den Molukken, immer wieder schwere kriegerische Auseinandersetzungen zwischen beiden Kompanien auf. Den Höhepunkt bildete das Massaker von Ambon, wo Soldaten der VOC im Jahre 1623 die britische Faktorei zerstörten und die meisten Europäer töteten. Die Eroberung von Ambon und die dauerhafte Unterlegenheit gegenüber der niederländischen Präsenz waren die Hauptgründe, dass sich die EIC schrittweise aus dem direkten Gewürzhandel mit dem Malaiisischen Archipel zurückzog und sich zunehmend nach Indien orientierte.[48]

Im Zusammenhang mit diesem Rückzug kam es, wie noch zu sehen sein wird, zwischen Briten und Niederländern zu einem bemerkenswerten Tausch von Überseebesitzungen in Nordamerika und den Banda-Inseln.[49]

In Indien konzentrierte sich die EIC in erster Linie auf den Handel mit Textilien und ab dem 18. Jahrhundert auch auf Tee. Dazu kam etwas später noch in großem Stil der Opiumexport nach China. Auf diesen Produkten basierte ihr enormer wirtschaftlicher Erfolg, während der Gewürzhandel für die EIC nach 1730 ständig an Bedeutung verlor. In ihrem Verhältnis zum alten Rivalen VOC fand sie einen Modus Vivendi, der zu Anfang in der Bekämpfung des gemeinsamen Feindes Portugal begründet war. Portugal basierte nämlich seinen Herrschaftsanspruch in Indien und auf den Molukken immer noch auf dem Vertrag von Tordesillas. Das Land war aber viel zu schwach, um ihn gegen die britische und niederländische Übermacht durchzusetzen. Nach und nach verlor Portugal alle indischen Besitzungen mit Ausnahme von Goa, Daman und Diu, wo sie sich bis zu ihrer Vertreibung durch die indische Armee im Jahre 1961 hielten.

Die EIC stieg zur mächtigsten aller europäischen Kompanien auf und hatte in der weiteren Entwicklung entscheidende Mitverantwortung an der Kolonisierung Indiens. Im Laufe der Zeit musste die Gesellschaft aber zunehmend die Interessen der britischen Regierung in Indien wahrnehmen auf Kosten ihrer Handelsaktivitäten. Damit wurde die EIC zum Kolonialverwalter, bis schließlich mit dem »Government of India Act« die Gewalten der EIC 1858 auf den britischen Staat übertragen wurden und die Kompanie sich auflöste.

Die niederländische VOC und die britischen EIC waren privatwirtschaftlich organisierte Handelsgesellschaften, die zwar auch dem Staatswohl verpflichtet

» 48 Vgl. Nagel, J. G.: Abenteuer Fernhandel, S. 71–73.

» 49 Siehe auch Kap. »Eine historische Fehlspekulation« in diesem Buch.

waren, sich tatsächlich aber in erster Linie vom Gewinnstreben leiten ließen und natürlich Anspruch auf Monopolstellungen erhoben.

Engelbert Kämpfer, der als erster deutscher Forschungsreisender gilt, heuerte 1688 bei der VOC als Schiffsarzt an und lebte einige Jahre in Batavia. Die nicht sehr schmeichelhafte Meinung, die er sich während dieser Zeit über seinen Arbeitgeber bildete, drückte er sehr deutlich aus: »Handelsgewinn um jeden Preis war das höchste, ja das einzige Ziel dieser Sozietät. Schillers hohes Wort von dem Kaufmann, der den Göttern gehöre – ›Güter zu suchen geht er, doch an sein Schiff knüpfet das Gute sich an‹ –, gilt für jene Krämerseelen nicht. Die wunderreiche indische Welt mit ihren seltsamen Geschöpfen war für sie einzig und allein zur Ausbeutung da.«[50]

Zur Umsetzung ihrer Ziele verfügten beide Gesellschaften über Kriegsschiffe und Soldaten und waren bereit, sie gegen lokale Machthaber und Konkurrenten ohne Skrupel einzusetzen. Anfang des 17. Jahrhunderts verfügte die VOC über 3.500 Seeleute und 3.000 Soldaten, ein halbes Jahrhundert später waren es schon 12.000 Seeleute und 17.000 Soldaten. Ihre Schiffe waren schwer bewaffnet, hatten einen großen Laderaum und besaßen trotzdem eine hohe Manövrierfähigkeit. Dieser Schiffstyp, eine Kombination aus Frachtsegler und Kriegsschiff, dem auch der britische »East Indiaman« entsprach, bestimmte im 17. Jahrhundert den erfolgreichen Asienhandel.[51]

Bei der Ausdehnung ihres Machtbereiches auf die Molukken ging die VOC mit geballter Macht und äußerster Brutalität gegen Portugiesen und vor allem gegen die lokalen Machthaber vor. Mit der Eroberung von Ambon, Ternate und Tidore hatten die Niederländer den Nelkenhandel und mit der Unterwerfung der Banda-Inseln auch den Handel mit Muskatnuss und Muskatblüte in den 1620er Jahren praktisch unter ihre Kontrolle gebracht. Die Portugiesen mussten sich von den Molukken zurückziehen und konnten sich nur auf der weiter im Süden gelegenen Insel Timor halten. In der Mitte des 17. Jahrhunderts hatte die VOC den Portugiesen die Herrschaft über Ceylon abgerungen und sich auch in Cochin und damit im Pfefferhandel der Malabarküste dauerhaft festgesetzt.

Die von der VOC praktizierten Methoden speziell im Handel mit Pfeffer beschreibt uns ein weiterer prominenter Zeitzeuge: Jean-Baptiste Tavernier, ein französischer Handelsreisender, der zwischen 1630 und 1668 insgesamt sechs Reisen nach Indien unternahm, dabei großen Reichtum und den Titel eines Baron d'Aubonne erwarb.

» 50 Meier, K. E.: Engelbert Kämpfer, der erste deutsche Forschungsreisende 1651–1716, S. 107–108.

» 51 Vgl. Nagel, J. G.: Abenteuer Fernhandel, S. 37, 53, 55.

»Der Pfeffer kommt zum größten Teil von der Malabarküste und Tuticorin und Calicut sind die Städte, wo man ihn kauft. Er kommt auch von den Ländern des Königs von Visapour und gekauft wird er in Réjapour, einer kleinen Stadt in diesem Königreich. Die Holländer, die ihn kaufen, geben kein Geld dafür, sondern tauschen ihn gegen verschiedene Waren, wie Baumwolle, Opium, Purpur und Quecksilber, und diesen Pfeffer transportieren sie nach Europa. Die 500 Pfund dieses Pfeffers kommen ihnen im Tausch auf 38 Reales, aber auf den im Tausch gegebenen [Waren] gewinnen sie hundert Prozent. Gegen bares Geld kann man ihn um 28 oder 30 Reales haben; was bedeutet, dass man ihn auf diese Weise viel teurer als die Holländer kauft.«[52]

Pfeffer war um 1620 mit einem Anteil von über 50 Prozent das wichtigste Handelsgut der VOC. In der zweiten Hälfte des 17. Jahrhunderts ging der Pfefferkonsum in Europa aber drastisch zurück und um 1700 war dieser Anteil auf etwa 11 Prozent gesunken, die Gewürze von den Molukken erreichten die gleiche Größenordnung, während gleichzeitig der Anteil der Textilien auf 55 Prozent stieg.[53]

Keiner der Handelsgesellschaften gelang es jemals, ein dauerhaftes Gewürzmonopol zu errichten. Voraussetzung für die Entstehung und den Bestand eines solchen Monopols wäre die vollständige und uneingeschränkte Kontrolle über das entsprechende Anbaugebiet. Im Pfefferhandel war das Bemühen schon deshalb aussichtslos, weil sich der Anbau über ein großes und daher unkontrollierbares Gebiet erstreckte und sich bereits zu viele Produzenten und Händler in diesem Markt tummelten.

Lediglich für Nelken, Muskatnuss und Muskatblüte von den Molukken erreichte die VOC für gewisse Zeit nahezu eine Monopolstellung, da das Anbaugebiet auf wenige Inseln beschränkt war und daher besser kontrolliert werden konnte. Zur Absicherung dieser Position ergriffen die Niederländer drastische Mittel: Außerhalb der von ihr kontrollierten Plantagen war der Anbau von Nelken- und Muskatnussbäumen bei strenger Strafe verboten. Der Anbau von Nelken sollte ausschließlich auf die Insel Ambon beschränkt werden. Ständig hielten Suchtrupps Ausschau nach heimlichen Pflanzungen und wild wachsenden Bäumen, um sie sogleich zu vernichten. Auf Schmuggel oder gar Diebstahl von Setzlingen stand die Todesstrafe.

Zusätzlich legte der Rat der VOC jährlich die Gewürzmenge fest, die auf den Markt kommen sollte, und fixierte gleichzeitig den Preis. Überschüssige Mengen wurden verbrannt, zum Teil schon auf den Molukken oder in Batavia. Aber auch später in Amsterdam, nachdem eine genaue Beurteilung der

» 52 Tavernier, J-B.: Les six voyage de Monsieur Jean-Baptiste Tavernier, Tome V, S. 197 [Übers. d. A.]

» 53 Vgl. Nagel, J. G.: Abenteuer Fernhandel, S. 116.

aktuellen Marktlage möglich war, kam es noch zu Verbrennungen von Restmengen.[54]

Georg Bernhardt Schwarzens, ein Küfer aus Beutelsbach in Württemberg, der sich von 1734 bis 1740 als Soldat der VOC und als Küfer in Batavia und auf den Molukken aufhielt und darüber den Bericht »Reise in Ost-Indien« verfasste, gibt darin folgende Schilderung:

»In diesem Jahr [1735] sah ich auch, wie viele Zentner Spezereien verbrannt wurden. Dies geschieht beinahe jedes Jahr, und zwar immer dann, nachdem die Schiffe nach Holland abgefahren sind. Alles, was diese nicht mitnehmen können und was noch in den Magazinen lagert, wird verbrannt. Zu diesem Zwecke wird ausserhalb der Stadt eine grosse Grube ausgehoben, in diese Holz getan und angesteckt und dann auf das Feuer die Spezereien wie Muskatnüsse, Nelken, Zimt, Pfeffer und noch viele andere Waren geworfen. Ein solches Feuer brennt oft vierzehn Tage. Es wird dabei von Schildwachen bewacht, denn bei Leib- und Lebensstrafe ist es verboten, dass sich jemand davon auch nur fünf oder sechs Pfund nimmt. Wird jemand dabei ertappt, dann wird er ohne Gnade aufgehängt, was gar oft geschieht und nichts Besonderes ist [...]«[55]

Über einen Zeitraum von etwa 150 Jahren konnte die VOC konkurrierende Handelsgesellschaften und Schmuggler unter Kontrolle halten und im Gewürzhandel zwischen den Molukken und Europa dominierend bleiben. Trotz strenger Strafen gab es aber immer wieder Versuche, keimende Samen und Setzlinge zu entwenden.

Ein französischer Abenteurer und Botaniker mit dem bezeichnenden Namen Pierre Poivre – Peter Pfeffer – verfolgte dieses Ziel mit besonderer Hartnäckigkeit und war schließlich erfolgreich. Dieser Monsieur Poivre segelte 1755 mit seiner Fregatte »La Colombe« zu den Molukken, angeblich um Gewürze zu kaufen, seine wahre Absicht aber war es, Setzlinge von Muskatnuss und Nelken zu entwenden. Auf dieser Reise gelang es ihm nicht, die Wachmannschaften zu überlisten. Mit seinem nächsten Versuch 15 Jahre später war er dann aber erfolgreich. Einheimische von der kleinen Insel Gueby, die stark unter der Brutalität der VOC zu leiden hatten und nach einer Gelegenheit der Rache suchten, lieferten den Franzosen über 20.000 Muskatnuss- und 300 Nelkensetzlinge. Mit dieser Fracht segelten die beiden Schiffe »Vigilant« und »Étoile du Matin« zur französischen Île de France, dem heutigen Mauritius. Die Franzosen legten dort Pflanzungen an und sowohl Muskatnuss als auch Nelken gediehen gut. Später wurden Setzlinge auch auf die Seychellen und in die Karibik gebracht.

» 54 Vgl. Fansa, M. et al.: Chili, Teufelsdreck und Safran, S. 128.

» 55 Schwarzens, G. B.: Reise in Ost-Indien.

Die französische »Académie des sciences« sieht darin eine Errungenschaft und schreibt in ihrem Jahresbericht von 1772: »Das Ereignis, über das wir in diesem Artikel berichten, ist gleichzeitig eine Errungenschaft für die Botanik als auch für den Handel des Königreiches, und hält weiter fest: [...] diese zwei Gewürzpflanzen wurden auf beiden Inseln [Mauritius und Réunion] und auf den Seychellen von Monsieur Poivre etabliert; und wir können anfügen, dass sie seither auch in der Kolonie Cayenne eingeführt wurden.«[56]

Pierre Poivre trug damit entscheidend zur Erweiterung der Anbaugebiete und in der Folge zu einer Öffnung der Märkte bei. Weitere Bestrebungen dieser Art folgten. Als die Briten während der Napoleonischen Kriege zu Beginn des 19. Jahrhunderts einige Jahre die Molukken besetzt hielten, nutzten auch sie die Gelegenheit, die begehrten Setzlinge in ihren asiatischen, afrikanischen und karibischen Besitzungen anzupflanzen. Damit war das niederländische Monopol im Handel mit Muskatnüssen und Nelken endgültig und unwiederbringlich gebrochen.

In der Folge wurde die Transplantation von Gewürzpflanzen in andere Weltgegenden eine gängige Praxis. Um die Mitte des 19. Jahrhunderts legten die Franzosen in Indochina, dem heutigen Vietnam, und Kambodscha Pfefferplantagen an, von denen einige mittlerweile zu den weltweit führenden Exporteuren gehören.

Wiederum hundert Jahre später, als die Kaiserliche Japanische Armee Südostasien eroberte, lieferte sie Pfeffersetzlinge an japanische Kolonisatoren in Brasilien. Damit erhielt deren seit den 1930er Jahren unternommene Versuch, Pfeffer zu kultivieren, eine entscheidende Stärkung und Brasiliens Entwicklung zu einem der führenden Pfeffer exportierenden Länder begann.

Der Verlust der Kontrolle über die Anbaugebiete und eine Reihe weiterer Entwicklungen politischer und kulinarischer Natur führten – beginnend mit der zweiten Hälfte des 18. Jahrhunderts – zu einer Schwächung und letztendlichen Auflösung der Handelskompanien und zum Ende von Monopolen im Gewürzhandel.

Zwischen Großbritannien und den Vereinigten Niederlanden kam es seit 1752 immer wieder zu Kriegen um Handelsinteressen. Im vierten und letzten dieser Kriege (1780–1784) hatten die Niederlande der übermächtigen britischen Flotte nichts entgegenzusetzen und entgingen nur durch das Eingreifen der französischen Flotte einer vernichtenden Niederlage. Im anschließenden Frieden von Paris mussten die Niederländer ihre Besitzungen auf dem indischen Subkontinent an Großbritannien abtreten und der EIC freie Fahrt und freien Handel in ihrem Herrschaftsgebiet einräumen. Der Aufwand, den Handel der Kompanien aufrecht zu erhalten und zu schützen, war enorm und

» 56 Fuchs (Hrsg.): Oeuvres Complètes de Pierre Poivre, 1797, S. 293 [Übers. d. A.].

konnte durch die Gewinne aus dem Handel immer seltener gedeckt werden. Das veranlasste eine wachsende Anzahl von Kaufleuten dazu, ihr Geld nicht mehr in Kompanien, sondern in den seit einiger Zeit aufkommenden freien Handel zu investieren, da sie sich dort größere Gewinnspannen erwarteten. Der bereits Ende des 17. Jahrhunderts begonnene langsame, aber stetige Verfall der Umsätze und Gewinne der VOC beschleunigte sich dadurch drastisch. Selbst intensive Bemühungen um neue Märkte und Produkte konnten diesen Trend nicht mehr umkehren. Am 31. Dezember 1799 wurde die VOC endgültig aufgelöst – sie war bankrott.

Der schwerste Schlag gegen die großen Kompanien und ihre Monopolbestrebungen kam jedoch aus Europas Küchen. Während der Regentschaft des Sonnenkönigs Ludwig XIV. begann der Aufstieg einer modernen französischen Küche, die den übermäßigen Gebrauch von Gewürzen zugunsten einer Betonung des natürlichen Geschmacks der einzelnen Zutaten ablehnte. In dem satirischen Werk »Le repas ridicule« (Das lächerliche Mahl) von 1765 machte sich der Autor Nicolas Boileau über die vorherrschende Gewohnheit lustig, jeglichen Eigengeschmack der Speisen durch exzessiven Gebrauch von Muskatnuss, Nelken, Zimt, Pfeffer und Safran zu überlagern.[57] Das französische Kochbuch »Le Viandier de Taillevant«, dessen erste Ausgabe im 14. Jahrhundert erschien, wurde von Boileau verhöhnt und ins Lächerliche gezogen. Dem Trend dieser neuen Küche Frankreichs folgten immer mehr Köche, sodass »Le Viandier« schließlich nicht mehr aufgelegt wurde. In der Folge setzte sich diese Bewegung nach der Bewahrung des natürlichen Geschmacks auch außerhalb Frankreichs durch. Dies führte zu einem erheblichen Rückgang der Nachfrage nach Gewürzen. Pfeffer war von allen exotischen Gewürzen der einzige einigermaßen »ungeschorene« Überlebende dieses Trends, die übrigen wurden nur noch sehr gezielt und in geringerem Maße eingesetzt. Pfeffer hingegen etablierte sich als Standardgewürz und seine Nachfrage ging nur marginal zurück.[58]

Der daraus resultierende Preisverfall konnte von den Kompanien auch durch Marktmanipulationen wie Begrenzung der Mengen durch Verbrennen überschüssiger Ernten nicht gestoppt werden. Die immer zahlreicher auftretenden freien Kauffahrer, die weder teure Infrastruktur noch militärische Präsenz zu erhalten hatten, bekamen mehr und mehr die Oberhand auf dem europäischen Markt und in den Ursprungsländern.

» 57 Boileau-Despréaux, N.: Oeuvres complètes de Despréaux. Tome 1, Paris 1825.

» 58 Vgl. Freedman, P.: Out of the East, S. 220.

Manhattan und die Muskatnuss: eine historische Fehlspekulation

Die Vehemenz und Brutalität mit der die VOC ihre Monopolstellung im Handel mit den Gewürzinseln durchzusetzen und zu verteidigen gewillt war, führte zur vermutlich größten Fehlspekulation der Geschichte.

Im Zuge der Verteidigung ihrer Position auf den Molukken begingen die Niederländer im Jahre 1623 ein grausames Massaker an der britischen Besatzung der Insel Ambon, was zum Rückzug der Briten von den Molukken führte. Die Briten hielten allerdings Pulau Run, die kleinste Insel des Banda-Archipels, weiterhin besetzt und verfügten damit über einen direkten Zugang zu Muskatnüssen. Das war ein inakzeptabler Stachel im Fleisch der VOC, die dadurch ihr Monopol im Handel mit Muskatnüssen gefährdet sah. Als die Briten Pulau Run für kurze Zeit ohne Besatzung ließen, landeten VOC-Soldaten und zerstörten sämtliche Muskatnussbäume. Damit hatten sie die Konkurrenz zunächst ausgeschaltet. Die Insel blieb aber in britischem Besitz und stellte daher eine ständige Gefahr für das Monopol der VOC dar.

Briten und Niederländer traten mittlerweile nicht nur in Ostasien, sondern auch in Nordamerika als Rivalen auf. So hatten die Niederländer eine Insel im Hudson River in Besitz genommen und darauf ihr Fort Neu Amsterdam errichtet. Im Verlauf der Anglo-Niederländischen Kriege wurde diese Insel 1664 von den Briten besetzt.

Als im Jahre 1667 Großbritannien und die Niederlande in Friedensverhandlungen eintraten, setzte man alle zwischen beiden Ländern offenen Besitzfragen auf die Agenda, darunter auch die für die Gesamtverhandlung an sich unbedeutenden Probleme von Pulau Run und Fort Neu Amsterdam.

Die Aussicht auf hohe Gewinne aus dem Handel mit Muskatnüssen ließ Pulau Run für die Niederlande wesentlich wertvoller erscheinen als Neu Amsterdam, was die Niederländer dazu bewog, den Briten vorzuschlagen, die Insel im Hudson River endgültig an sie abzutreten, wenn ihnen dafür die kleine Insel Pulau Run wieder überlassen würde.

Im Frieden von Breda vom 31. Juli 1667 wurde dieser Tausch besiegelt. Jede der Parteien war überzeugt, ein sehr vorteilhaftes Abkommen geschlossen zu haben. Vor allem sah die VOC ihr Monopol wieder gesichert. Etwas mehr als hundert Jahre später wurde dieses Monopol durch den Piratenakt des französischen Botanikers und Abenteurers Pierre Poivre, bei dem er Muskat- und Nelkensetzlinge entwendete und auf Mauritius anpflanzte, endgültig beendet. Pulau Run versank damit langsam, aber unaufhaltsam in die Bedeutungslosigkeit und ist heute eine von der Weltöffentlichkeit weitgehend vergessene indonesische Insel.

Neu Amsterdam, von den Briten in New York umbenannt, gedieh hingegen prächtig. Die Insel im Hudson River, heute unter dem Namen Manhattan bekannt, entwickelte sich zum Weltzentrum der Finanzspekulationen – begonnen hatte ihr Aufstieg ironischerweise mit einer gigantischen Fehlspekulation.

Piraterie und Misserfolge: die späteren Mitstreiter am Pfeffermarkt

Die Erfolge der Portugiesen, Niederländer und Briten im Handel mit Asien weckten natürlich auch bei anderen europäischen Mächten das Begehren, sich ihren Anteil an diesem einträglichen Geschäft zu sichern.

Frankreichs Sonnenkönig Ludwig XIV. verlieh 1664 auf Betreiben seines Finanzministers Jean Baptiste Colbert der *»Compagnie Française des Indes Orientales«* ein Privileg für den Asienhandel und erteilte ihr auch das Recht, Gebiete in Besitz zu nehmen und unter der Flagge des Königs zu verwalten.[59]

Als die ersten Schiffe der *»Compagnie des Indes«*, wie sie kurz genannt wurde, im Jahre 1668 Indien erreichten, war es für eine nennenswerte Beteiligung am Pfefferhandel viel zu spät. Die etablierten Kompanien hatten den Markt längst unter sich aufgeteilt. Die französische Kompanie schaffte es nicht, langfristige privilegierte Handelsabkommen mit einem der lokalen Machthaber zu schließen, und musste daher Gewürze mühsam und zu überhöhten Preisen von einheimischen Händlern beziehen. Lediglich in Mahé an der Malabarküste erhielten sie 1725 vom lokalen Herrscher ein Handelsprivileg, nachdem sie ihn erfolgreich in seinem Kampf gegen die Engländer unterstützt hatten. Die »Histoire Philosophique et Politique des établissement & du commerce des Européens dans les deux Indes« von 1774 berichtet über das Resultat dieser Unterstützung:

»Dieser so nützliche Gefallen führte zur Geburt einer [französischen] Kolonie bestehend aus sechstausend Indern. Sie kultivieren 6.350 Kokospalmen, 3.967 Arekanussbäumen und 7.762 Pfefferpflanzen.«[60]

Die französische Kompanie verlegte sich in erster Linie auf den Textilhandel, der schnell zur wichtigsten Einnahmequelle wurde, während Gewürze nur eine untergeordnete Rolle spielten. Langfristig erreichte die *»Compagnie des Indes«* aber keinen dauerhaften kommerziellen Erfolg. Sie hielt ihre Handelsaktivitäten bis 1794 aufrecht und wurde schließlich im Jahre 1826 liquidiert.

Auch das Königreich Dänemark war im Asienhandel präsent und unterhielt zwischen 1616 und 1840 insgesamt drei Kompanien. Es gelang den Dänen

» 59 Vgl. Glachant, R.: Histoire de L'Inde des Français, S. 32.

» 60 Histoire Philosophique et Politique des établissemens & du commerce des Européens dans les deux Indes [Übers. d. A.].

Ernte von langem und rundem Pfeffer, Chili und Piment in der Karibik. Aus: Simon de Vries, 1670.

schon frühzeitig, mit dem Nayak von Tanjore ein Abkommen zu schließen und in Tranquebar an der Koromandelküste im Südosten des indischen Subkontinents eine Niederlassung zu gründen. Obwohl an der Südostküste kein Pfeffer wuchs, entwickelte sich Tranquebar schnell zu einem wichtigen Umschlagplatz für das Gewürz. Der Pfeffer wurde auf dem Landweg von der Malabarküste an die dänische Faktorei geliefert. Nach VOC und EIC galten die dänischen Kompanien als die erfolgreichsten Unternehmen im Pfefferhandel. Der Hauptgrund für ihren Erfolg war wohl Dänemarks Neutralität in den europäischen Konflikten. Dänische Schiffe waren daher auch in Asien in keine Kriegshandlungen verwickelt und konnten, unter neutraler Flagge segelnd, Frachten für alle Parteien übernehmen. Gelegentlich traten die Dänen sogar in lokalen Konflikten als Vermittler auf.

Nicht so erfolgreich entwickelte sich die *»Ostender Kompanie«*, die von Kaufleuten aus Antwerpen, Gent und Ostende, den bedeutendsten Städten der Habsburgischen Niederlande, gegründet wurde. Diese Städte fielen nach der Unabhängigkeit des protestantischen Nordteiles der Niederlande in ihrer wirtschaftlichen Entwicklung zurück. Mit der *»Ostender Kompanie«* sollte ein Anteil am asiatischen Handel gesichert und damit wieder der wirtschaftliche Anschluss gefunden werden. Man bemühte sich bei Kaiser Karl VI. in Wien um eine Charter für die Kompanie, die dieser Ende 1722 auch erteilte. Die nunmehrige *»Kaiserliche Ostender Kompanie«* schickte noch im Gründungsjahr eine Expedition nach Bengalen auf die Reise, wo man sich beim Herrscher von Hugli um eine Handelserlaubnis bemühte. Die bereits seit Langem etablierte britische EIC und die niederländische VOC hintertrieben diese Bemühungen lange Zeit erfolgreich und die *»Kaiserliche Ostender Kompanie«* erhielt erst im Juli 1727 die Erlaubnis, eine Faktorei in Bankibazar zu gründen. Die Kompanie litt jedoch ständig unter ihren mächtigen Konkurrenten und den hohen Abgaben an den Nawab von Bengalen. Um zu überleben, musste sie immer wieder Frachtraum an private Kaufleute und vor allem an die EIC vermieten. Der Druck, dem die *»Kaiserliche Ostender Kompanie«* in Indien ausgesetzt war, und der Umstand, dass der Kaiser die Unterstützung der Briten und Niederländer im Spanischen Erbfolgekrieg dringend benötigte, führten schließlich zur Auflösung der Kompanie im Jahre 1731. Die Faktorei in Bankibazar wurde von der EIC übernommen und weitergeführt.[61]

Einige der Investoren der *»Ostender Kompanie«* beteiligten sich nach deren Auflösung an einer schwedischen Handelsgesellschaft. Aufgrund der schlechten Ostender Erfahrung in Indien konzentrierten sich die Schweden jedoch fast ausschließlich auf den Teehandel mit China und konnten damit in der zweiten Hälfte des 18. Jahrhunderts ein erfolgreiches Geschäft betreiben.

» 61 Vgl. Nagel, J. G.: Abenteuer Fernhandel, S. 136–138.

Ein italienischer Versuch mit einer 1647 gegründeten *»Compagnia Genovese delle Indie Orientali«* scheiterte kläglich. Es ist nicht einmal bekannt, ob je ein Schiff dieser Gesellschaft Genua in Richtung Indien verließ.

Deutsche Versuche, in den Handel einzutreten, waren ebenfalls nicht besonders erfolgreich. Eine *»Preussische Bengalen Kompanie«*, die sich 1754 in Emden an der Weser etablierte, operierte einige Jahre zwischen Deutschland und Indien, konnte aber nie ein wirtschaftlich überlebensfähiges Handelsvolumen erreichen. Trotz des Misserfolges der Kaiserlichen Ostender Kompanie gab es in Österreich gegen Ende des 18. Jahrhunderts noch einen Anlauf, mit einer in Triest angesiedelten Gesellschaft in den Asienhandel einzusteigen. Initiator war der dubiose deutsch-holländische Kaufmann Wilhelm Bolts, ein ehemaliger Bediensteter der EIC. Kaiser Joseph II. erteilte dieser *»Ostindischen Handelskompanie in Triest«* 1775 eine Lizenz. Die Versuche, in Indien Fuß zu fassen, wurden aber von der EIC recht erfolgreich vereitelt. Lediglich Hyder Ali, der Herrscher von Mysore im heutigen indischen Bundesstaat Karnataka, erlaubte die Errichtung von drei unbefestigten Faktoreien. Die Österreicher landeten zusätzlich auch noch auf den in der Andaman-See liegenden Nikobaren. Die heute zu Indien gehörenden Inseln wurden zwischen 1778 und 1790 offiziell von Österreich beansprucht. Man ließ auch eine kleine Besatzung von sechs Mann auf den Inseln zurück, deren letzter allerdings schon 1783 starb. Sein Posten wurde nicht nachbesetzt und in der Folge gab Österreich den Anspruch auf die Nikobaren an Dänemark und Großbritannien ab. Die Triester Handelskompanie, die nur auf Indien beschränkt war, konnte sich aufgrund der starken Konkurrenz und einer fehlenden österreichischen Kriegsflotte zu ihrem Schutz nicht entwickeln und erzielte nie Gewinne. Als Kaiser Joseph II. daher 1785 die Handelsgenehmigung nicht mehr verlängerte, wurde die Kompanie aufgelöst.[62]

Keine dieser späten Kompanien wurde zu einer Keimzelle eines längerfristigen Kolonialreiches. Eine gewisse Ausnahme bildet lediglich die *»Compagnie des Indes«*, auf die die Gründung der fünf französischen »Besitzungen« auf dem indischen Subkontinent zurückgeht. Ihre Stützpunkte Pondichéry, Karaikal, Yanaon und Chandernagor im Osten des indischen Subkontinents sowie Mahé an der Malabarküste, in Frankreich heute noch bekannt als »Les Comptoirs des Indes«, blieben bis 1954 unter französischer Kolonialverwaltung.[63] Immer noch erinnern in Pondicherry die Polizisten mit ihren Képis an Pariser Flics und die Bewohner der Stadt kaufen in den Bäckereien nach wie vor täglich ihre Baguettes.

Zu Beginn des 19. Jahrhunderts war die Epoche der großen Kompanien und ihrer Monopole endgültig vorbei. Mit ihrem Ende und dem Durchbruch des

» 62 Vgl. Nagel, J. G.: Abenteuer Fernhandel, S. 142.

» 63 Vgl. Nagel, J. G.: Abenteuer Fernhandel, S. 127–130.

freien Handels verlor der Pfeffer vollends seine Jahrhunderte währende Rolle als ein bestimmender Faktor des europäischen Aufbruchs in die Welt.

Daraus ergaben sich auch signifikante Auswirkungen auf den Detailhandel: Gewürze, die bislang nur in kleinen Mengen und zu hohen Preisen in Apotheken zu bekommen waren, konnten jetzt ohne Probleme importiert werden. Das führte zum Aufkommen von Spezereien- und Kolonialwarenhändlern, die Gewürze wesentlich günstiger anboten. Als die Apotheker einsehen mussten, dass ihre Sonderstellung auf die Dauer nicht zu verteidigen war, erklärten sie ganz einfach Gewürze allgemein als gesundheitsschädlich. Mit Unterstützung obskurer Mediziner versuchten sie, dafür Beweise vorzulegen. Der Tiefpunkt dieser Kampagne war die rassistische Aussage, dass die unzivilisierten wilden Bewohner der Länder, in denen die Gewürze wachsen und frei konsumiert werden, den eindeutigen Beweis abgeben, wie schädlich und ungesund ihr Konsum sei.[64] Eine nachhaltige Wirkung konnten die damaligen Apotheker und ihre ärztlichen Verbündeten damit glücklicherweise nicht erzielen.

Im ausgehenden 19. und im 20. Jahrhundert erfuhr der Handel mit Pfeffer und anderen Gewürzen einen grundlegenden Wandel. Pfeffer wurde auch in Ländern mit ähnlichen klimatischen Gegebenheiten wie an der Malabarküste angebaut. Dank verbesserter Anbaumethoden werden in manchen neuen Anbauländern mittlerweile sogar höhere Ernteerträge erzielt als in Indien.

Seit 1997 operiert in Kochi, dem früheren Cochin, die *»International Pepper Exchange«*, die einzige internationale Börse, die sich mit dem weltweiten Pfefferhandel beschäftigt. Pfeffer ist nach wie vor das meistgehandelte Gewürz, mit einem Anteil von 20 bis 30 Prozent am Wert des gesamten Gewürzhandels. Die hohe Zahl der Anbaugebiete und der Exporteure führte zu den moderaten Preisen, die man heute für Pfeffer im Handel bezahlt.

Immer wieder gab es Versuche, die goldenen Zeiten des Pfefferhandels, sei es durch Abkommen zwischen einigen produzierenden Ländern oder Absprachen mehrerer Händler, zu neuem Leben zu erwecken. Der eine oder andere dieser Versuche hatte möglicherweise eine kurze Auswirkung auf den Preis, letztlich scheiterten aber alle Monopolbestrebungen sehr rasch an den heutigen modernen Marktmechanismen. Der Gewürzhandel, einst das große Abenteuer, ist heute ein nüchternes, in Zahlen und Statistiken ausgedrücktes Geschäft. Seit dem 19. Jahrhundert ist also die Geschichte des Pfeffers nicht mehr vordergründig eine von Macht und Gier, die Lust an Pfeffer in der Küche erlebt dagegen eine neue Blütezeit.

» 64 Vgl. Hansi, H.: Zum Beispiel Gewürze, S. 73–74.

Zeittafel der Pfeffergeschichte

vor Christi Geburt	Ereignis
50000	Früheste archäologische Hinweise auf die Verwendung von Gewürzen.
4000	Nachweis von Pfefferanbau in Indien.
3000	Sumerische Tontafel bezeugt den Konsum von Nelken; bei der Errichtung der Cheopspyramide erhalten Arbeiter Gewürze als Stärkungsmittel.
1500	Nachweis von Gewürzhandel zwischen Fernost, Indien und Kleinasien.
1000	Die Nabatäer kontrollieren den Gewürzhandel zwischen Indien und der Arabischen Halbinsel.
600	Konfuzius empfiehlt Ingwer als Medizin.
500	Der Pfeffer kommt über persische Händler nach Europa.
400	Hippokrates empfiehlt Pfeffer als Heilmittel.
331	Gründung von Alexandria unter anderem als Umschlagplatz für Gewürze aus Asien.
80	Alexandria wird Teil des Römischen Reiches und Zentrum des Gewürzhandels.
40	Hippalus entdeckt das Geheimnis der Monsunwinde, römische Schiffe segeln nach Südindien, der direkte Handel zwischen Rom und der Malabarküste beginnt.

nach Christi Geburt	
1. Jh.	Der direkte Handel Roms mit der Malabarküste festigt sich und hält 4 Jahrhunderte an.
40–70	Die Handelsrouten und Umschlagplätze werden im »Periplus Maris Erythraei« genau beschrieben.
ca. 170	Rom legt Einfuhrzölle für Gewürze fest.
ca. 300	Das älteste Kochbuch (»De Re Coquinaria«) von Apicius erscheint in Rom
408	Der Westgotenkönig Alarich verlangt 3.000 Pfund Pfeffer vom belagerten Rom.
4. Jh.	Der Gewürzhandel wird wieder vermehrt von arabischen Händlern kontrolliert.

641 Der Kalif Omar erobert Alexandria und der Handel mit der Malabarküste gerät vollends unter arabische Kontrolle.

8. Jh. Der Gewürzhandel kommt nahezu vollständig zum Erliegen.

9. Jh. Die Radaniten, jüdische Händler, versorgen als Einzige den europäischen Markt mit Gewürzen.

10. Jh. Venedig und Genua nehmen den Gewürzhandel mit arabischen Kaufleuten auf und bauen ihn auch in Europa wieder aus.

1100 Durch rückkehrende Kreuzritter wird Pfeffer in ganz Europa bekannt.

1179 In London wird die »Pepperers Guild«, die Zunft der Gewürzhändler, gegründet.

1181 Venedig besiegt Genua und monopolisiert den Handel mit Gewürzen.

1415 Heinrich der Seefahrer gründet in Portugal die Akademie von Sagres mit der Absicht, Indien auf dem Seeweg zu erreichen.

1492 Columbus sucht den Seeweg nach Indien in westlicher Richtung und entdeckt Amerika.

1498 Vasco da Gama erreicht Indien nach einer Umsegelung Afrikas, Venedig verliert seine Monopolstellung.

1505/06 Die deutschen Handelshäuser Welser und Fugger finanzieren drei unter portugiesischer Flagge segelnde Gewürzschiffe.

1509–15 Portugal gewinnt die Kontrolle über das Arabische Meer, den Persischen Golf und den Seeweg zu den Gewürzinseln.

1519–22 Fernando Magellan vollendet die erste Weltumsegelung auf der Suche nach den Gewürzinseln.

16. Jh. Portugal kontrolliert den Gewürzhandel mit Indien und überlässt die Verteilung auf dem europäischen Kontinent vor allem holländischen und deutschen Händlern.

1580 Beginn der spanischen Herrschaft über Portugal, in der Folge drastische Verteuerung der Gewürze und Kündigung der Agentenverträge mit holländischen Handelshäusern.

1595 Die erste holländische Flotte segelt zu den Gewürzinseln, weitere folgen in kurzen Abständen.

1600 Gründung der britischen *»East India Company, EIC«*.

1602 Zusammenschluss der »Vorkompanien« zur *»Vereenigde Oostindische Compagnie, VOC«*.

ab 1600 Verdrängung der Portugiesen von den Gewürzinseln und der Malabarküste.

1670 Höhepunkt der Macht der VOC, Monopolstellung im Handel mit Nelken und Muskatnuss, jedoch nicht mit Pfeffer.

17. Jh. Der Kampf um die Vorherrschaft im Gewürzhandel zwischen VOC und EIC endet zugunsten der VOC.

um 1730 Die VOC verbrennt große Mengen von Gewürzen, um den Marktpreis hoch zu halten.

1770 Pierre Poivre schafft heimlich Setzlinge von Muskatnuss und Nelke von Ambon nach Mauritius und bricht damit das Monopol der VOC.

ab 1750 Die französische Küche lehnt den exzessiven Einsatz von Gewürzen ab, der Pfefferkonsum geht stark zurück.

1799 Auflösung der VOC.

19. Jh. Freie Kauffahrer übernehmen den Gewürzhandel; der Gewürzanbau verbreitet sich außerhalb der Ursprungsländer.

1999 Indien verliert seine Spitzenposition als Pfefferproduzent an Vietnam.

Von Geld und Status: der Wert des Pfeffers

Bis zu dem Zeitpunkt, als Portugal gegen 1500 in den Gewürzhandel einstieg, war der Marktwert von Pfeffer teilweise exorbitant. So blieb dieses Gewürz lange Zeit großteils einer wohlhabenden Klientel aus Adelskreisen, reichem Bürgertum und klerikalen Würdenträgern vorbehalten. Der hohe Wert führte auch dazu, dass Pfeffer schon zur Zeit der Römer als Zahlungsmittel diente und im Mittelalter sogar zu einer gültigen Währung wurde. Wer einen guten Vorrat an Pfeffer besaß, brauchte sich in der späten Antike und im Mittelalter um die Bezahlung von Zöllen, Steuern, Mitgiften, Pachten und Schmiergeldern keine Sorgen zu machen – in der Regel.

Denn der Stadt Rom war es in politischer Hinsicht nicht immer von Nutzen, dass sie sich durch die hohen Zölle enorm am Handel mit Pfeffer bereichert hatte. Als Alarich I., König der Westgoten, die bekanntlich wohlhabende Stadt im Jahr 408 belagerte, bot er den Römern an, sie gegen Zahlung einer hohen Ablöse zu schonen und weiterzuziehen. Bei dieser Forderung waren neben Silber, Seide und 5.000 Pfund Gold auch 3.000 Pfund Pfeffer im Spiel.[1] Für die hungernden Römer (von Pfeffer und Gold allein lebt es sich schlecht) ein schmachvoller, aber vorerst erfolgreicher Deal. Alarich zog ab, doch gab er sich nicht lange mit seiner Beute zufrieden. 410 kehrte er bereits zum dritten Mal nach Rom zurück, getrieben von Gier nach Macht, Reichtum und hauptsächlich von Hunger: »Mit der römischen Beute befriedigte er das Prestigedenken, das Luxusbedürfnis und den Goldhunger seiner Leute. Aber das tägliche Brot konnte er ihnen damit nicht sichern.«[2] Er eroberte die Stadt und ließ sie drei Tage lang plündern; angeblich fiel ihm dabei das Dreifache der zwei Jahre zuvor lukrierten Menge an Pfeffer in die Hände.[3]

Zu dieser Zeit waren die Gewürze längst das Privileg eines kleinen, betuchten Kundenkreises. Bis etwa 300 n. Chr. hatte sich der Preis von Pfeffer seit Plinius' Aufzeichnungen 220 Jahre davor – schwarzer Pfeffer, das günstigste Gewürz am Markt, kostete damals noch 4 Denari oder etwa zwei Tageslöhne ei-

» 1 Vgl. Turner, J.: Spices, S. 86.

» 2 Wolfram, H.: Die Goten, S. 163.

» 3 Vgl. Hansi, H.: Zum Beispiel Gewürze, S. 53.

nes Arbeiters pro Pfund – um etwa das 30-fache erhöht.[4] Der Prestigewert von Gewürzen stieg gleichermaßen – hauptsächlich, aber nicht allein aufgrund der Preise: Wie alle Güter aus dem Orient, Seide und Perlen eingeschlossen, waren Gewürze stets mit einem Hauch von Luxus und Exklusivität umgeben. Bedingt durch diese objektive und subjektive Wertsteigerung gehörten kleine oder größere »würzige Aufmerksamkeiten« ab dem 5. Jahrhundert mehr denn je zum guten Ton in der Politik, um internationale Beziehungen zu beflügeln. Mit Pfeffer und Juwelen für Attilas Gemahlin versuchten Maximinus, Gesandter des oströmischen Kaisers Theodosius II., und sein ihn begleitender Berichterstatter Priskos im Jahr 449, den Hunnenkönig von einem erneuten Überfall abzuhalten: »Sich auf eine diplomatische Mission zu begeben, besonders eine so schwierige zu einem Gegner, dessen Feindseligkeit Maximinus und Priskos abzuwenden bemüht waren, erfordert, reichlich mit wertvollen und eleganten Geschenken versorgt zu sein.«[5]

Die Kirche begann ab Mitte des 1. Jahrtausends ebenfalls, sich für die feinen Waren aus dem Osten zu interessieren, anstatt sie wie vormals als sündhafte Schwelgereien zu verdammen. Denn jetzt, wo die Heiden großteils bekehrt waren und die Verehrung sich auf den einzig wahren Gott richtete, wollte der Klerus dem Adel in Bezug auf Status in nichts nachstehen. Während Byzanz den Handel mit Gewürzen kontrollierte, war die Anschaffung dieser Güter nicht weiter problematisch, aber als schlussendlich arabische und jüdische Händler Mitte des 7. Jahrhunderts die Kontakte nach Indien übernahmen, Letztere als Mittelsmänner zwischen der christlichen und islamischen Welt, wurden die Bezugsquellen rar und teuer. Zuwendungen oder Pachtzahlungen in Form von Gewürzen oder Zollfreiheit für den Import derselben waren dem Klerus nur willkommen und bedienten nebenbei den vorherrschenden Eindruck der Bevölkerung, die orientalischen Raritäten seien Höherem geweiht. Die Venezianer trieben die Preise während der Zeit ihres Handelsmonopols ab dem 10. Jahrhundert weiter in die Höhe – schon allein dadurch, dass kein Pfefferkorn in Europa an den Steuern und Abgaben dieser Stadt vorbeikam. Die Kaufleute Europas glichen ihre Kosten durch bis zu siebenfache Aufschläge aus und arrangierten sich untereinander, um an anderer Stelle zu sparen. Mit einem Pfund Pfeffer sicherten sich deutsche Handelsstädte mancherorts Zollfreiheit: »Ein Pfund Pfeffer war der typische Rekognitionszoll für Nürnbergs berühmte wechselseitige Zollfreiheiten mit den bedeutendsten Handelszentren wie Frankfurt oder Köln«.[6] In Venedig konnten Händler einen Steuereintreiber mit ebendieser Menge Pfeffer gewogen stimmen. All diese

» 4 Vgl. Turner, J.: Spices, S. 73 & 85.

» 5 Heather, P.: Der Untergang des römischen Weltreiches, S. 363; s. auch Turner, J.: Spices, S. 87.

» 6 Fryde, N.: Ein mittelalterlicher deutscher Großunternehmer, S. 96.

Zahlungen lohnten sich für die Händler durchaus, denn die wohlhabende Kundschaft war gerne bereit, für dieses Luxusgut hohe Preise zu bezahlen. Immerhin galt es für das erfolgreiche Bürgertum und Adelige, mit Pfeffer zu prassen und auf diese Weise ihren gesellschaftlichen Status zu sichern oder zu demonstrieren. Töchter von gut gestellten Händlern konnten in bessere Kreise einheiraten, sofern das Vermögen in Pfefferkörnern vorhanden war: »Eine Braut mit einer Gewürzmitgift hatte zeitweilig bessere Chancen als eine, deren Eltern nur mit Dukaten aufwarten konnten.«[7] Für die Reichsten der Reichen galt es, die Bedeutung einer Hochzeit durch den großzügigen Einsatz von Gewürzen im Festmahl zu untermalen. Karl der Kühne von Burgund soll bei der Feier zu seiner dritten Eheschließung im Jahr 1468 die Hochzeitsgesellschaft mit 380 Pfund Pfeffer verwöhnt haben.[8] Aber auch im königlichen Alltag ließ man sich die prestigeträchtigen Spezereien einiges kosten: Um 1300 entsprach der jährliche Gewürzbedarf des englischen Königs Edward I. dem Wert des damaligen Jahresgehalts eines Grafen. In diesem speziellen Fall diente wohl auch der gute Name zur Beschaffung der teuren Aromaten, denn mehr als die Hälfte der Summe blieb der Königs seinem Genueser Händler schuldig.[9] Derart hohe Kosten kamen allerdings nicht allein durch die hohen Preise der aromatischen Güter zusammen, sondern auch aufgrund der Menge der benötigten Gewürze – und das wiederum nicht wegen des unmäßigen Einsatzes derselben. Sowohl bei der Feier Karls des Kühnen als auch im Hofleben Edwards I. und zahlreicher anderer Adelshäuser war eine enorme Hofentourage samt Bediensteten sowie zahlreichen Gästen (und wiederum deren Entourage), zuweilen also mehrere Hundert Menschen, zu verköstigen. Bei diesen Bedürfnissen war schon die Küchenbrigade selbst meist eine recht große Truppe.[10]

In Ermangelung von Geld und Nobilität blieb dem einfachen Volk der verschwenderische Gebrauch von Gewürzen vorenthalten. Dies galt insbesondere für Zimt, Nelken und Muskat, der Preis von Pfeffer hingegen nahm im Laufe des späten Mittelalters stetig ab. Wie hoch aber war nun der Wert von Pfeffer genau, und was konnte man dafür kaufen?

Durch Steuern, Abgaben und Gewinnaufschläge an allen Orten entlang des Weges von Indien bis Europa wurden die Preise des Pfeffers so sehr in die Höhe getrieben, dass schließlich 1 kg davon in Venedig nach heutigem Wert bis zu 80.000 Euro kostete.[11] Eine genaue Angabe bezüglich des Zeitpunktes dieses Werts ist in der Quelle dieser Information nicht zu finden, jedoch

» 7 Hansi, H.: Zum Beispiel Gewürze, S. 54.

» 8 Vgl. Küster, H.: Kleine Kulturgeschichte der Gewürze, S. 194.

» 9 Vgl. Turner, J.: Spices, S. 134.

» 10 Vgl. Scully, T.: The Art of Cookery in the Middle Ages, S. 84.

» 11 Vgl. Storbeck, O.: Globalisierung, Anno 1503.

muss es sich um das frühe Mittelalter gehandelt haben, denn es ist unwahrscheinlich, dass man sich im späteren Mittelalter einen derartigen Reichtum erarbeiten konnte: Ab Mitte des 13. Jahrhunderts war ein Pfund Pfeffer für den Wert des Wochenlohns eines landwirtschaftlichen Arbeiters zu haben, 50 Jahre später bereits um die Hälfte davon.[12] Auch ist zu bedenken, dass es sich bei der übertrieben wirkenden Wertangabe möglicherweise um den Preis von Safran handelte, da Pfeffer häufig als Sammelbegriff für alle Gewürze aus Asien verwendet wurde. Jedenfalls sank der Preis von Pfeffer, mit Ausnahme von politisch- und marktbedingten Preisspitzen, im Laufe der Jahrhunderte stetig. Für eine Untersuchung von Lebenshaltungskosten hat der Wirtschaftshistoriker John Munro Preise von Konsumgütern, darunter auch Gewürze, mit dem durchschnittlichen Taglohn eines Londoner Handwerkers im Jahre 1439 verglichen. Für ein Pfund Pfeffer musste der Handwerker nur noch etwas länger als zwei Tage arbeiten, für Ingwer etwas weniger. Ein Pfund Zimt kostete drei und die gleiche Menge Nelken viereinhalb Taglöhne. Wollte er gar ein Pfund Safran erwerben, musste er dafür mindestens einen Monatslohn entrichten.[13] So gesehen war Pfeffer nach wie vor wertvoll, aber nicht gänzlich unerschwinglich.

Für die damals alltäglichen Geschäfte war man mit einem Pfeffervorrat jedenfalls bestens gerüstet: Auf dem Markt konnte man mit zwei Handvoll davon ein Rindvieh und ein halbes Schaf kaufen,[14] mit einzeln ausgezählten Körnern eine vom Marktwert abhängige Menge Getreide oder anderer Lebensmittel. So kamen auch bäuerliche Bevölkerungsschichten zu einigen Körnchen, die wahrscheinlich eher im Sparstrumpf als im Mörser landeten, denn noch weitaus bedeutendere Anschaffungen waren mit Pfeffer möglich. Die Jahresrente für ein Stück Land etwa wurde in weiten Teilen Europas seit dem Mittelalter in Pfeffer und anderen Gewürzen beglichen. Auch ein Grundstückshandel ging selten ohne die Übergabe einer bestimmten Menge davon über die Bühne. Ein Beispiel für den Kauf einer Liegenschaft aus der Zeit vor dem Preisverfall: »Henricus Gaugy verkauft für 10 Mark (= £ 6 13s 4d) und ein Servitium von ½ Pfund Pfeffer Terricus Teutonicus eine Wiese in Leftingcroft [...]«[15] Der Brauch, ein neues Pachtverhältnis oder einen Landerwerb mit der Übergabe von Pfeffer zu besiegeln oder die Miete in dieser Art zu bezahlen, blieb bis ins 20. Jahrhundert erhalten. Als Prinz Charles 1973 zum Herzog von Cornwall ernannt wurde, zahlte er einen symbolischen Tribut, der neben 100 Silberschillingen, ein paar Hunden und einem Paar weißen Handschuhen je

» 12 Vgl. Turner, J.: Spices, S. 138.

» 13 Vgl. Freedman, P.: Out of the East.

» 14 Vgl. Vives, G.: Poivres, S. 43.

» 15 Fryde, N.: Ein mittelalterlicher deutscher Großunternehmer, S. 184.

ein Pfund Pfeffer und Kreuzkümmel umfasste.[16] Die traditionell festgesetzte Menge Pfeffer wurde offensichtlich nie seinem Marktwert angepasst, weshalb heute mit »peppercorn rent« einerseits umgangssprachlich eine billige Miete und – sogar in der Rechtssprache – die Zahlung eines symbolischen Betrages zur Besiegelung eines Vertrages gemeint ist. Seit 1979 zahlt die UNO mit einem Schilling, heute sieben Eurocent, Pachtzins (pro Jahr) für das UNO-City-Gelände in Wien ebenfalls eine solche »peppercorn rent«.

Gründete der Ruhm dieses begehrten Gewürzes also nur in seinem Wert? Zumindest teilweise war dies wohl der Fall, denn so wie der Marktwert von Pfeffer sank, verloren zumindest privilegierte Kreise auch ihr Interesse an Pfeffer. Eine drastische Entwertung des Pfeffers verursachten die Portugiesen, nachdem sie zu Beginn des 15. Jahrhunderts mit einer aggressiven Preisstrategie in den Pfefferhandel einstiegen. Zunächst begegnete der Markt diesen neuen, ungewohnt günstigen Preisen mit einer gewissen Skepsis – Portugal hatte sich als Importeur für Paradieskörner (damals ein beliebter Ersatz für Pfeffer) einen Namen gemacht, und auch Pfefferfälscher waren bekannterweise am Werk. Über die Zeit rang Portugal den Venezianern dennoch die Vormachtstellung am Markt ab, Pfeffer wurde dabei überall merklich günstiger und diente der neuzeitlichen High Society nicht mehr der Zurschaustellung von Status, Erfolg und Wohlstand, und über die nächsten Jahrhunderte entwickelten sich dezentere Würzgewohnheiten. Gepfeffert wurden die Speisen wohl, aber in Maßen: Bei nur etwa 16 bis 18 Gramm pro Jahr soll sich der jährliche Pro-Kopf-Verbrauch von Pfeffer damals eingependelt haben.[17] Dafür galt es jetzt, eine weitaus größere Klientel mit Pfeffer zu versorgen: In bürgerlichen Kochbüchern war Pfeffer längst eine Standardzutat. Der Wettstreit der europäischen Mächte um direkte und bevorzugt exklusive Bezugsquellen kam nach den erfolgreichen Entdeckungsfahrten dennoch erst richtig in Gang und blieb bis ins späte 18. Jahrhundert ein lohnenswertes Unterfangen.

Nach der Liberalisierung der Märkte ab dem 19. Jahrhundert stieg das Marktangebot, während die Preise sanken. Erst jetzt hatte »mit dem Abstieg einstmals hoch geachteter kolonialer Luxusgewürze zum alltäglichen Würzmittel«[18] ein tatsächlicher Prestigeverlust dieser Waren eingesetzt. Für die Bedeutung des Pfeffers in kulinarischer Hinsicht hatte dies langfristig keine besonders schweren Folgen: Er ist heute vielleicht ein gewöhnliches, aber in den meisten Küchen unverzichtbares und gern genutztes Gewürz. In Deutschland soll der Verbrauch von Pfeffer zwischen 2002 und 2006 von 230 Gramm pro Kopf

» 16 Vgl. The Duchy of Cornwall, http://www.guardian.co.uk/news/2000/may/17/netnotes?INTCMP=SRCH [15.08.2011].

» 17 Vgl. Vaupel, E.: Gewürze, S. 43.

» 18 Teuteberg, H. J.: Gewürze, in: Hengarter, T.; Merki, C. M.: Genussmittel, S. 289.

und Jahr auf 360 Gramm gestiegen sein.[19] Bleibt die Frage, von welchem Pfeffer die Rede ist, denn wer nach Abwechslung in der Küche sucht, wird auch beim Pfeffer fündig: Längst wird zwischen verschiedenen Sorten und Qualitäten unterschieden, die auch preislich eine ziemlich breite Skala abdecken. Vom einfachen Billigpfeffer (der oft noch fertig vermahlen erhältlich ist) bis zu raren, edlen Wildpfeffern und Sorten aus Bioanbau ist das Angebot zu einer großen Vielfalt angewachsen. Dient heute ein feiner Pfeffer immer noch als Statussymbol? Das sei dahingestellt, sicherlich beeinflusst mittlerweile nicht allein die Kaufkraft, sondern auch ein neues Bewusstsein für Lebensmittelqualität die Wahl eines besonders edlen Produktes.

Piperatorium. Aus: British Museum.

» 19 Vgl. Vaupel, E.: Gewürze, S. 44; Schelling, P.: 340 Gramm Pfeffer verzehrt jeder Deutsche im Jahr. http://www.welt.de/wams_print/article810310/340_Gramm_Pfeffer_verzehrt_jeder_Deutsche_im_Jahr_Kein_Wunder_dass_der_Aufschwung_jetzt_da_ist.html [15.08.2011].

Vom körperlichen Wohlsein: Pfeffer als Heilmittel

In seiner Heimat Indien war vor der Einführung der Chilipflanze aus den amerikanischen Tropen hauptsächlich Pfeffer für die beliebte Schärfe der Speisen verantwortlich. Dass dieses Gewürz dabei auch einen wertvollen Beitrag zur gesunden Ernährung leistet, wussten indische Heilkundige schon vor geraumer Zeit. In der Lehre des Lebens Ayurveda wurden dem Pfeffer heilende Eigenschaften gegen eine ganze Reihe von Beschwerden zugeschrieben, etwa bei Verdauungsstörungen und Übelkeit, Krankheiten der Atemwege, Erkältungen, Fieber und Anämie. Zur Desinfektion und Behandlung äußerlicher Wunden soll Pfeffer ebenfalls ein wirkungsvolles Mittel sein. In den Texten der Atharva-Veda, die ab dem späten 2. Jahrtausend v. Chr. entstanden, wird diese Wirkungsweise mystischen, gottgegebenen Kräften zugeschrieben:
»VI, 109. The pepper-corn as a cure for wounds
The pepper-corn cures the wounds that have been struck by missiles, it also cures the wounds from stabs. Anent the gods decreed: ›Powerful to secure life this (plant) shall be!‹
The pepper-corns spake to one another, as they came out, after having been created: ›He whom we shall find (as yet) alive, that man shall not suffer harm!‹
The Asuras did dig thee into the ground, the gods cast thee up again, as a cure for disease produced by wind (in the body), moreover as a cure for wounds struck by missiles.«[1]
Allerdings handelt es sich bei dem medizinischen Nutzen von Pfeffer nicht um reine Magie. Wie heute bereits wissenschaftlich nachgewiesen ist, zeigt der im Pfeffer enthaltene Wirkstoff Piperin tatsächlich antimikrobielle Eigenschaften[2] sowie weitere Wirkungsweisen: Unter anderem senkt er den Blutdruck, wirkt gegen Rheuma, hemmt die Entwicklung von Krebszellen und verbessert die Gehirnfunktion.[3]

» 1 Müller, F. M., Bloomfield, M.: Hymns of the Atharva-Veda, S. 21–22.

» 2 Vgl. Siewek, F.: Piperin, RD-16-02526 (2011) in: Bornscheuer et al., RÖMPP Online [Online], Version 3.12. [März 2011], http://www.roempp.com [15.08.2011]; siehe auch Vaupel, E.: Gewürze, S. 47.

» 3 Vgl. Buscher, H.-P.: http://www.medicoconsult.de/wiki/Piperin [15.08.2011]; Caldecott, T.: http://www.toddcaldecott.com/index.php/herbs/learning-herbs/318-pippali [15.08.2011].

Langer Pfeffer ist in dieser Hinsicht aufgrund des höheren Piperingehalts im Vergleich zum schwarzen Pfeffer noch potenter und wird in der Ayurveda-Heilkunst hoch geschätzt. Allein oder in Kombination mit anderen Heilmitteln ist langer Pfeffer in dieser Lehre eine der am häufigsten verwendeten Arzneipflanzen.[4] Eine Zubereitung namens Trikatu, Sanskrit für »die drei Gewürze« (hiermit sind langer und schwarzer Pfeffer sowie getrockneter Ingwer, zu gleichen Teilen vermischt, gemeint)[5], bildet die Basis für eine ganze Reihe von ayurvedischen Rezepturen, da es neben der eigenen Heilwirkung auch jene anderer Zutaten verstärken soll. Auch in medizinischen Texten aus dem europäischen Mittelalter findet Trikatu Erwähnung: »Pills came from India [...] called in the language of Hind ›pills of father and mother‹, for their benefit for a person is like the benefit of his father and mother, and this is their description: Tirpola [drei Früchte] tirqota [drei Gewürze] tangargayad [Borax] ras [Quecksilber] u-bis [Lotuspflanze] gindek [Schwefel] arhertal [Arsen].«[6]
Die Heilkräfte des Pfeffers sprachen sich überhaupt schon recht früh Richtung Westen herum: Eine klassische indische Rezeptur gegen Frauenleiden aus langem Pfeffer, Essig und Honig wird im »Corpus Hippocraticum«, Hippokrates' bekannter medizinischer Schrift aus dem 5. Jahrhundert v. Chr., erwähnt.[7] Der runde Pfeffer galt ebenfalls als wirksame Arznei bei verschiedenen Beschwerden: »Hippokrates empfiehlt den Pfeffer bei Seitenstechen, selbst im Anfange der Krankheit und bei noch heftigem Schmerze. Gegen den Starrkrampf ließ man Pfeffer mit warmer Hühnerbrühe nehmen, auch brauchte man ihn bei Brustkrankheiten zur Beförderung des Auswurfes. Bei schweren Geburten ließ man ihn mit Wein nehmen. Hysterischen wird er ebenfalls empfohlen. In Mutterkränzen wurde Pfeffer zu mancherlei Zwecken und mit verschiedenen Zusätzen beigebracht. Pfeffer mit Castoreum wird zum Ausspülen des Mundes bei Zahnweh empfohlen.«[8]
Auch Theophrastos von Eresos, ein späterer »alter Grieche« im philosophischen Sinne, der 287 v. Chr. im Alter von 85 Jahren starb, schreibt in seinem Standardwerk zur Botanik über Pfeffer – allerdings geht er nicht im Detail auf die Wirkungsweise der runden und langen Sorte ein – lediglich: »Die letztere ist viel kräftiger als die erste; beide sind erwärmend [...]«[9] Sofern diese Eigenschaft auch für die äußerliche Anwendung gilt, taten die russischen Soldaten, die im harten Winter anno 1812 den napoleonischen Truppen standhalten

» 4 Vgl. Caldecott, T., Onlinequelle: Stichwort Pippali
» 5 Vgl. Monier-Williams, M.: Sanskrit-English Dictionary, S. 458.
» 6 Patai, R.: The Jewish Alchemists, S. 217.
» 7 Vgl. Vaupel, E.: Gewürze, S. 31.
» 8 Dierbach, Dr. J. H.: Die Arzneimittel des Hippokrates, S. 156 ff.
» 9 Theophrasts Naturgeschichte der Gewächse, S. 355.

mussten, wohl gut daran, Pfefferkörner in ihre Stiefel zu geben.[10] Der Wahrheitsgehalt dieser Anekdote ist allerdings nicht bestätigt, und möglicherweise handelte es sich auch um Chili: Die wärmende Wirkung des in Chilipflanzen enthaltenen Capsaicin wird heute noch in Wärmepflastern eingesetzt und ist auch für die »brennende« Wirkung von Pfefferspray verantwortlich. Aber zurück zum Pfeffer:

Etwa 500 Jahre nach Hippokrates hatten die Rezepte des »Corpus Hippocraticum« nach wie vor Gültigkeit. In seiner »Naturalis Historia«, die um 80 n. Chr. entstand, würdigt der römische Gelehrte Plinius die medizinischen Vorzüge des Pfeffers mehrfach und überliefert unter anderem auch recht ausgefallene Rezepturen anderer Völker: »Die Haut einer Natter, ein Sechstheil eines Denars schwer, mit ebenso schwer Pfeffer, trinken die Völker der Parthen fürs viertägige Fieber.«[11]

Genüsslicher waren da wohl die mit viel Honig gesüßten Gewürzweine, die in der römischen Antike als Mulsum oder *conditum paradoxum* bekannt und als verdauungsanregende Aperitifs oder Essensbegleiter en vogue waren. Sie blieben bis ins hohe Mittelalter auch nördlich der Alpen ein beliebtes Heilmittel, das zu Ehren des berühmtesten griechischen Arztes aller Zeiten als Hypocras bekannt war.[12] In späteren Rezepten für den Vorläufer unseres Glühweins findet man nicht immer Pfeffer, in einem Originalrezept des römischen Kochs Apicius dafür im Vergleich zu anderen Gewürzen umso mehr.

Ob die Heilwirkung dieser likörartigen Getränke nur Vorwand für den reinen Genuss war, sei dahingestellt. Nicht zuletzt die aphrodisierende Wirkung, die allen Pfeffersorten und somit auch den Gewürzweinen zugeschrieben wurde, dürfte ein Grund für deren Popularität gewesen sein. So empfiehlt der »Macer Floridus«, ein Kräuterbuch, das vermutlich aus dem 11. Jahrhundert stammt, folgendes Rezept zu diesem Zwecke: »Mit Wein genossen, erregt Nesselsamen die Liebeskraft, noch mehr sogar, wenn du die Pflanze reibst, mit Honig und Pfeffer verquickst / und dann mit Wein auf die vorhin genannte Weise trinkst.«[13]

Jedenfalls war Pfeffer im Mittelalter als pharmazeutisches Mittel neben anderen exotischen sowie heimischen Gewürzen und Heilkräutern bereits ein fixer Bestandteil jeder Apotheke und vieler Arzneimittelrezepte. Im Bamberger »Antidotarium« aus dem späten 9. oder frühen 10. Jahrhundert war in 35 von 51 Rezepten Pfeffer enthalten.[14] Auch kandiert waren Pfefferkörner und Kubeben (die andere Wirkstoffe als Piperin beinhalten) in Apotheken erhält-

» 10 Vgl. Requena, A.: En Clave Mediterranea, S. 9. Es ist von »pimento« die Rede.

» 11 Plinius Naturgeschichte, Bd. II, S. 582 (30. Buch, 11. Kapitel); gemeint sind die Perser.

» 12 Mit Weißwein zubereitet wurden sie im angelsächsischen Raum auch Claret genannt.

» 13 Zit. nach Mayer, J. G.: Kräuterbuch der Klostermedizin, S. 214.

» 14 Vgl. Vaupel, E.: Gewürze, S. 38.

lich und dienten nach einem üppigen Mahl als Verdauungshilfe und Munderfrischer.
Von einer sehr simplen und in Indien wohl gängigen Medikation mit langem Pfeffer gegen Magenbeschwerden wusste 1688 auch Johan Neuhof zu berichten: »Diesen Pfeffer/ der ja so sehr auff der Zungen und im Halse brennet/ wie der Runde/ gebrauchet man alda nicht zur Speise/ sondern zur Arzney/ allermeist wider den Gifft; dem er auch kräfftig widerstehet/ und daher thewrer/ denn der ander/ verkaufft wird. Der Indische Pöbel pflegt mit dem Wasser/ darin ein gut theil dieses Pfeffers gelegen/ die langwierige Schwachheit des Magens glücklich zu curiren.«[15]
Natürlich war nicht nur die verdauungsanregende Wirkung von Pfeffer beim Verzehr schwerer Speisen, sondern auch seine entzündungshemmenden Eigenschaften für Magen und Darm in Europa wohl bekannt. Arzneimittel mit Pfeffer, um die gesundheitlichen Folgen des Konsums verdorbener Speisen zu lindern, machten im europäischen Mittelalter wie schon in Rom Schule: »Gibst Du ihm Rautenblätter bei und Salz und Pfeffer, zerstößt das und mischst es mit Lauterwein […], so wirst du jeden bösen, unverdauten Saft und Krankheitsstoff im Magen reinigend austreiben.«[16] Noch einige Jahrhunderte nach der Niederschrift des »Macer Floridus« teilt der Afrikaforscher Heinrich Barth in einem Brief aus Westafrika im Jahr 1853 folgenden Tipp für die Reiseapotheke mit seinem Empfänger: »Wenn ich mich ein wenig unwohl fühle, so mische ich dem Tamarindenwasser eine Zwiebel, eine starke Dosis schwarzen Pfeffer, und, wenn ich es haben kann, ein wenig Honig bei; dies giebt einen medizinischen Trank, der sich hier zu Lande höchst wohltätig beweist und den ich jedem Reisenden, der in diese Gegend kömmt, auf's angelegentlichste empfohlen haben will.«[17]
Möglicherweise entstand aufgrund dieser bekannten Wirkweise das Gerücht, dass Pfeffer im europäischen Mittelalter auch verwendet wurde, um bei Fleisch erste geschmackliche Anzeichen von Verderb zu überdecken. Als Beleg hierzu wird oft ein Zitat von Johann Fischart aus dem 16. Jahrhundert bemüht, demzufolge man Pfeffer gern auf ein »stinkend Fleisch macht«.[18] Tatsächlich ist in Fischarts Erzählung von gelbem Pfeffer,[19] möglicherweise also von Chili, die Rede. Die Capsicum-Pflanze hatte Europa zu diesem Zeitpunkt bereits erreicht und »spanischer« Pfeffer wird in Fischarts Werk mehrfach erwähnt.

» 15 Neuhof, J.: Die Gesandtschaft d. Oost Indischen Compagney, S. 338.
» 16 Mayer, J. G.: Kräuterbuch der Klostermedizin, S. 180.
» 17 Barth, Dr. H. in: Hamburger Literarische und Kritische Blätter, Bd. 30, S. 368.
» 18 Vgl. z.B. von Küster, H.: Kleine Kulturgeschichte der Gewürze, S. 192.
» 19 »uber (…) stinckend Fleysch macht man sonst gern ein gelben Pfeffer«, Fischart, J.; Rabelais, F.: Geschichtsklitterung, S. 77.

Auch leuchtet das Argument ein, dass Pfeffer als hochpreisiges Luxusgut meist einer betuchteren Schicht vorbehalten war, die sich den Erwerb von frischem Fleisch durchaus leisten konnte.[20] Ärmere Bevölkerungsschichten hätten die kostbaren Pfefferkörner wohl eher einer anderen Verwendung zugeführt als faulige Nahrungsmittel damit zu würzen, denn Pfeffer war zu diesem Zeitpunkt nicht nur Heil- und Genussmittel, sondern, wie bereits im vorigen Kapitel besprochen, bares Vermögen. Fest steht, dass Pfeffer neben seinen vielfältigen medizinischen Nutzen auch der längeren Konservierung von Speisen dient,[21] was vor der Erfindung des Kühlschranks sicherlich eine attraktive Eigenschaft war.

Der gesundheitsfördernde Wert von Pfeffer ist heute von seiner Beliebtheit in der Küche überschattet, deshalb aber nicht entkräftet. Piperin findet mittlerweile in einigen pharmazeutischen Präparaten der modernen Medizin Verwendung, und als traditionelles Arzneimittel hat es zumindest in Indien nicht an Bedeutung verloren. Gegen nervöses Hüsteln und einen gereizten Hals empfahl Arati Gupta, eine Bekannte aus Indien, stets eine Mischung aus geriebenem Ingwer, schwarzem Pfeffer und Honig.[22] Wirkt, schmeckt gut und kann auch für den kulinarischen Gebrauch zweckentfremdet werden. Womit wir beim nächsten Thema wären.

» 20 Vgl. z.B. Scully, T.: The Art of Cookery in the Middle Ages, S. 84; Beck, C. et al.: Pfefferland, S. 228, und Katzer, G.: Picantissimo, S. 210.

» 21 Vgl. Katzer, G.: Picantissimo, S. 210.

» 22 Das genaue Rezept wird auf S. 198 verraten.

Vom reinen Genuss: der kulinarische Werdegang des Pfeffers

Wenige andere Gewürze haben sich so früh und nachhaltig in den Küchen der Welt etabliert wie der Pfeffer, dem oft der Titel »König der Gewürze« zugeschrieben wird (allerdings kämpft er zuweilen mit dem Safran um diese Auszeichnung). Die große Bedeutung des Pfeffers ist wohl auch dem vielfältigen Nutzen zuzuschreiben, die er über die Zeiten erfüllte: Pfeffer war Heilmittel und Opfergabe, Statussymbol und Währung und schlussendlich ein reiner Genuss. In den Küchen Europas hat der heute so beliebte Pfeffer eine bewegtere Karriere hinter sich als in vielen anderen Ländern. Es sei erlaubt, dieser europäischen Geschichte hier etwas mehr Gewicht zu verleihen, aber beginnen wir vorerst mit einer Reise in die Ferne:
Wie lange Pfeffer in der indischen Küche schon der Verfeinerung von Speisen dient, ist schwer zu sagen. Die ältesten erhaltenen Rezepte mit Pfeffer sind vor allem medizinischer Natur, doch es ist anzunehmen, dass Pfeffer in Indien gerade aufgrund der wohltuenden Wirkung auf Magen und Darm und seiner leichten Verfügbarkeit seit seiner Entdeckung als Nutzpflanze ein selbstverständlicher Begleiter der Mahlzeiten war. Obwohl heute der Chili zusätzlich für die Schärfe eines Currygerichts verantwortlich ist, kann man nicht sagen, dass dieser dem Pfeffer in der indischen Küche den Rang abgelaufen hat. Mildere indische Gerichte kommen gut ohne Chili aus, aber nur in den seltensten Fällen ohne Pfeffer. Gemieden wird der stimulierende Pfeffer in Indien nur von den Befolgern mancher Lehren wie dem Jainismus, Buddhismus oder Yoga: Hier werden Lebensmittel vom Speiseplan gestrichen, die Körper und Geist entweder in Erregung und Unruhe oder in Trägheit versetzen. Abgesehen davon ist Pfeffer ein wesentlicher Bestandteil der Würzkunst Indiens. Die Mischung Garam Masala ist eine der wenigen, die fertig gemahlen im Küchenregal steht und vielen Gerichten den letzten Schliff verleiht, weitere Gewürze werden meist je nach Gericht individuell zusammengestellt. Das Rezept für Garam Masala kann zwar je nach Familientradition unterschiedliche Zutaten vorsehen, Pfeffer ist aber immer eine davon.
Die Stellung des Pfeffers sieht in den Küchen Chinas ein wenig anders aus. Wohl ist er in China schon mindestens seit der Han-Dynastie, also etwa seit 200 v. Chr., in Gebrauch, aber auf seinen Geschmack waren und sind viele

Rezepte nicht angewiesen – und das nicht erst seit der Chili sich in den Woks der Nation breit gemacht hat. Kulinarische Ignoranz kann man als Grund dafür keinesfalls gelten lassen: Die Köche dieses Landes (insbesondere der kaiserlichen Höfe)[1] entwickelten schon früh mit ihren besonderen Schneidetechniken, ihrer komplexen Würzkunst und einem reichhaltigen Zutatenrepertoire aus lokalen und Importprodukten eine der ausgefeiltesten Küchentraditionen der Welt. Teilweise ist die sparsame Verwendung von Pfeffer vielleicht auf den Einzug des Buddhismus zurückzuführen, der sich in China etablierte, aber wiewohl strenge Buddhisten die Regel der maßvollen Würzung weiterhin beachten, hat das der Vorliebe des Volks für scharfe Speisen und dem Erfolg der Chilischote dennoch nicht viel anhaben können. Letztere ist vor allem in der Kochkunst west- und zentralchinesischer Provinzen prominent, die sich außerdem der Würzkraft von Szechuanpfeffer, Bohnenpaste, Knoblauch und Ingwer bedient. Pfeffer spielt hier eine untergeordnete Rolle. Wenn er zum Einsatz kommt, wird der weiße bevorzugt. Mehr Zurückhaltung zeigen die Mandarinküche und die Kantonküche, wo die Würzung oft subtil und fein ist, wie etwa bei den meist milden Dim Sum (Teigtaschen). Eine gute Schärfe haben Wokgerichte mit Rind oder Huhn, grünem Paprika und Cashewnüssen, denen großzügige Mengen grob gestoßenen schwarzen oder weißen Pfeffers beigefügt werden – eines der wenigen Beispiele, wo Pfeffer in einem chinesischen Gericht eine Hauptrolle spielt.

In südostasiatischen Gegenden, die Pfeffer anbauen, sind die frischen grünen Früchte oft Zutat in Woks, Currys oder Saucen; getrocknete Pfeffersorten – je nach Region rund, lang oder beides – sind ebenfalls gängig. Auch hier beruht die Aromatik der Gerichte nicht auf Pfeffer allein, sondern auf diversen Würzpasten aus frischen und getrockneten Kräutern, Gewürzen und aromatischen Wurzeln. Die traditionelle japanische Küche kam (und kommt) gänzlich ohne Pfeffer aus, ausreichend Schärfe – wo erwünscht – lieferten Wasabi oder die Blätter des Wasserpfeffers, eine krautige Pflanze, die in Europa ebenfalls hie und da als Pfefferersatz verwendet wurde. Westlich beeinflusste Kochgewohnheiten sehen heute natürlich auch in Japan vor, dass ein Vorrat an Pfeffer in den meisten Küchenregalen bereitsteht.

Alles andere als puristisch präsentiert sich die sogenannte orientalische Küche, die man sich als betörend duftend und reichhaltig vorstellt. Nicht selten ist in Kochbüchern oder Artikeln über die orientalische Küche von »Genüssen wie aus 1001 Nacht« die Rede. Natürlich bestehen (um den geografischen Bogen für den Begriff »Orient« grob zu umreißen) wesentliche Unterschiede zwi-

» 1 Während der Han-Dynastie soll sich eine 2.300 Mann starke Küchenbrigade 21 offizielle Posten geteilt haben, um für das Wohl des Kaisers und seiner Entourage zu sorgen und dem Status gerecht zu werden. Vgl. Wilkinson, E.: Chinese History, S. 625.

schen beispielsweise der persischen, arabischen, levantinischen und marokkanischen Kochkunst, doch eines haben sie gemein: Das Angebot an Spezereien aus dem Osten ist auf orientalischen Soukhs seit frühester Zeit beispielhaft, und es wird damals wie heute kulinarisch genutzt. Auf Basis dieses reichen Angebots entwickelten die verschiedenen Regionen des kulinarischen Orients eine Vielfalt eigenständiger Küchenstile: Die persische Kochkunst betont warme statt scharfe Elemente und würzt mal ähnlich bunt wie die nordindische Küche, mal pur mit Safran oder Kräutern. Im arabischen Golf ist man der Chilischärfe und fruchtig-säuerlichen Geschmäckern zugetan und würzt Fleischgerichte auch gerne mit der Mischung Baharat, die je nach Rezept dem Garam Masala recht nahe kommt. Richtung Mittelmeer ist die lokale Kräutervielfalt ebenso vertreten wie Zimt und Nelken, Koriander, Muskat und Pfeffer sowie weitere würzige Konsorten. Besonders großzügig wird in Nordafrika ins Gewürzregal gegriffen. Eine der komplexesten Mischungen des maghrebinischen Raums, die so ziemlich jedes duftende Kräutlein, Pulver und Korn aus der Warenliste eines gut sortierten Gewürzhändlers vereint, dürfte wohl das marokkanische Ras el hanout sein. Unter den gängigen Zutaten befindet sich natürlich auch die ganze Vielfalt an echten und falschen Pfeffern: der runde, der lange, Kubebenpfeffer, Paradieskörner, Piment, Selimpfeffer, Mönchspfeffer, rosa Beeren und Cayennepfeffer. Ein Standardrezept für Ras el hanout konnte ich bislang keinem marokkanischen Gewürzmischer entlocken, denn die individuelle Zusammensetzung der Mischung ist der Fantasie des Herstellers überlassen und somit ein gut gehütetes Geheimnis.

Die europäische Kochkunst war über die Zeit sehr unterschiedlichen Geschmackstrends unterworfen. Den Köchen der Antike und des Mittelalters wurde immer wieder unterstellt, sie hätten ihre Speisen verschwenderisch und opulent, gar bis zur Ungenießbarkeit überwürzt. Angesichts der steigenden Beliebtheit orientalischer Würzgewohnheiten in westlichen Küchen ist das eigentlich unverständlich und möglicherweise sogar ungerechtfertigt. Die Liste an Würzzutaten für ein Schmorgericht oder eine Pastete war zumeist nicht länger als jene, die wir für ein Curry oder ein marokkanisches Tajine-Gericht benötigen, und die damalige Vorliebe für Honig oder Trockenfrüchte und Nüsse in pikanten Speisen mutet ganz und gar »orientalisch« an. Dennoch wurden selbst im alten Rom gewisse kulinarische Extravaganzen besonders von Predigern eines bescheidenen Lebens mit Argwohn betrachtet: »In ihren Augen gehörten schon gekühlte Getränke und Spargelzucht zu den Verirrungen einer dekadenten Zeit.«[2] Der Pfeffer zählte für manche wohl auch zu diesen Verirrungen. Bis zur Zeitwende hatte er in den Küchen Roms enorm an

» 2 Thüry, G. E.; Walter, J.: Condimenta, S. 13.

Beliebtheit gewonnen, und zu seiner inflationären Verwendung beobachtete Plinius im 1. Jahrhundert n. Chr.:
»Es ist zu verwundern, dass dessen Gebrauch so beliebt worden ist. An anderen hat der angenehme Geschmack gereizet, an anderen, das Ansehen angelocket: hier empfiehlet sich weder die Frucht noch Beere; allein seine Bitterkeit hat gefallen können, dass man ihn von den Indern herholete. Wer ist doch derjenige gewesen, welcher solchen zuerst in Speisen hat versuchen wollen?«[3]
Vermutlich war es nicht Apicius, dennoch machte dieser von Pfeffer guten Gebrauch. Der Gourmet und Kochkünstler verfasste das älteste erhaltene römische Kochbuch, von dem in einer späteren Fassung etwa 500 Rezepte überliefert sind und das in Ermangelung der Kenntnis des Originaltitels »De re coquinaria« (Über die Kochkunst) genannt wurde.[4] Pfeffer findet mit 482 Erwähnungen in etwa 80 Prozent der Rezepte dieses Kochbuchs Gebrauch und führt somit die Liste der verwendeten Gewürzmittel an.[5] Vollständig gesichert ist der Ursprung dieses Werks zwar nicht, aber zumindest kannte schon Plinius einen Kochkünstler namens Apicius, »[…] der ärgste Schwelger unter allen Prassern«,[6] und somit ist anzunehmen, dass auch Plinius sich – seinem kulinarischen Unverständnis zum Trotz – so mancher Speise mit Pfeffer wohl nicht erwehren konnte.
Möglicherweise mochte Plinius den Pfeffer ganz einfach nicht, denn zumindest Apicius kann man – betrachtet man die uns überlieferten Rezepte – nicht anlasten, er habe den Pfeffer in seinen Gerichten überdosiert. Mit Ausnahme einiger Rezepte für Gewürzmischungen sind keine Mengenangaben enthalten. Hier ein kurzes Beispiel: »Gegrillter Braten: Wässere ihn ordentlich und gib ihn in eine Kasserole. Brate ihn mit Oenogarum [flüssiges salziges Würzmittel mit Wein]. Nachher trage ihn zusammen mit dem flüssigen Oenogarum auf und streue Pfeffer darüber.«[7]
Offenbar adressierte Apicius mit diesen spärlichen Angaben geübte Köche und Köchinnen, und ihr kompetenter Geschmack durfte die Dosierung des Pfeffers bestimmen (was durchaus heutigen Gewohnheiten entspricht). Wo-

» 3 Plinius Naturgeschichte, Bd. 1, S. 510.

» 4 Marcus Gavius Apicius, ca. 25 v. Chr. bis ca. 40 n. Chr. Er ist nicht eindeutig als Autor des Werks identifiziert, und die schriftlich überlieferten Teile können auch nicht mit abschließender Sicherheit seiner Lebenszeit zugeordnet werden, da bei der erhaltenen schriftlichen Übertragung des Werks möglicherweise Rezepte aus anderen Quellen einflossen. Dennoch ist diese Sammlung allgemein als das Kochbuch des Apicius bekannt. Vgl. Thüry, G. E.; Walter, J.: Condimenta, S. 19 ff.; siehe auch Kommentar bei Külb, Dr. Ph. H., S. 1029: »Das unter dem Namen Apicius noch vorhandene Werk über die kochkunst (de re culinaria) verräth durch seinen Styl eine weit spätere Zeit.«

» 5 Vgl. Vaupel, E.: Gewürze, S. 34; Thüry, G. E.; Walter, J.: Condimenta, S. 36.

» 6 Plinius Naturgeschichte, Bd. 1, S. 425.

» 7 Maier, R.: Das römische Kochbuch des Apicius, S. 169.

her also die Vorstellung, die Römer hätten ihr Essen in Gewürzen gebadet? Vielleicht waren es statusbewusste Gastgeber, die den Speisen mit allzu großzügiger Hand den letzten Schliff gaben, um ihren Reichtum zu demonstrieren. Vielleicht waren es aber auch polemisierende Kritiker derselben, die das Bild der Zügellosigkeit in der Öffentlichkeit forcierten, um den Erhalt der Moral zu sichern, oder gar Neider, die selbst gerne ein Piperatorium besessen hätten. Die einfachere Bevölkerung in den Provinzen konnte ohnehin großteils nicht prüfen, was es mit dem Pfeffer auf sich hatte, denn sie kochten noch längere Zeit ihre einfache Breikost, gewürzt mit den Gaben aus Wald und Flur.

Besonders viel änderte sich an diesen Grundeinstellungen zu exotischen Gewürzen bis ins Mittelalter nicht: Die einen hatten sie, die anderen wollten sie, und wieder andere fürchteten ihre Effekte – und manchmal alles gleichzeitig, wie einige Mönche strengerer Orden, die trotz reich bestückter Klostervorratskammern ihr Essen mit »Salz und Hunger«[8] würzten und dabei auf eine reine Seele (und vielleicht auch liberalere Zeiten) hofften. Man war jedoch nicht in allen Klöstern streng oder sparsam, wie ein handschriftliches Haushaltsbuch aus dem späteren 15. Jahrhundert bezeugt. Hier wird von Safran, Ingwer, Pfeffer, Zimt und Muskatblüte sowie anderen Gewürzen guter Gebrauch gemacht. Extravagant erscheint ein Rezept für Lebzelt-Mus aus Mandelkäse, Petersilie für die grüne Farbe, Safran, Ingwer, Zimt, »Gewürz«, Zucker, Gold und Silber.[9]

Gewürzt wurde auf jeden Fall, wenn die Mittel dazu meist auch rar, teuer und nebenbei anderen Zwecken dienlich waren. Über die Küchenrezepte des früheren Mittelalters ist wenig überliefert, aber die griechische Lehre der Körpersäfte, die durch passende Nahrung in Balance gehalten werden sollten, beherrschte noch immer das Gesundheitsbewusstsein. Nahrung und Medizin gingen Hand in Hand, wer es sich leisten konnte, der beschäftigte sowohl einen Arzt als auch einen Koch, die in gemeinsamer Abstimmung für das Wohl der Familie sorgten. Wie etwa Richard II. von England im spaten 14. Jahrhundert: In dem Kochbuch »Forme of Cury« (Art des Kochens oder Kochkunst), das zu dieser Zeit an seinem Hof verfasst wurde, wird erwahnt, dass die Rezepte in Abstimmung mit und mit dem Einverständnis des königlichen Hausarztes zusammengestellt wurden.[10] Hier war der Koch für die Gewürze auf den Hausapotheker angewiesen, ebenso wie die meisten Haushalte, die sich Gewürze leisten konnten. Für andere bot die freie Natur mit Würzmitteln wie Dill, Lorbeer, Petersilie, Basilikum und Blüten die aromatischen Grundlagen

» 8 Turner, J.: Spices, S. 267.

» 9 Vgl. Kochbuchhandschrift der Universitätsbibliothek Graz, Nr. MS1609, Rezept 183, http://www-classic.uni-graz.at/ubwww/sosa/druckschriften/dergedeckteTisch/Kochbuch_I86134/index.html#/14/ [15.08.2011].

» 10 Vgl. Scully, T.: The Art of Cookery in the Middle Ages, S. 42.

der Küche der Zeit.[11] Auffällig bei besagtem Kochbuch ist die starke Ähnlichkeit mancher Rezepte zu denen eines gewissen Taillevent, der in Frankreich einige Jahrzehnte zuvor seine Rezepte niederschrieb. Die englische Pfeffersauce zum Beispiel sieht Brot, Brühe, Essig, Pfeffer und Salz vor; bei der französischen zusätzlich Ingwer und Verjus (den sauren Saft aus unreifen Trauben).[12] Vermutlich hatte der Koch von Richard II. die Rezepte von Taillevent nie zu lesen bekommen, aber zumindest scheint – bedingt durch den regen Austausch an Töchtern, Interessen und sonstigen Geschenken – an den Adelshäusern Europas ein gewisser vereinender Küchenzeitgeist geherrscht zu haben. So bekommen wir aus solchen Büchern eine gute Vorstellung davon, was den Weg in die Töpfe der gehobenen Kreise fand und von Taillevent überhaupt eine Liste der Gewürze, die er in seinen Rezepten verwendet. Diese sieht in einer frühen Fassung folgendermaßen aus: Ingwer, Zimt, Nelken, Paradieskörner, langer Pfeffer, Macis, gemahlene Gewürze,[13] Zimtblüte, Safran, Galgant, Muskatnüsse.[14] In späteren Ausgaben findet man runden Pfeffer statt langem und einige weitere Abweichungen, aber der aromatische Tenor der Rezepte ist gleichbleibend. Im Grunde findet man in dieser Liste keine Zutat, die aus heutiger Sicht erstaunlich oder befremdlich ist. Auffällig ist bei den Rezepten selbst, dass die meisten der angeführten Gewürze, allen voran Ingwer, recht großzügig (im Sinne von oft) eingesetzt wurden, Pfeffer aber nur vereinzelt vorkommt. Das reiche Repertoire an Saucenrezepten scheint außerdem sowohl der Freude des Gaumens als auch der Augen bei Tisch gedient zu haben, da färbende Zutaten entsprechend betont wurden: Es gab gelbe Saucen mit Safran, weiße Saucen mit Mandeln und Ingwer, grüne Saucen mit Petersilie, braune Saucen mit Zimt, Nelken und Muskat und schwarze Saucen mit Blut, Letztere »für Kranke«. Die größte Vielfalt an Gewürzen findet Verwendung in einer Sauce »zum Aufheben«, also einer konservierenden Marinade auf Essigbasis: Petersilie, Salbei, Ingwer, Zimtblüte, langer Pfeffer, Nelken, Paradieskörner, Safran und Muskat.[15]

Bezüglich der Mengenangaben verfahren die Hofköche nach dem »Man nehme …«-Prinzip. War also die Dosierung nun im Vergleich zu heute überbordend? Sicherlich nicht immer und im Laufe der Zeit immer weniger. Folgt man der Empfehlung eines neapolitanischen Kochs aus dem späten Mittelalter, so fügt man den Speisen »specie a discretione«, also Gewürze nach Gefühl zu. In einem weiteren Rezept führt er die genaue Menge der benötigten

» 11 Vgl. Scully, T.: The Art of Cookery in the Middle Ages, S. 30.

» 12 Vgl. Pegge, S.: The Forme of Cury, S. 79; Le Viandier de Taillevent, S. 34.

» 13 Leider konnten keine näheren Angaben zu diesem Gewürz gefunden werden, es könnte sich durchaus um eine Art Quatre Épices gehandelt haben.

» 14 Vgl. Le Viandier de Taillevent, S. 34, 109.

» 15 Vgl. Le Viandier de Taillevent, S. 32–33; Pegge, S.: The Forme of Cury, S. 79–82.

Aromaten an: 30 Pfefferkörner, 5 oder 6 Nelken, 5 oder 6 Salbeiblätter und 1 Lorbeerblatt.[16] Bartolomeo Scappi zeichnet in seinem monumentalen Kochbuch »Opera« aus dem Jahr 1570 ebenfalls das Bild eines weisen, umsichtigen Kochs, dessen oberste Prinzipien Wohlgeschmack und Feingefühl sein sollten. Dies gilt natürlich auch für den Umgang mit Gewürzen, die bei Scappi schon weitaus gezielter eingesetzt werden als bei seinen mittelalterlichen Kollegen. Nur Zimt kommt in den »Opera« noch öfter vor als Pfeffer (meist im klassischen Duo: »sale & pepe«) – Letzterer ist in etwa 550 der 900 Rezepte angeführt.[17] Für weitere Gewürze findet Scappi natürlich ebenfalls Verwendung, unter anderem empfiehlt er eine Gewürzmischung, die stets fertig gemahlen zur Hand gehen sollte.[18]

Die Vorstellung einer zügellosen Würzlust ist in Berichten über die Küche der Neuzeit (auch der frühen) seltener zu finden. Dabei veränderten sich die Ess- und Würzgewohnheiten ab der Renaissance natürlich nicht auf einen Schlag, aber es lassen sich neue Geschmackstrends nachvollziehen.

Bei den Trinkgewohnheiten etwa ist das auf eine technologische Neuerung zurückzuführen: Im 16. Jahrhundert kam die Korkflasche auf den Markt, wodurch sich die Qualität der Weine deutlich verbesserte und das Würzen derselben obsolet wurde. Davor wurden Weine nicht nur auf Empfehlung des Hausarztes gewürzt, sondern um den Geschmack des im angebrochenen Fass sauer gewordenen Tropfens zu maskieren.[19] So manch persönliche Erfahrung an weihnachtlichen Punschständen lehrt, dass auch heute nicht immer beste Ware für die Herstellung eines Glühweins verwendet wird, aber immerhin haben gewürzte Weine in dieser Form die Zeiten überdauert.

Auch die Saucenkunst nahm neue Formen an. In dem Kochbuch »Le cuisinier françois« (1651) von François-Pierre de La Varenne, dem berühmtesten Koch des 17. Jahrhunderts und gewissermaßen dem Vater der französischen *haute cuisine*, wird mit Reduktionen, Speck und Butter gearbeitet, die *fines herbes* aus dem heimischen Kräutergarten finden als Aromaten mehr Gewicht als Nelken, Muskat und Zimt; für eine mollige Konsistenz sorgen Einbrenn, Eigelb und Obers statt eingeweichtes Brot. Exotische Gewürze werden dort eingesetzt, wo wir sie heute auch noch gebrauchen, beispielsweise in Ragouts und Pasteten. La Varennes Werk war möglicherweise auch das erste Kochbuch, das gewissermaßen ein Lehrbuch war und sich so von den ungenauen Angaben früherer Kochbücher unterschied: Er schreibt in einfachem Französisch klare Kochanleitungen.[20] Auch in dem späteren Kochbuch »Le nouveau cuisinier« (1660) eines

» 16 Vgl. Scully, T.: The Art of Cookery in the Middle Ages, S. 84.

» 17 Vgl. Scully, T.: The Opera of Bartolomeo Scappi, S. 60.

» 18 Das Rezept finden Sie im Kapitel »Aus dem Mörser«, siehe S. 189.

» 19 Vgl. Turner, J.: Spices, S. 116.

» 20 Vgl. Civitello, L.: Cuisine and Culture, S. 145; Freedman, P.: Food, S. 224.

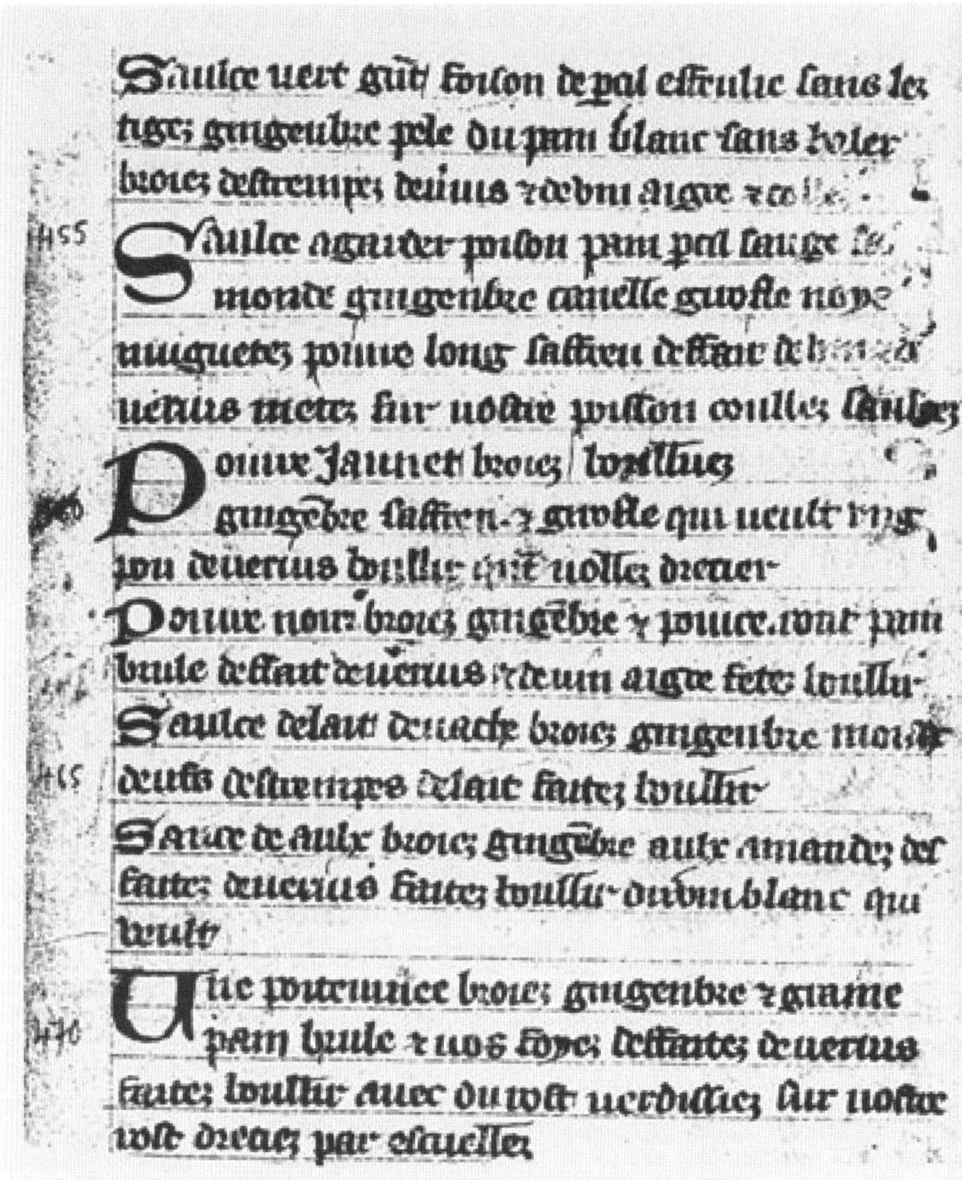
Saulce vert gin[gembre] boulon de pal esfrulie sans les
tiges gingembre pele du pain blanc sans boler
broiez destrempez de vins et de vin aigre et [illegible]
1455 Saulce aguader poisson pain pal sauge [illegible]
morade gingenbre canelle girofle noye
muguetez poivre long saffren destrat de [illegible]
vertus metez sur vostre poisson coullez [illegible]
Poivre jaunet broiez boullez
1460 gingebre saffren et girofle qui veult vng
pou de vertus boullir quant vollez drecier
Poivre noir broiez gingebre et poivre [illegible] pain
brule destrat de vertus et de vin aigre fete boullir
Saulce de lait de vache broiez gingenbre moi[eux]
1465 deufs destrempes de lait faitez boullir
Sauce de aulx broiez gingebre aulx amandez des
fattez de vertus faitez boullir du vin blanc qui
veult
Une poitevince broiez gingenbre et graine
1470 pain brule et vos foyez deffaitez de vertus
faitez boullir avec du rost [illegible] sur vostre
rost drecez par escuelles

Taillevents Saucenrezepte. Aus: »Le Viandier«.

Pierre de Lune ist das frische Kräuterbündel *bouquet garni* allgegenwärtig, die Prise Pfeffer für die Schärfe meist und ein Spritzer Zitronensaft für die Säure nicht selten vertreten. Letzteres deutet auch auf einen gewissen Einfluss aus dem südlicheren Europa hin, ebenso wie de Lunes italienische »Soupe de la terre«, bei der als Garnitur Hahnenkämme, Trüffelragout, Bries sowie Saft und Scheiben von Zitronen angegeben sind (hier aber kein Pfeffer!).[21]

Eine Reihe neuer Genuss- und Nahrungsmittel von viel weiter her begann außerdem die Aufmerksamkeit der Genießer von den Gewürzen aus dem Osten abzulenken: Die amerikanischen Kolonien lieferten Schokolade, Kaffee und Tabak, Piment und Chili, Tomaten, Kartoffeln und Truthähne. Diese Zutaten konnten sich erst zögerlich, dafür nachhaltig durchsetzen. Der geschmackliche Trend in Richtung milderer Würzung setzte sich allgemein fort, und auch die Klassentrennung in die Küchen des Adels und der Bourgeoisie wurde aufgeweicht. Kochbücher waren nicht mehr nur für den Gebrauch bei Hofe bestimmt, sondern galten als Werke einer allgemein zugänglichen Kochkunst, wie François Massialots Werk mit dem Titel »Le nouveau Cuisinier royale et bourgeois« zeigt.[22] Diese Emanzipation traf auch Gewürze: Was früher hauptsächlich dem Adel vorbehalten war, konnte am Höhepunkt des europäischen Gewürzhandels ohne Schwierigkeit von einem normalen Haushalt beschafft werden. Als Statussymbol waren diese Allgemeingüter somit irgendwann nicht mehr brauchbar, eine maßlose Würzung wurde als altmodisch und plump belächelt. Pfeffer überdauerte diese Trendwende noch am besten. Ein Kochbuch, das zwischen 1746 und 1769 mehrfach aufgelegt wurde und sich »La cuisinière bourgeoise« nannte, bietet dem Leser eine kleine Würzkunde für Ragouts: »[...] das Salz ist, wie jeder weiß, unabdingbar; der Pfeffer ist es etwas weniger.«[23] Des Weiteren findet man eine Mischung aus Muskat, Nelken, Macis, Ingwer, Pfeffer, Zimt, Koriander und Muskatblüte mit dem Hinweis des Autors, diese nur dort einzusetzen, wo es wie empfohlen nötig ist. Als weiteren Tipp verweist er auf den »épicier«, der die Mischung fertig gemahlen und zu fairem Preis anbietet. Das war zu dieser Zeit noch der Apotheker, was sich aber bald ändern sollte: In Paris trennten sich »épicier« und »pharmacien« ab 1777, und auch in anderen Ländern machten sich Drogisten selbstständig. Mit dem Niedergang der Handelskompanien und der Liberalisierung des Gewürzmarktes begannen Spezereien- und Kolonialwarenhändler die bequeme Stellung der Apotheken als Gewürzlieferanten zu bedrohen. Aus lauter Ärger darüber bemühten sich die umsatzgeschädigten Apotheker, den Konsum von Gewürzen zu sabotieren, indem sie deren vermeintlich be-

» 21 Vgl. Zotter, H.: Rezept- und Zutatenliste zu Pierre de Lune, http://www.uni-graz.at/1cuisinier.pdf [15.08.2011].

» 22 Vgl. Turner, J.: Spices, S. 301.

» 23 La cuisinière bourgeoise, S. 350–351.

denkliche Auswirkungen auf Geist und Körper »wissenschaftlich« attestieren ließen.[24] Nebenbei entwickelten sich im Laufe des Kolonialismus abfällige Ansichten über die Gewohnheiten – kulinarische eingeschlossen – der fernen Länder, und just in diesem Zeitgeist prägte auch noch der gastrosophische Denker Brillat-Savarin 1824 den Satz: »Sag mir, was du isst, und ich sag dir, was [sic!] du bist.«[25]

War die Würzlust der Europäer nun endgültig am Ende? Natürlich nicht, aber sie war äußerst gedämpft. Gewürze waren Brillat-Savarin keinen Eintrag in seine Meditationen über Nahrungsmittel wert. Jedoch lernen wir von ihm, dass die Jäger in der Dauphiné zu dieser Zeit stets Salz und Pfeffer mit sich trugen, falls sie eine fette Lerche erlegten, die gerupft, so gewürzt und roh verzehrt gar köstlich schmecken soll.[26] Sein Zeitgenosse Marie Antoine Carême, gefragter Starkoch diverser europäischer Königshäuser, teilt in seinem Kochbuch »L'art de la cuisine Française au dix-neuvième siècle« einige Anmerkungen über Gewürze mit: Gefühlvoll und in geringen Mengen eingesetzt seien sie wertvoll für den Geschmack der Speisen und schaden auch der Gesundheit nicht (doch werden sie oft zu verschwenderisch eingesetzt), und der weiße Pfeffer sei dem schwarzen vorzuziehen. Ingwer, Zimt und Koriander hätten in der alten Küche (*cuisine ancienne*) Nutzen gefunden, aber in der modernen Küche brauche man sie kaum, um nicht zu sagen, gar nicht. Petersilie, Kerbel und Estragon finden bei den Kräutern besondere Erwähnung, Knoblauch, Schalotten und Zwiebel werden »mit Erfolg« eingesetzt.[27] Das Standardwerk erschien posthum nach seinem Tod 1833.

Ein Vierteljahrhundert später erscheint in Österreich der erste Kochbuchbestseller dieses Landes. Über Gewürze scheint Katharina Prato in ihrer »Süddeutschen Küche« die Meinung Carêmes zu teilen: »Durch ihre Beigabe wird der Geschmack der Speisen vielfach verändert, doch soll der Gebrauch immer mäßig sein. Auch kann man nach Belieben keine oder nicht alle der bei den Speisen genannten Gewürze anwenden; es soll damit nur angedeutet sein, welche dazu geeignet sind. Fast unentbehrlich ist Zwiebel und Petersilie.«[28] Sie kommentiert den Nutzen von Muskat und seiner Blüte, Gewürznelken und Safran und erwähnt den Pfeffer nur als Zutat in ihren Rezepten für Pastetengewürz und Ragoutwürze – in denen übrigens auch die Gewürze der Neuen Welt, Paprika und Piment, vorkommen.

» 24 Vgl. Hansi, H.: Zum Beispiel Gewürze, S. 74.
» 25 Brillat-Savarin, J. A.: La Physiologie du Goût, Bd. I, S. II.
» 26 Vgl. Brillat-Savarin, J. A.: La Physiologie du Goût, Bd I, S. 49.
» 27 Vgl. Carême, M. A.: L'art de la cuisine, S. lxj–lxij.
» 28 Prato, K.: Die süddeutsche Küche, S. 44.

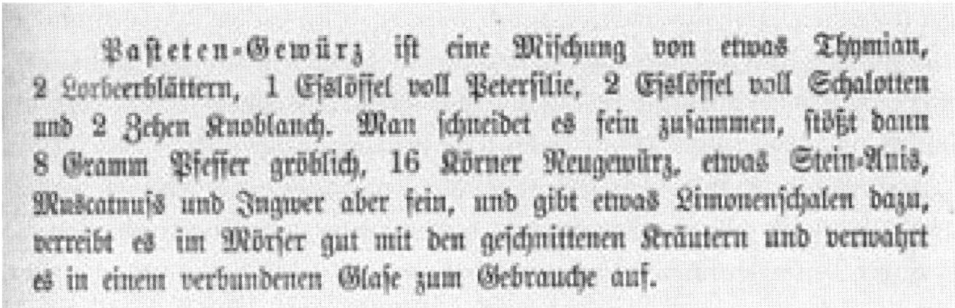

Pasteten-Gewürz ist eine Mischung von etwas Thymian, 2 Lorbeerblättern, 1 Eßlöffel voll Petersilie, 2 Eßlöffel voll Schalotten und 2 Zehen Knoblauch. Man schneidet es fein zusammen, stößt dann 8 Gramm Pfeffer gröblich, 16 Körner Neugewürz, etwas Stein-Anis, Muscatnuß und Ingwer aber fein, und gibt etwas Limonenschalen dazu, verreibt es im Mörser gut mit den geschnittenen Kräutern und verwahrt es in einem verbundenen Glase zum Gebrauche auf.

Katharina Pratos Pastetengewürz. Aus: Süddeutsche Küche.

Die Würzkunst hatte sich wahrlich zu einer heiklen Angelegenheit entwickelt. Diese moderne, zurückhaltende Art zu Würzen blieb länger erhalten. Manche Gewürze kamen nur zu besonderen Anlässen und Jahreszeiten zu Ehren. Mit Pfeffer- und Honigkuchen, Pfeffernüssen und Lebzelten ist uns bis heute eine aromatische Idee aus der Antike erhalten geblieben. Der Name »Magenbrot« für eine dieser Spezialitäten verrät es: Die süßen Naschereien waren dem Wohlbefinden dienlich und wurden von Apotheken und Klöstern, im späteren Mittelalter von Lebzeltern hergestellt. Viel Pfeffer fand trotz der Namensgebung nicht den Weg in diese Rezepturen (was auch auf die frühere Verwendung des Begriffs »Pfeffer« als allgemeine Bezeichnung für Gewürze hinweist). In einem klösterlichen Koch- und Arzneibuch aus dem Jahr 1688 finden wir unter diversen großzügig gewürzten Lebzeltrezepten nur das Musketierbrot, das nebst Nelken, Zimt, Ingwer, Muskat und Zitrone mit Pfeffer gewürzt ist.[29] Katharina Prato gab zirka 150 Jahre später ihrem »Pfefferkuchen« Limone, Ingwer und Zimt bei, und bei Pfeffernüssen verweist das Rezeptregister auf »Gewürzkrapferln«, für die man Zimt, Piment, Nelken, Ingwer und Limonenschalen benötigt.[30] Alles Gewürze, die zu dieser Zeit nur mehr saisonal bedingt recht großzügig eingesetzt wurden. Nach wie vor haben viele Mitteleuropäer beim Duft von Zimt, Nelken und Ingwer sofort das Bild eines Christbaums vor dem geistigen Auge.

Bei den Engländern war das Verhältnis zu reichlich gewürzten Speisen ein wenig anders, zumindest bei jenen, die sich längere Zeit in den Kolonien aufgehalten hatten. Stanford Arnot vom London Oriental Institute übersetzte schon 1831 einige Rezepte aus dem reichhaltigen Fundus der indischen Küche, um den »alten Indern« (wie sich die pensionierten Kolonialherren gerne nannten) zu ermöglichen, zumindest diesen »luxury of the East«, die Freuden

» 29 Vgl. Ein Koch- und Arzneybuch, S. 8.

» 30 Vgl. Prato, K.: Die süddeutsche Küche, S. 476, 526, 701.

der indischen Tafel, mit nach Hause zu nehmen.[31] Im frühen 20. Jahrhundert kamen neue Möglichkeiten auf, das koloniale Heimweh zu lindern. Es wurden Cafés eingerichtet, die vorerst den in England ansässigen Seemännern aus Indien und Bangladesch Curry und Reis servierten. Bevor die 1940er Jahre anbrachen, hatten auch schon nostalgische Engländer die Nachfrage gestellt und indische Restaurants kamen in Mode. Viele der indischen Studenten, die in dieser Zeit nach England kamen, witterten hier ihre Chance und machten über die Jahrzehnte das Curry zu einem offiziellen Nationalgericht.[32] Dieselbe Karriere machten Currys andernorts in Europa erst später, aber schon bei Carême findet man Saucen »à l'indienne«. 1935 teilt ein deutsches Kochbuch mit, dass die indische Gewürzmischung Curry »für manche fadschmeckende Speise eine angenehme und pikante Würze« sei, und warnt davor, zu viel davon zu nehmen.[33] Als »Küchenpfeffer« wird in demselben Buch weiters eine Mischung aus Pfeffer, Piment, Zimt, Muskat, Nelken und Ingwer empfohlen, mit der man Ragouts, braune Saucen und Suppen würzt.

Man hatte sich in Europa also nicht dauerhaft von Geschmack durch Würze oder von Schärfe abgewendet – auch Maggi hatte ja bereits einen fixen Platz in der Ménage neben Salz und Pfeffer, und zahlreiche Länder hatten Chili, Peperoncino und Paprika in ihre Anbaukultur aufgenommen. Der Konsum von Pfeffer galt mittlerweile zwar als weniger spektakulär, litt aber kaum unter diesem neuen Stellenwert von Gewürzen in Küche und Gesellschaft. Die absoluten Importmengen nach Europa sowie der Pro-Kopf-Verbrauch stiegen im 20. Jahrhundert weiter an, und in Deutschland kam in den Notzeiten der beiden Weltkriege ein gemahlenes Pfefferersatzprodukt auf den Markt.[34] Was es mit diesem auf sich hatte (und dass gemahlener Pfeffer allgemein keine besonders gute Idee ist) wird in den folgenden Kapiteln dieses Buches noch besprochen. Jedenfalls war es vielleicht diese Erfahrung, die uns irgendwann die Pfeffermühle für den Haushalt bescherte. Diese wurde schon vor 1850 erfunden, wer sie hierzulande erstmals auf einen Tisch stellte, ist nicht mehr nachvollziehbar. Ich vermute, es war ein italienischer Kellner.

» 31 Vgl. Arnot, S.: Indian Cookery, S. III–IV. Der Autor bedauert im Übrigen, dass die Frauen in diesen modernen, dekadenten Zeiten kein Interesse mehr an Betätigungsfeldern wie Kochen und kulinarischen Entdeckungen hätten, sonst hätten sie die indische Kochkunst ja vor Ort lernen können.

» 32 Vgl. Collingham, L.: Curry, S. 217 ff., und »Robin Cook's Chicken Tikka Masala Speech: Extracts from a speech by the foreign secretary to the Social Market Foundation in London«, http://www.guardian.co.uk/world/2001/apr/19/race.britishidentity [15.08.2011].

» 33 Zäck, R.: Die neuzeitliche Küche, S. 50.

» 34 Vgl. Vaupel, E.: Gewürze, S. 43 und S. 49.

Auf Hippokrates Wohl! Gewürzte Weine einst und jetzt

Weine waren in der Antike und im Mittelalter meist sauer, da sie in Holzfässern statt in Flaschen gelagert wurden. Getrunken wurden sie daher nicht nur gewürzt, sondern vor allem süß, wohl auch, um der sauren Medizin (Hippokrates empfahl Wein innerlich wie äußerlich gegen vielfältige Beschwerden) einen angenehmeren Geschmack zu verleihen. Ob gewürzte Weine nun Hippokrates zu Ehren als Hypocras bekannt wurden oder wegen des Tuchfilters für Flüssigkeiten, den er erfand und durch welchen auch Gewürzweine abgeseiht wurden, konnte nicht mit Sicherheit festgestellt werden.

Die Zubereitung dieser Weine war früher mitunter recht aufwändig. Apicius begann damit einen Tag im Voraus. Laut seinem Rezept für »Paradoxen Wein« musste er hierfür knapp 5 Kilogramm Honig mit etwas mehr als einem Liter Wein unter Rühren mehrfach aufkochen, abschäumen und dabei regelmäßig mit mehr Wein begießen. Erst am nächsten Tag wurden dieser Mischung 110 Gramm Pfeffer, einige Gramm Mastix, Lorbeer und Safran sowie Datteln samt Kernen zugefügt und alles mit 10 Liter Wein aufgegossen.[35] Einfacher hatten es da Reisende, denen Apicius eine fertige Mischung aus aufgekochtem Honig und Pfeffer empfahl, die sie bei Bedarf mit Wein aufgießen konnten. Vielleicht waren diese Reisenden auch dafür verantwortlich, dass der süße, würzige Wein nördlich der Alpen recht schnell Verbreitung und Zuspruch fand.

Die Würzvarianten wandelten sich im Laufe des Mittelalters in dem Maße, wie die Gewürze verfügbar waren. Gegen Ende des 14. Jahrhunderts war die Zutatenliste für Hypocras schon recht umfangreich: Bei Taillevent findet man Zimt, Nelken und Paradieskörner, im »Ménagier de Paris« sowie in dem Buch »Forme of Cury« auch Zutaten wie Ingwer, Galgant, Muskatnuss oder -blüte, langer Pfeffer, Majoran, Kardamom und Narde[36]. Statt Honig wird oft Zucker verwendet und der Zimtgeschmack war besonders wichtig.

Die Einführung der Weinflasche zu Beginn der Neuzeit beeinträchtigte das Verlangen nach Gewürzweinen als Alltagsgetränk, aber ganz in Vergessenheit sind sie nie geraten. In der Schweiz wird der Hypocras als Traditionsgetränk besonders groß geschrieben, heute wie damals würzt man ihn meist mit Zimt, Nelken, Muskat und Kardamom. Am beliebtesten ist er dort, so wie der Glühwein in anderen Ländern, in der Adventszeit, man kann ihn aber auch kalt trinken. Hier drei Rezepte für hausgemachten Gewürzwein:

» 35 Der Honig im Wein hat auch zur Folge, dass sich Rotwein klärt, wodurch später der Name Claret entstand, der heute noch mancherorts für gewürzten Weißwein verwendet wird.

» 36 Narde: eine dem Baldrian ähnliche Kräuterpflanze mit Ursprung im Himalaya.

Gewürzmischung für »Ypocras« aus der »Forme of Cury«, frei übertragen:

90 g Zimt, 90 g Ingwer
1,5 g Narde (oder Lorbeer)
je ca. 8 g Galgant, Nelken, langer Pfeffer und Muskat, Majoran und Kardamom
je 3 g Paradieskörner und Zimtblüten

Alles mörsern, mischen und zur Würzung des Weins verwenden.[37]

Hypocras nach Carl Spitzweg

Spitzweg hält sich an das Schweizer Vorbild: kein Pfeffer, aber eine feine Kombination anderer Gewürze und Zutaten, die dieses Rezept erwähnenswert machen.

»Hypocras sanspareil à la DuchesseMorceaufriand-Licheuse.
Man gibt in einen Krug 2 Pinten feinen Bourgogner Wein (Chambertin), anderthalb Pfund Zucker, etwas Zitronenschale, 1 Gewürznelke, etwas Zimmt, ein Dutzend süsse grobgestoßene Mandeln, 6 Muskatblüthen und ½ Unze frische Pomeranzenblüthen, verstopft den Krug recht gut und lässt ihn 24 Stunden stehen, alsdann passirt man den Gewürzwein durch den Filtrirsack (chausse) und giesst ihn in Flaschen.«[38]

Glühwein aus Babette's Gewürzküche

5 EL Zucker
1 unbehandelte Orange
2 l guter Rotwein
je 2 EL Rosinen und Mandeln (optional)
2 getrocknete Hibiskusblüten
3 Kardamomkapseln
3 Stück langer Pfeffer
1 Muskatblüte, 1 TL Nelken, 1 TL Piment
5 getrocknete Rosenknospen
1 Sternanis, 3 Zimtstangen, 1 TL Zimtblüten

» 37 Vgl. Pegge, S.: The Forme of Cury, S. 102.
» 38 Wichmann; S.: Spitzwegs Leibgerichte, o. S.

Die Orange in halbe Scheiben schneiden. Alle Gewürze in einen großen Teefilter geben. Den Zucker in einem Topf goldgelb karamellisieren, dann die Orangen und Mandeln dazugeben und gut umrühren. Den Wein zugießen, die Gewürze und Rosinen dazugeben und vorsichtig erwärmen. Der Glühwein sollte mindestens 15 Minuten sieden, aber nicht kochen. Den Glühwein mit den Rosinen und Mandeln servieren. Wenn Sie den Wein längere Zeit am Herd warm halten, nehmen Sie die Gewürze und die Orangen heraus, damit sich kein bitterer Geschmack entwickelt.

(feine französische Küche ...).

Hypocras.

Hypocras sanspareil à la Duchesse Morceaufriand-Lichesse.

man gibt in einen Krug 2 Pinten feinen Bourgogner Wein (Chambertin), anderthalb Pfund Zucker, etwas Zitronenschalen, 1 Gewürznelke, etwas Zimt, ein Dutzend süße geschälte Mandeln, 6 Muskatblüten und 1/2 Lot frische Pomeranzenblüten, verstopft den Krug recht gut und läßt ihn 24 Stunden stehen, alsdann passiert man den Gewürzwein durch den Filtrier-Sack (chausse) und gießt ihn in Flaschen.

Spitzwegs Hypocras. Aus: Spitzwegs Leibgerichte.

CHAPITRE I.

Du Poivre.

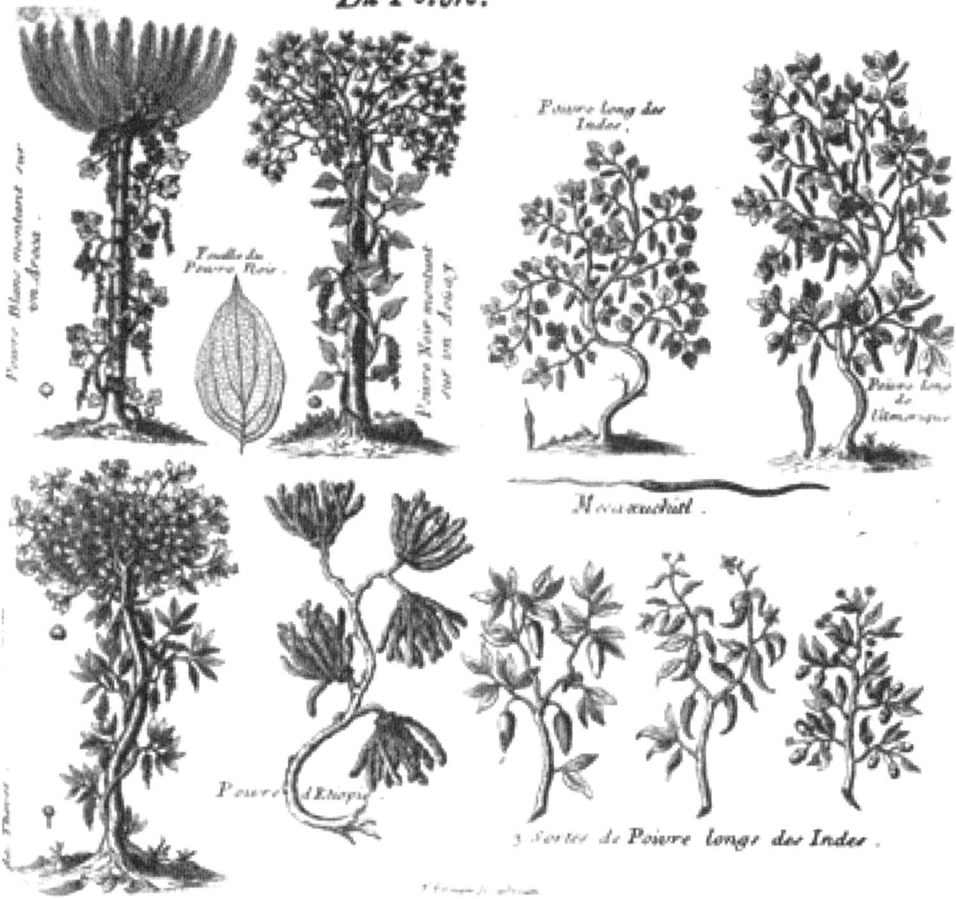

LE Poivre blanc eſt le fruit d'une plante rampante, qui a ſes feüilles en tout & par tout ſemblables à celle de nos groſeilles, aprés leſquelles naiſſent des petites grappes garnies de grains ronds, verts dans leurs commencemens, & qui étant murs deviennent d'une couleur griſatre.

Comme la plante du Poivre ne peut ſe ſoûtenir d'elle-même, les habitans des lieux la plantent au pied de quelques arbres, comme des Areca, des Cocos, ou

Echte und »falsche« Pfeffergewächse. Aus: Pierre Pomet: L'Histoire générale des Drogues simples et composés, 1735.

DIE PFEFFERPFLANZE UND IHRE ESSBAREN SORTEN

Nun will ich auch Pfeffer / das edle Magen=Pflaster / speisen.
Derselbe ist zweyerley / der Runde / und der Lange.

Johan Neuhof in seinem Reisebreicht

Pfeffer ist nicht gleich Pfeffer: Die Pflanzenfamilie der Pfeffergewächse (*Piperaceae*) aus der Ordnung der Pfefferartigen umfasst über 3.600 Pflanzensorten, die in fünf Gattungen eingeteilt sind. Der Großteil davon gehört zu den Gattungen *Peperomia*, auch Zwergpfeffer genannt, mit 1.600 Sorten, und *Piper*,[1] zu der in Summe 2.000 Pflanzensorten, darunter auch die in unseren Küchen gebräuchlichen Pfefferarten zählen. Als pantropische Gewächse gedeihen Pfefferpflanzen in allen feuchtwarmen Gebieten. Um ein Pfeffergewächs in freier Natur identifizieren zu können, bedarf es wohl des geschulten Auges eines Botanikers, da die Erkennungsmerkmale dieser Pflanzenfamilie aufgrund der großen Sortenvielfalt sehr divers sind: Sie wachsen als Sträucher, Bäume oder krautartige Gewächse, von einjährig bis ausdauernd, mal aufrecht am Boden, mal schlingend oder windend. Manche bilden ihre Wurzeln am Erdgrund, andere wachsen epiphytisch: auf anderen Pflanzen, die ihnen als Nährboden dienen. Bei einem Großteil der Pfeffersorten sind die Blätter auffälliger als die Blüten, allein schon weil die Blüten zumeist klein und dezent ohne Stiel an langen Blütenständen ausgebildet sind. Diese reifen zu Beeren oder – wie etwa im Fall des schwarzen Pfeffers – zu Steinfrüchten. Die Gattung der Zwergpfeffer umfasst auch zahlreiche sukkulente Sorten, die aufgrund unregelmäßiger Bewässerungsbedingungen besonders viel Flüssigkeit im Gewebe verschiedener Pflanzenteile speichern. Dadurch ergeben sich oft schöne, saftreiche und fleischige Blattformen, weshalb viele Zwergpfeffersorten für ihren dekorativen Nutzen geschätzt werden. Manche werden in der chinesischen Medizin als Heilpflanzen eingesetzt.

In Relation zu dieser Vielfalt befinden sich unter den Pfefferpflanzen aber nur wenige, deren Früchte, Blätter oder Wurzeln kulinarisch und medizinisch genutzt werden, und noch weniger haben die Küchen der Welt erobert. Dafür ist zumindest der schwarze Pfeffer – und damit sind auch der weiße, grüne und rote gemeint, denn alle stammen von derselben Pflanze – aus dem Gewürzregal nicht mehr wegzudenken. Auch langer Pfeffer, Kubebenpfeffer und neuerdings wilde Pfeffersorten erfreuen sich in vielen Küchen (teilweise wieder) einiger Beliebtheit. Manche essbaren Sorten sind wenig oder nur regional bekannt, sollen hier aber nicht außer Betracht gelassen werden. Doch lassen wir bei der genaueren Betrachtung der verschiedenen für den Genuss und die Gesundheit nutzbaren Pfefferpflanzen jener den Vortritt, die sich als Einzige »echter Pfeffer« nennen darf.

» 1 Den anderen drei Gattungen der Pfeffergewächse (Verhuellia, Zippelia und Manekia) werden nach heutigem Stand in Summe nur 10 Pflanzensorten zugeordnet.

Der echte Pfeffer: *Piper nigrum*

Als echten Pfeffer bezeichnet man die Pflanze *Piper nigrum*, eine ausdauernde, holzige Kletterpflanze, die in tropischem und subtropischem Klima auf mineralstoffreichen, feuchten Böden gedeiht. Aus ihrer Heimat Indien stammt der älteste Nachweis für die Verwendung von Pfeffer als Gewürz, wo die Pflanze demnach seit mindestens 2000 v. Chr. kultiviert und genutzt wird. Noch heute zählt die Malabarküste zu einem der wichtigsten Anbaugebiete für Pfeffer. Im Laufe des 1. Jahrtausends n. Chr. wurde die Pflanze über den innerasiatischen Handel nach Südostasien, später in die französischen Kolonien in Afrika exportiert und erfolgreich angesiedelt. Zu den jüngsten Pfefferproduzenten zählen Brasilien, wo erst in den 1930er Jahren mit der Kultivierung von Pfeffer – dafür im großen Stil – begonnen wurde, sowie Kamerun. Dort wird im Tal des Flusses Penja ein aus der Sicht vieler Genießer wahrer Ausnahmepfeffer kultiviert.

Botanik und Anbau

Eine treffende Beschreibung von *Piper nigrum* lieferte Johan Neuhof, Gesandter der *»Oost Indischen Compagney«*, in einem Bericht über seine dreijährige Asienreise aus 1669:

»Der runde Pfeffer/ so furnehmlich in Malakka, Java, und Sumatra, wächset/ wird nicht weit von den Meeresbusemen gesäet oder gepflanzet/ entweder bey den Wurzeln der Bäume Faufel, oder bey eingesteckten Pfählen/ daran er/ eben wie der Weinstock an den Weinpfählen/ empohr kompt. Wenn man ihn mit Asche und Mist dünget/ wächset er länger denn die gewöhnlichen Pfähle seyn/ und hänget herunter wie Hopffen/ oder Türkische Bohnen: ist auch so zähe wie dieselben [...] Säet man ihn auf ein fettes Land/ so bringet er innerhalb Jahrs Früchte mit Hauffen: aber auf einem unfruchtbaren Boden wächset er langsahmer in die Höhe/ gibt auch langsahmer Früchte; und nimpt an Fruchtbarkeit von Jahren zu Jahren/ nach dem der Grund beschaffen/ zu oder ab [...] Die Blätter sind den Ephey Blättern nicht ungleich/ haben die Mitte hinlangs eine breite Holkehle/ davon viele Strichlein an beyden Seiten abgehen [...]

Es sitzt der Pfeffer bey ganze Büsch- oder Träublein zusammen welche nicht nur mitten an den Zweigen/ sondern auch vorne an den Spitzen hängen [...][2]
Nach wie vor wird der Pfefferstrauch im Plantagenanbau an Holzpfählen auf maximal fünf Meter Höhe gezogen, meist nur auf drei bis vier Meter, um die Ernte zu erleichtern. Wilde Sorten ranken bis in die Kronen zehn Meter hoher Bäume empor, die den Pfefferpflanzen auch die schattigen Verhältnisse bieten, die der Entwicklung schöner Früchte zuträglich ist. Der rebenartige Strauch kann aus Samen gezogen oder – um die Anzuchtzeit zu verkürzen – aus Stecklingen vermehrt werden. Bis zum ersten Ertrag wächst die Pflanze drei Jahre, ihre maximale Lebensdauer beträgt etwa 30 Jahre. Schon nach 15 Jahren nimmt die durchschnittliche Ertragsfähigkeit einer Pfefferpflanze von 2,5–3 kg Pfeffer pro Ernte (bei guter Witterung und ausreichend Wasser!) stetig ab.
Die kulinarisch kostbaren Körner sind die Steinfrüchte des Pfefferstrauchs. Diese wachsen an fingerlangen Ähren aus bis zu 150 dicht aneinandergereihten Einzelblüten heran. Innerhalb von 6 bis 8 Monaten wechseln die Früchte ihre Farbe je nach Reifestadium von grün zu gelb, dann zu orange und sind schließlich leuchtend rot gefärbt, wenn sie vollreif sind. Während des Reifeprozesses bildet sich die typische Pfefferschärfe aus. Verantwortlich dafür ist das Piperin, dessen Gehalt im Pfefferkern mit fortschreitender Reife zunimmt. Gleichzeitig steigt der Zuckergehalt im Fruchtfleisch, das den Kern umgibt. So haben grüne Beeren frisch vom Strauch zugleich eine mildere Schärfe und schmecken erfrischend grasig, reifere Beeren haben eine beherztere Schärfe gepaart mit einer angenehm fruchtigen Note.
Interessant und auch hübsch anzusehen ist, dass die einzelnen Pfefferfrüchte unterschiedlich schnell reifen: So können alle Reifestadien an einer Ähre vertreten sein. Für die Herstellung mancher Sorten ist daher Handarbeit Voraussetzung, da die Früchte im gewünschten Reifestadium von den Ähren selektiert und geerntet werden müssen. Ob die geernteten Früchte nun als grüner, roter, schwarzer oder weißer Pfeffer ihren Weg in unsere Pfeffermühlen finden, hängt also in erster Linie vom Erntezeitpunkt ab. Zusätzlich entscheidet die Art der Verarbeitung der Früchte nach der Ernte darüber, als welche der vielfältigen Handelssorten von *Piper nigrum* das fertige Gewürz auf den Markt kommt.

» 2 Neuhof, J.: Die Gesandtschaft d. Oost Indischen Compagney, S. 337.

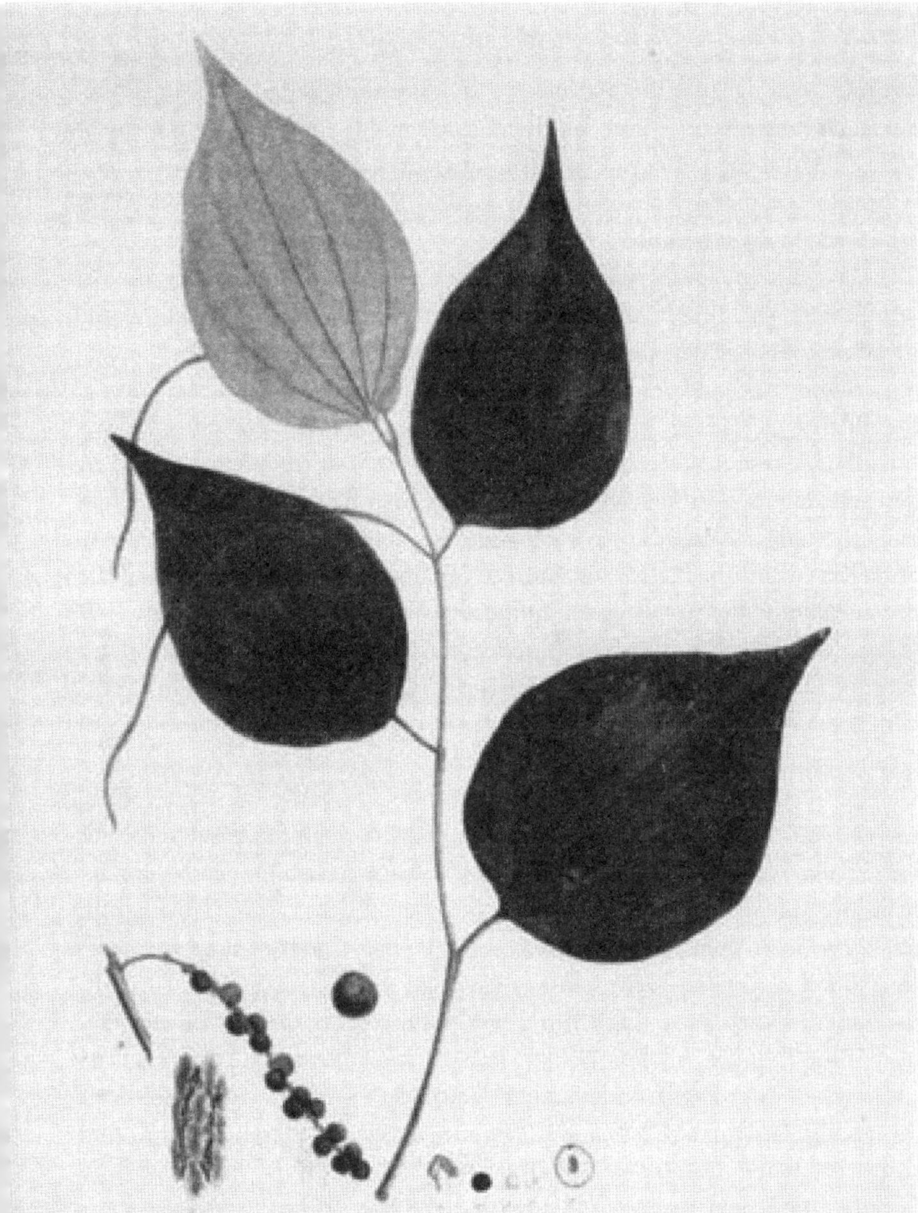

Piper nigrum, Abbildung aus einem Arzneibuch, 19. Jahrhundert.

Irrtümer bezüglich der Produktion von schwarzem Pfeffer gibt es immer wieder, auch Johan Neuhof unterlag einem solchen:
»Die Pfefferkörner sind zu erst grün/ aber hernach/ wan sie reif worden/ schwarz. Die reifen Körner werden in der Sonnen gedürret/ davon ihre schwarze Haut viele Runzeln bekompt.«[3]
Die klassische Methode, schwarzen Pfeffer herzustellen, wurde schon im 14. Jahrhundert von einem weit gereisten Abenteurer an der Malabarküste aufmerksamer beobachtet. Ibn Battuta berichtete:
»Malabar ist das Land des Pfeffers, der ihr [der Bewohner] wichtigstes Gut ist. Die Pflanze gleicht der Weinrebe. Sie kultivieren sie in der Nähe der Kokosnuss-Bäume und machen ein Gitter für sie wie für Weinreben. Diese Pflanzen besitzen keine Schösslinge, ihre Frucht ähnelt einer Beere, die Blätter gleichen den Ohren des Pferdes. Einige kommen aber eher den Blättern der Brombeere gleich. Wenn im Herbst die Erntezeit anbricht, schneiden die Leute die Früchte ab und breiten sie in der Sonne aus, bis sie trocken und schwarz sind – ganz so, wie man Rosinen aus Trauben herstellt. Die Früchte werden dann von der Sonne ganz runzlig. Wenn gesagt wird, dass die Leute dort die Trauben rösten, damit sie trocken werden, dann entbehrt diese Behauptung jeder Grundlage.«[4]
Genaue Details bezüglich des Reifegrades zum Zeitpunkt der Ernte erfahren wir hier nicht, was aber auch unwesentlich ist, denn die Früchte des *Piper nigrum* werden in jedem Fall schwarz, wenn man sie ohne vorherige Behandlung, etwa durch Abbrühen mit kochendem Wasser, zum Trocknen in die Sonne legt. Verantwortlich dafür ist ein Fermentationsprozess, der durch Enzyme in der Pfefferfrucht selbst in Gang gesetzt wird. Dadurch färbt sich die äußere Fruchtwand dunkel und wird beim Trocknen schrumpelig und nach ausreichender Trocknung hart. Je nach Anbauregion (denn auch ortsspezifische Faktoren wie Boden, Klima oder lokale Sorte machen beim Endprodukt einen Unterschied) sind die handelsfertigen Pfefferkörner groß und rostrot bis tiefbraun oder klein und dunkelgrau bis schwarz und variieren in Schärfe und Aroma.
Um hochwertigen schwarzen Pfeffer zu produzieren, ist es daher von Vorteil, wenn die Früchte im selben Reifegrad geerntet werden, so haben sie als fertig getrocknete Körner etwa dieselbe Größe und ein einheitliches Aroma. Die einfachste und eine sehr gängige Methode ist es, schwarzen Pfeffer aus grünen Früchten zu produzieren. Hierbei werden die ganzen Pfefferspindeln abge-

» 3 Neuhof, J.: Die Gesandtschaft d. Oost Indischen Compagney, S. 337.

» 4 Ibn Battuta: Die Wunder des Morgenlandes, S. 116.

schnitten, sobald sich einige Früchte gelb färben und die restlichen, noch unreifen bereits einen festen Kern haben. So können die Früchte nach der Ernte mechanisch von der Ähre entfernt werden. Traditionell wird das Erntegut hierzu auf große, stabile Netze ausgelegt und mit den Füßen bearbeitet, wodurch die Körner durch das Netz auf ein tiefer liegendes Sieb fallen. Zuweilen wird dieser Prozess heute auch maschinell verrichtet.

Der Trocknungsprozess kann, neben der traditionellen Methode der Sonnentrocknung, auch in klimatisierten Räumen oder Warmluftöfen erfolgen, was die Arbeitsintensität und diverse Risiken wesentlich verringert. Denn bei der Trocknung an der Sonne ist stets das wachsame Auge des Pfefferbauern und seiner Helfer gefragt: Der Pfeffer, der auf Planen oder feinen Netzen zum Trocknen ausgebreitet ist, muss regelmäßig gerecht werden, damit alle Früchte gleichmäßig der Sonne ausgesetzt sind und sich keine Schimmelnester entwickeln können. Die Verunreinigung durch Ungeziefer und andere Tiere will ebenfalls vermieden werden, und nicht zuletzt müssen die Körner in der Nacht oder bei Schlechtwetter durch Planen vor Feuchtigkeit geschützt werden.

Die Früchte werden so lange getrocknet, bis ein Restfeuchtigkeitsgehalt von maximal 16 Prozent, meist aber nur 12 Prozent erreicht ist. Auch eine sensorische und optische Kontrolle der fertig getrockneten Körner durch den Pfefferbauern spielt hier eine Rolle: Sie müssen sich ausreichend trocken und hart anfühlen und leicht durch die Finger rieseln. Erst jetzt werden die letzten fremden Bestandteile aussortiert. Hierbei werden Spindeln, Steinchen, schlecht ausgebildete oder minderwertige Körner[5] und Insekten entfernt. Ob dies nun mit Hilfe von großen Sieben oder Windtrommeln geschieht – ein geschulter, sorgsamer Blick kann bei dieser Arbeit nicht durch Maschinen ersetzt werden.

Gelagert wird der Pfeffer je nach Betriebsgröße, maschinellen Möglichkeiten und Absatzerfolg ganz unterschiedlich: von Pfefferhaufen in relativ ungeschützten Räumen bis zur Vakuumverpackung kurz vor dem Massenversand. Wichtig ist bei der Lagerung auch ein gewisser Schutz vor Schädlingen, Verschmutzung, übermäßigem Lichteinfluss und besonders vor Feuchtigkeit – was natürlich ebenfalls für die Aufbewahrung im eigenen Küchenregal gilt.

» 5 Minderwertige Körner sind etwa solche, die sich hell verfärben, oder sogenannte »leichte Beeren«, die sich schlecht ausgebildet haben und hohl sind. Der erlaubte Anteil an leichten Beeren ist für verschiedene Qualitätsstufen vorgegeben. Details zu den Qualitätsstufen werden im Kapitel »Anbauländer und Handelssorten« beschrieben.

Reifer oder roter Pfeffer

Aufgrund seines intensiven Aromas und der vehementen, aber runden und gefälligen Pfefferschärfe wird schwarzer Pfeffer aus Früchten, die länger am Strauch hängen oft als hochwertiger gehandelt. Auch die überdurchschnittliche Größe und der warme Braunton dieser Körner gelten unter Kennern als Gütezeichen. Tellicherry Pfeffer zählt beispielsweise als sogenannter Spätlesepfeffer zu einer der Sorten, die kurz vor der Reife – also wenn die Beeren sich bereits orange gefärbt haben – geerntet werden.

Sowohl die Arbeitsintensität als auch die Risiken steigen bei einem solchen Ernteverfahren: Die Früchte sind möglichen Wetterschwankungen und dem Befall von Schädlingen länger ausgesetzt, und die Erntearbeiter müssen die Beeren im selben Reifestadium von Hand verlesen. Die Gefahr der Fäulnis steigt mit dem Zuckergehalt der Frucht, aber entsprechend verstärkt sich auch das Aroma des Endprodukts. Das Verlustrisiko bei dieser Art der Produktion von schwarzem Pfeffer schlägt sich natürlich in erster Linie im Marktpreis nieder, was dem Bauern nicht schadet, da Spätlesepfeffer als Gourmetprodukt einen guten Absatz unter Pfefferliebhabern finden.

Vollreifer roter Pfeffer ist aufgrund der genannten Risiken, die bis zur Ernte auftreten können, ein eher rares Produkt. Meist wird er in Essig oder Salzlake eingelegt, was die schöne rote Farbe der Früchte konserviert und der Haltbarkeit zugute kommt, weniger aber dem feinen Aroma. Besser sind getrocknete Körner aus vollreifen Früchten, die auf verschiedene Weise produziert werden: Soll die Farbe bei der Trocknung gut erhalten bleiben, so müssen die Früchte vorher in Wasser aufgekocht werden. So wird das Enzym zerstört, das die Schwarzfärbung bewirkt und die Körner haben im getrockneten Zustand eine rostrote Färbung. Das Kochen der Früchte hat jedoch geschmackliche Einbußen zur Folge, da einige der feinen Aromastoffe ebenfalls zerstört werden. Legt man größeren Wert auf das Aroma als auf die Farbe, so greift man zu rotem Pfeffer, der konventionell ohne Vorbehandlung an der Sonne getrocknet wurde. Die Körner bekommen hierbei einen warmen Braunton, manchmal sind sie farblich von schwarzem Pfeffer kaum zu unterscheiden, doch ist der warme, fruchtige Geruch dieses Pfeffers ganz bemerkenswert. Auch geschmacklich macht die Balance von Schärfe und fruchtiger Süße diesen Pfeffer zu einem besonderen Produkt, das als selten erhältliche Delikatesse gilt.

Weißer Pfeffer

Obwohl roter Pfeffer rar ist, ist mehr reifer Pfeffer am Markt, als man meinen möchte: Weißer Pfeffer ist zum Zeitpunkt der Ernte ebenfalls fast oder ganz rot und wird danach geschält.
Nach dem traditionellen Verfahren werden die Früchte hierzu – oft in große Leinensäcke verpackt – längere Zeit in stehendem oder fließendem Wasser eingeweicht, wodurch sich die Schale und das Fruchtfleisch lösen und danach leicht abgerebelt werden können. Dies geschieht mechanisch, in handwerklichen Anbaubetrieben meist durch Treten der Früchte. Übrig bleiben die weißen Kerne, die während des Trocknens in der Sonne zusätzlich ausbleichen.
Die Herstellung birgt einige Gefahren: Durch den hohen Feuchtigkeitsgehalt nach dem Wässern sowie die Bearbeitung mit bloßen Füßen ist dieser Pfeffer naturgemäß sehr anfällig für Schimmel und bakterielle Infektionen. Eine sorgfältige Trocknung und achtsame Selektion der Körner sind Voraussetzungen für ein gutes Endprodukt. Auch hier ist die moderne Technik der Vereinfachung dieses Herstellungsprozesses zuträglich: Die Fruchtschale kann mithilfe von Enzymen schneller gelöst und danach maschinell entfernt werden. Fragwürdiger sind Methoden, bei denen getrocknete schwarze Körner maschinell geschält oder gar chemisch gebleicht werden. In diesen Fällen steht wohl die Farbe im Vordergrund, als echten weißen Pfeffer kann man diese Produkte nicht bezeichnen.

Geschichtliche Theorien zu weißem Pfeffer

Bezüglich des weißen Pfeffers gab es in der Vergangenheit einige Missverständnisse: Dass Leonhart Fuchs, der nie nach Indien reiste, in der ersten Hälfte des 16. Jahrhunderts den schwarzen und weißen Pfeffer als unterschiedliche Früchte derselben Pflanze abbildete,[6] lag wohl an einem Mangel an Information. Warum aber sein portugiesischer Zeitgenosse Garcia da Orta, ein Arzt und Botanikexperte, dem Irrglauben unterlag, es handele sich bei diesen beiden Sorten um die Früchte getrennter Pflanzen, ist unverständlich. Immerhin weilte er bis zu seinem Ableben etwas über dreißig Jahre in Indien – reichlich Gelegenheit also, die Fakten vor Ort zu prüfen. In seinen Kolloquien über die medizinischen Pflanzen Indiens erklärt er dennoch, dass diese beiden Pfefferpflanzen ebenso wenig auseinanderzuhalten seien wie die weiße und die rote Traube, bis sie ihre Früchte tragen.[7] Noch größere Verwirrungen kamen zutage, nachdem die Chilipflanze Verbreitung fand. In einem Kräuterbuch aus dem Jahre 1610, das sich des medizinischen Wissens von Dioskurides bedient, werden zwei Sorten der Chilipflanze als Pfeffer abgebildet. Der weiße Pfeffer sei, so heißt es, der unreife Samen im Inneren der Schoten.[8]

Martin Wintergerst, der über hundert Jahre später in seinem Bericht »Reisen auf dem mittelländischen Meere, nach der Nordsee, nach Ceylon und nach Java 1688–1710« Beobachtungen über die von ihm besuchten Länder niederschrieb, konnte die Sache aufklären:

»Ich sahe auch allhier, wie der weisse Pfeffer wächst; dann wir Europaeer lassen uns gerad eine Nase drehen, dass wirs glauben er wachse, aber er wird erst also zugericht; dann man nimmt den Pfeffer so schwartz wie er ist und weichet solchen in Kalch-Wasser, davon werden die schwartzen Häutlein ledig, wann man nun solche wieder gedörrt hat, so nimmt man von Eisen-Drat ein eng geflochtenes Gitter, und trentelts gleichsam dadurch, so stossen sich alsdann die schwarzen Häutlein ab, und die weisse Körnlein bleiben ligen, wie aber der Pfeffer wachse, ist meistens bekandt; allhier hat es diese Beschaffenheit, daß solcher gepflanzet wird fast wie Hopffen, indeme die Reben auch also einsencken, nur darin hat er einen Unterscheid, daß er nicht an absonderlichen Stangen, sondern überall an den Bäumen hinauf wächst, die Frucht ist wie so genandte Zeit oder St. Johannes Beer, und wann sie zeitig seyn, so sehen sie grün, hernach erst am dörren werden sie schwartz.«[9]

» 6 Siehe zweite Vorsatzseite.

» 7 da Orta, G.: Colloquies on the Simples & Drugs of India, S. 372–373.

» 8 Siehe Abbildung gegenüberliegende Seite..

» 9 Wintergerst, M.: Reisen auf dem Mittelländischen Meere, S. 81–82.

Von Kräutern. 547

Pfeffer / Piper. Cap. 308.

Krafft und Würckung.

Teutscher / oder Indianischer Pfeffer

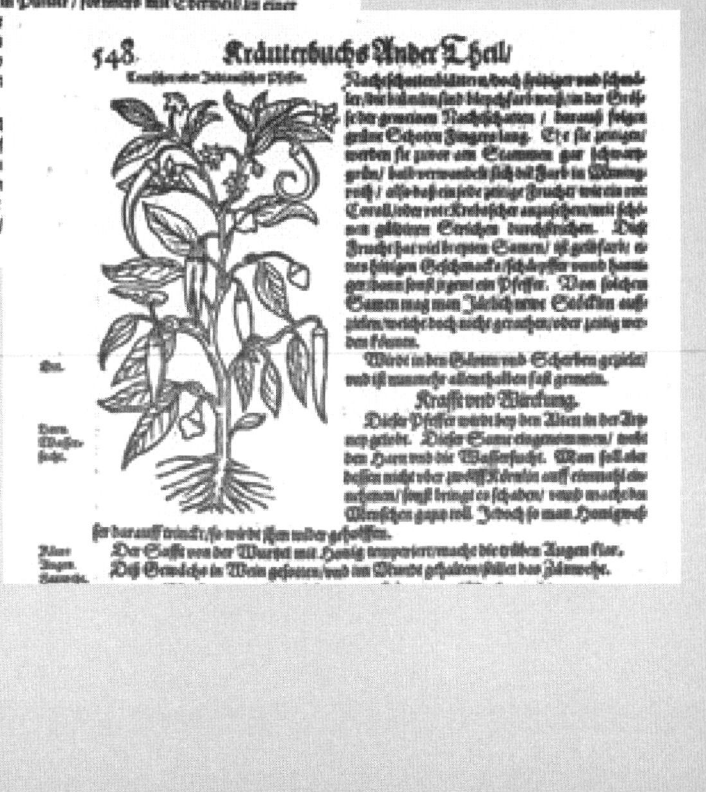

548. Kräuterbuchs Ander Theil

Krafft und Würckung.

Das Kapitel Pfeffer. Aus: Kreuterbuch des Dioscorides nach Peter Uffenbach, 1610.

Grüner Pfeffer

Im Idealfall verwendet man grünen Pfeffer »frisch vom Strauch«. Auf Märkten ist er in Pfeffer anbauenden Regionen leicht erhältlich, heutzutage wird frischer, unbehandelter Pfeffer auch in manchen Gourmetabteilungen oder Asiamärkten in westlichen Importländern angeboten. Meist werden die Früchte – wie Johannisbeeren – so verkauft, wie sie geerntet werden, also an der Ähre.

Ähnlich wie beim roten Pfeffer können Farbe und Saftigkeit des grünen Pfeffers konserviert werden, in dem man den natürlichen Fermentationsprozess, der die Körner bei der Trocknung schwarz färbt, durch Einlegen der Früchte in Salzlake oder in Essig unterbindet. Der Geschmack bleibt auch weitgehend erhalten, aber der Einfluss von Lake oder Säure hat zur Folge, dass der Pfeffer nicht mehr dieselbe natürliche Frische hat wie eine unbehandelte Frucht.

Grüner Pfeffer kann auch getrocknet werden, ohne dass sich Farbe und Geschmack dabei zu sehr verändern. Hierzu wird er bei sehr hohen Temperaturen oder auch schock- bzw. gefriergetrocknet. In letzterem Fall wird sogar verhindert, dass die Fruchtschale sich runzelt, wodurch die getrockneten grünen Körner eine ebenmäßige, wenn auch leicht brüchige Struktur behalten.

Diese Verarbeitungsmethoden sind für kleine, bäuerliche Betriebe ohne Zugang zu maschinellen Infrastrukturen natürlich keine Option. Hier wird nach wie vor entweder der frische Pfeffer vom Strauch zum Markt gebracht oder auf traditionelle Weise verarbeitet und als getrockneter schwarzer Pfeffer gehandelt.

Aromatik

Wenn ich gefragt werde, wie und warum sich die vielfältigen Pfeffersorten unterscheiden, ziehe ich gerne den Vergleich zu Olivenöl: Entscheidend für die spezielle Charakteristik eines Pfeffers sind die aromatischen Inhaltsstoffe der Früchte, in nicht geringem Maße aber auch Terroir, Anbaumethode der Pflanze und Verarbeitungsart der Körner. Die Unterschiede in Geruch und Geschmack können daher ganz wesentlich sein: Ein schwarzer Pfeffer schmeckt anders als ein grüner, aber oft auch anders als ein weiterer schwarzer Pfeffer einer anderen Region oder Güte.

Die Aromastoffe von *Piper nigrum* sind vielfältig untersucht und nachgewiesen, sogar die verhältnismäßige Zusammensetzung dieser Stoffe bei grünen, schwarzen und weißen Körnern. Deshalb sei hier ein kleiner Ausflug in den Bereich der Chemie erlaubt, bei dem ich mich gerne auf kundige Experten stütze:

»Schwarzer P. enthält im Durchschnitt 12,5 % Wasser (Weißer P. 13,5 %); wasserfrei enthält Schwarzer P. (in Klammern Werte für Weißen P.) 12,8 (11,9) % Stickstoff-haltige Substanz, 9,1 (8) % Ether-Auszug, 2,25 (1,5) % ätherisches Öl, 7,5 (7,8) % Piperin, 0,6 (0,3) % Piperidin, 1,05 (0,35) % Harz, 10,3 (9,1) % Alkoholextrakt, 36,5 (56,8) % Stärke, 14 (4,4) % Cellulose, 5,15 (1,9) % Asche. Die Scharfstoffe sind vor allem Piperin, Piperanin u. Piperylin, der gewürzhafte Geruch u. Geschmack wird durch Pfefferöl verursacht. Der scharfe Geschmack kommt durch Erregung der Thermorezeptoren zustande.«[10]

Die Schärfe des Piperins entwickelt sich erst im Geschmack, während das Pfefferöl schon im Geruch die pfeffertypische Aromatik prägt. Die Hauptkomponenten des Pfefferöls,[11] das sich aus Monoterpen-Kohlenwasserstoffen zusammensetzt, sind auch in verschiedenen anderen Gewürzen und Kräutern enthalten wie:

Pinene: in Dill, Fenchel, Fichtennadeln, Koriander, Kümmel, Myrte
Sabinene: in schwarzem Kardamom, Kubeben, Limette, Wacholder
Caryophyllen: in Basilikum, Kümmel, Oregano, Rosmarin, Zimt
Phellandrene: in Dill, Eukalyptus, Fenchel, Kümmel
Limonen: in Zitrusfrüchten
Linalool: in Basilikum, Ingwer, Muskat, Oregano, Thymian, Zimt

Entsprechend den diversen Geruchsassoziationen wird das Aroma von Pfeffersorten als krautig, würzig, frisch, fruchtig, zitronig oder waldig beschrieben. In Summe erkennt die Nase dieses Aromenspiel als »pfeffrig«, ein Begriff, dessen sich die Weinsprache zur Beschreibung einer würzigen Note des Getränks bedient.

Warum also auch den Pfeffer nicht einfach als pfeffrig beschreiben? Wie erwähnt, haben verschiedene Pfeffersorten eine ganz eigene Charakteristik.

Grüner Pfeffer zeichnet sich durch seine frische Aromatik aus: Er hat mit einem Piperingehalt von bis zu 5 Prozent eine gute, fruchtige Schärfe, gepaart mit grasigen, zitronigen und mentholigen Geschmacksnoten. Bei eingelegten Sorten werden Sie die Subtilität frischer Körner nicht finden, da weder Salz noch Essig den feinen Aromen zuträglich sind. Greifen Sie lieber zu getrock-

» 10 Siewek, F., Pfeffer, RD-16-01324 (2003) in: Bornscheuer et al., RÖMPP Online [Online], Version 3.12. [März 2011], http://www.roempp.com [15.08.2011].

» 11 »Pfefferöl [...] Farbloses bis gelbgrünes, würzig riechendes ätherisches Öl, das durch Wasserdampfdest. aus schwarzem Pfeffer in 1,0–2,6 % Ausbeute gewonnen wird. Dichte 0,87–0,916, losl. im 10–15fachen Vol. 95 %igem Alkohol, unlösl. in Wasser, enthalt 22 % -Pinen, 21 % Sabinen, 17 % -Caryophyllen sowie -Pinen, Phellandrene, Limonen, 3-Caren u. v. a. Terpene u. Sesquiterpene[1–3].« Siewek, F., Pfefferöl, RD-16-01329 (2003), in: Bornscheuer et al., RÖMPP Online [Online], Version 3.12. [März 2011], http://www.roempp.com [15.08.2011].

neten grünen Sorten, hier bleibt die Geschmackspalette der frischen Früchte weitgehend erhalten. Eingeweicht in Wasser gehen die Körner auf und werden mürbe und muten annähernd wie frisch gepflückte Pfefferfrüchte an.
Das Aroma von schwarzem Pfeffer aus grünen Früchten ist in mancher Hinsicht zurückhaltender als das aus reiferen, da sich die Aromastoffe sowie der Schärfegehalt während der Reifezeit ausbilden. Bei schwarzem Pfeffer aus unreifen Früchten dominieren oft krautige Noten, die an Thymian und Eukalyptus erinnern, auch Zitrusaromen sind charakteristisch. Manche Sorten haben einen stark mineralischen Geruch, und zuweilen findet man auch im Geschmack harzige Noten von Lakritze und Pinien. Die Schärfe der Körner ist durch das Trocknen konzentrierter als die des frischen Ausgangsproduktes und kann je nach Sorte stark variieren. Meist liegt der Piperingehalt bei 4 bis 6 Prozent. Schwarzer Pfeffer aus spät- oder vollreifen Früchten hat oft einen höheren Piperingehalt, aber auch eine fruchtige Süße, die das Schärfeempfinden ausbalanciert. Im Geschmack ist ein solcher Pfeffer wärmer und runder, im Aroma dominieren je nach Sorte waldige oder blumige Noten, charakteristisch sind auch Anklänge an reife Früchte und nussige Röstaromen.
Über das spezielle Aroma von weißem Pfeffer scheiden sich die Genießergeister, was wohl auch damit zu tun hat, dass wirklich guter weißer Pfeffer rar und relativ teuer ist. Darüber wusste schon Neuhof zu berichten – wenn auch die Art der Produktion, die er schildert, infrage gestellt werden darf:
»Wenn diese Haut frisch und grün weggenommen wird/ entsteht eine besondere Art Pfeffer/ der weiße Pfeffer genannt: welcher schärfer/ theurer und anmutiger als der schwarze fält/ und von führnehmen Leuten in Indien zum offtern an statt des Salzes gebraucht wird. […] Wan die zarten Indianer diese Arbeit nicht scheueten/ würde man in Europa mehr weissen/ als schwarzen Pfeffer haben […]«[12]
Minderwertiger weißer Pfeffer hat meist, besonders in gemahlenem Zustand, ein sehr dominantes Kuhstallaroma, das nicht dem natürlichen Aroma des Pfeffers entspricht: Weißer Pfeffer kann zwar etwas dumpfer riechen als andere Sorten, sollte aber vordergründig nussige, mineralische und stark pfeffrige Noten haben. Der Gehalt an Pfefferöl liegt bei weißem Pfeffer bei nur 1 Prozent, in schwarzem Pfeffer hingegen sind 3 Prozent des ätherischen Öls enthalten. Die fruchtigen, warmen Geschmackskomponenten entfallen bei weißem Pfeffer, gute Sorten haben dafür oft eine schöne Frische.
Bezüglich der Frage, ob nun schwarzer oder weißer Pfeffer schärfer sei, herrscht Uneinigkeit, sowohl im subjektiven Empfinden vieler befragter Kunden und Kolleginnen als auch unter Expertenmeinungen. Laut Hansjörg Küster ist weißer Pfeffer »[…] die mildeste Handelsform des Gewürzes, denn die

» 12 Neuhof, J.: Die Gesandtschaft d. Oost Indischen Compagney, S. 337–338.

scharf schmeckende Substanz Piperin ist vor allen direkt unter der Fruchtschale gespeichert«,[13] eine andere Quelle besagt: »Weißer Pfeffer hat einen höheren Anteil an Piperin (C17H19NO3) und dadurch bedingt einen schärferen Geschmack als Schwarzer Pfeffer.«[14] Von Gernot Katzer erfahren wir, dass alle Pfefferarten scharf schmecken, »[...] am meisten der weiße und am wenigsten der grüne«, da der Gehalt an Säureamiden mit dem scharfen Prinzip Piperin in weißem Pfeffer am höchsten sei. [15]

Nun, ein gültiges Urteil kann man sich zu dieser Frage wohl nur selbst bilden, denn wichtiger als eine wissenschaftliche Diskussion ist bei der kulinarischen Verwendung der eigene Geschmack, und immerhin kommt es nach meiner persönlichen Erfahrung auf die spezifische Sorte an, die man wählt: Es gibt tatsächlich weiße Sorten, die schärfer als manche schwarze und gleichzeitig weniger scharf als andere schwarze Sorten sind. Auf die individuelle Schärfe diverser Pfeffer gehe ich in der Übersicht der verschiedenen Handelssorten ein sowie auf die Frage des Terroirs, denn auch der Boden, von dem sich die Pfefferpflanze nährt, verleiht jedem Pfeffer eine eigenständige Charakteristik.

Verwendung

Die Geschichte der kulinarischen Verwendung von *Piper nigrum* ist, wie bereits im Kapitel »Vom reinen Genuss« beschrieben, äußerst facettenreich. Heute ist Pfeffer derart selbstverständlich in unseren Küchen, dass seine Vielseitigkeit zuweilen verkannt wird. Natürlich würzen wir ständig mit Pfeffer, aber selten heben wir seine aromatischen Vorzüge bewusst hervor oder setzen mit ihnen gezielt einen besonderen Akzent. Dabei kann der Geschmack von Pfeffer, auch wenn man ihn gewohnt ist, durchaus überraschen. Voraussetzung dafür ist, dass Sie einen guten Pfeffer wählen und ihn sorgfältig lagern. Vorab also ein paar Tipps hierzu:

Der beste Pfeffer, den Sie wählen können, ist immer jener, der Ihnen besonders gut schmeckt. Wo immer möglich, ist es daher empfehlenswert, den Pfeffer vor dem Kauf zu riechen und zu kosten. Um ihn optimal zu lagern, sollte er stets in einem gut schließenden Behälter (das hält die Feuchtigkeit ab) und lichtgeschützt gelagert werden. Über das Haltbarkeitsdatum eines Pfeffers gibt meist die Verpackung Auskunft, besser noch ist es, wenn sie Ihnen auch das Erntejahr verrät. So können Sie selbst entscheiden, wie schnell Sie Ihren Pfeffer aufbrauchen möchten, aber große Sorgen um die Haltbarkeit müssen Sie sich bei einem gut getrockneten Pfeffer hoher Qualität in der Regel nicht

» 13 Küster, H.: Kleine Kulturgeschichte der Gewürze, S. 192.

» 14 Transport-Informations-Service, http://www.tis-gdv.de/tis/ware/gewuerze/pfeffer/pfeffer.htm [15.08.2011].

» 15 Katzer, G.: Picantissimo, S. 215.

machen. Er bleibt mehrere Jahre aromatisch, so wie ein schlecht getrockneter oder falsch gelagerter bereits vor dem Ablaufdatum muffig oder schimmlig werden kann. Trotzdem ist es allgemein besser, nur die Menge Pfeffer zu besorgen, die auch in einem absehbaren Zeitraum aufgebraucht werden kann, statt einen Jahresbedarf zu lagern.

Unbehandelte Pfeffer aus naturnahem Anbau erkennen Sie meist daran, dass der Pfeffer genau damit beworben wird – und manchmal natürlich auch am Preis. Meiner Ansicht nach lohnt sich die etwas höhere Ausgabe für einen Pfeffer solcher Qualität, nicht zuletzt wegen des besseren Aromas sonnengetrockneter und handselektierter Körner. Apropos Körner: Meiden Sie fertig gemahlenen Pfeffer, da die feineren Aromen in diesem Zustand recht schnell verfliegen. Investieren Sie lieber in einen Mörser und in eine gute, verstellbare Pfeffermühle. Zum Thema Pfeffermühle wie zu vielen anderen würzigen Angelegenheiten gehe ich mit Ingo Holland konform: »[…] nichts nervt mehr als eine Mühle, die nicht funktioniert. Fast nichts.«[16]

Eine Möglichkeit, das Aroma Ihres Pfeffers noch etwas zu intensivieren, ist, ihn in einer Pfanne ohne Öl leicht anzurösten, bis er einen guten Duft verströmt. Das können Sie unmittelbar vor der Verwendung tun oder bevor Sie Ihre Pfeffermühle mit einer frischen Ladung befüllen. Nebenbei bedingt dies auch eine bessere Haltbarkeit.

Auch beim Mörsern oder Mahlen beeinflussen Sie den Effekt, den der Pfeffer auf Ihre Speise haben wird: Ein sehr fein gemahlener Pfeffer kann auch sparsam dosiert ein Gericht (besonders wenn er länger mitgekocht wird) derart mit Schärfe durchdringen, dass es im Resultat vielleicht als unangenehm empfunden wird. Gröber zerstoßene Körner liefern dafür einen punktuellen, knusprigen Schärfekick, überschatten den Geschmack der anderen Zutaten dadurch aber nicht. So verträgt er auch höhere Temperaturen ganz gut und kann durchaus vor Ende der Garzeit zugefügt werden. Möchten Sie, etwa in einer Suppe oder in einem Ragout, Pfeffer von Beginn an mitkochen, so lassen Sie die Körner am besten ganz.

Und welchen Pfeffer nun zu welchem Gericht? Auch das ist Geschmackssache. Ich richte mich beim Pfeffern sowohl nach Farbe als auch nach Geschmack, wobei Letzterer immer Vorrang hat. Das krautige, manchmal zitronige Aroma eines grünen Pfeffers gefällt mir gut zu frischen Salaten oder Gemüse, hellem Fleisch und Fisch sowie zu süßen und fruchtigen Geschmäckern. In der französischen Küche wird grüner Pfeffer gern in reichhaltige Saucen mit Butter und Crème fraîche gegeben, etwa für ein ganz klassisches Steak au poivre. Für meinen Geschmack kommt die Subtilität dieser frischen Körner in der leichten Küche besser zur Geltung.

» 16 Holland, I.: Gewürze, S. 148.

Weißer Pfeffer eignet sich besonders für sahnige Saucen, etwa zu Fisch, oder für cremige Gemüsesuppen. Wenn die mineralische Note bei einem weißen Pfeffer besonders betont ist, finde ich ihn auch zu Wild – als Ragout oder Pastete – sehr reizvoll. Einen Vorrat an Zuckersirup mit weißem Pfeffer habe ich auch meist parat, denn für Drinks oder Desserts ist dieser eine interessante Alternative zu Vanillezucker.
Schwarzen und vollreifen Pfeffer verwende ich am meisten, aber immer getrennt. Der rote Pfeffer kommt auf das Frühstücksei, auf Käse, der etwas Schärfe verträgt, in Chutneys sowie in Desserts mit Früchten oder Schokolade. Dem schwarzen Pfeffer setze ich in meiner Küche kaum Grenzen, zumal mich auch die Farbe des Pfeffers an hellen Gerichten nicht stört. Das einfachste Pastagericht (Olivenöl, Knoblauch, Parmesan) oder ein simples Kräuterrisotto wird mit einem guten schwarzen Pfeffer zum Hochgenuss. Überhaupt halte ich schwarzen Pfeffer, was »Italienisches« betrifft – kalt, vom Herd oder aus dem Ofen –, für unentbehrlich. In ländliche Ragouts und Eintöpfe sowie klare Suppen wandern bei mir meist ein, zwei Teelöffel ganzer Pfefferkörner, und die klassische Vinaigrette für den täglichen Salat bekommt ein paar Umdrehungen von der Pfeffermühle. Das ist vermutlich bei Ihnen nicht anders, und vielleicht fragen Sie sich nun, ob es auch ein paar besondere, ungeahnte Geheimnisse zu schwarzem Pfeffer gibt. Einige Anregungen finden Sie in den Rezepten dieses Buches, aber das eigentliche Geheimnis liegt in dem Produkt, das sie verwenden. Die Vielfalt an Pfefferqualitäten ist mittlerweile groß, und die Erforschung ihrer spezifischen Aromen ist ein genussvolles kulinarisches Spiel. Ihre Nase und ihr Gaumen spielen dabei die Hauptrolle: Probieren Sie immer wieder neue Sorten aus, beim ersten Kennenlernen etwa auf einem einfachen Butterbrot, wenn ihnen ein pures Körnchen zu scharf ist. Ihr Geschmack und Ihr Gefühl werden Sie nicht im Stich lassen und Ihnen Hinweise geben, wo dieser Pfeffer am besten zur Geltung kommt. Die ganz subjektiven Notizen zu verschiedenen Pfeffersorten von einem kleinen Verkostungsteam finden Sie ab S. 133 in diesem Buch.

Auf einem indischen Gewürzmarkt. Quelle: Privat.

Die Anbauländer und Handelssorten des schwarzen Pfeffers

Im Jahr 2007 wurden weltweit etwas über 271.000 Tonnen Pfeffer geerntet (davon in Vietnam 34 %, in Indien 19 %, in Brasilien 13 %, in Indonesien 9 %, in Malaysia 8 %, in China und Sri Lanka je 6 % und in Thailand 4 %), 2009 betrug die Welternte etwa 318.000 Tonnen. Indien war traditionell der größte Produzent, gefolgt von Indonesien, bis Vietnam die Anbaufläche erhöhte und 1999 die Spitzenposition übernahm. Zwar ist Indien nach wie vor einer der größten Produzenten, wegen seines hohen Eigenbedarfs trägt das Land aber weniger als 10 % zum Weltexport bei und importiert sogar selbst einen Teil des im Land konsumierten Pfeffers. Vietnam hingegen verbraucht nur einen verschwindend geringen Anteil seiner Ernte im eigenen Land. Deutschland ist ein dankbarer Abnehmer: Weit über die Hälfte des deutschen Pfefferbedarfs wird von vietnamesischem Pfeffer gedeckt.[1]
Die Welternte erreichte 2003 mit 355.000 Tonnen ihren bisherigen Spitzenwert, verschiedene Einflüsse wie Schlechtwetter, Lagerprobleme und Pflanzenschädlinge haben in den Jahren danach zu rückläufigen Ernteerträgen geführt.

Qualitätsstufen und ihre Merkmale

Diverse Faktoren bestimmen die Güte eines Pfeffers. Die Herkunft alleine ist hierbei nur bei manchen speziellen Sorten ein Hinweis auf die Qualität: Manche kleinere Anbauregionen legen zur Differenzierung und aus Überzeugung besonders großen Wert auf umsichtige und naturnahe Produktionsmethoden und übertreffen somit meist die gesetzlich vorgegebenen Reinheitsgebote. Von Pfeffern aus derartigen Anbautraditionen darf man sich eine allgemein hohe Produktqualität erwarten. Beispiele sind etwa der Penja Pfeffer aus Kamerun, der Kampot Pfeffer aus Kambodscha, der Peryiar Lake Pfeffer aus Indien und ein Ausnahmepfeffer aus Burma, der in minimalen Mengen als Burmese Black

» 1 Brazilian Peppertrade Board, http://www.peppertrade.com.br/IPC352007.htm [15.08.2011]; Fachverband der Gewürzindustrie e.V., http://www.gewuerzindustrie.de/presse/pdfs/Marktentwicklung2010.pdf [15.08.2011]; Letzteres betrifft Vietnam-Pfefferimporte nach Deutschland.

Pepper im Handel ist. Bei diesen besonders aromatischen Sorten ist die Herkunftsbezeichnung das Gütesiegel.

Bei Pfeffersorten aus größeren Anbaugebieten geben handelsübliche Bezeichnungen Auskunft über die Qualitätsstufen. Diese Nomenklaturen betreffen die Beschaffenheit und Reinheit der Pfefferkörner und unterliegen strikten Vorgaben, die in den produzierenden Ländern selbst festgelegt werden. Dabei orientieren sich die Regelungen natürlich an internationalen Lebensmittelstandards wie ISO (*International Organisation for Standardization*) oder AS-TA (*American Spice Trade Association*), um die erfolgreiche Vermarktung des Pfeffers auf dem internationalen Markt zu gewährleisten.

Folgende Merkmale werden bei der Klassifizierung der Pfeffersorten für den Handel in Betracht gezogen:

Feuchtigkeit: Die Restfeuchte der Körner darf einen gewissen Prozentsatz nicht übersteigen. Dieser Wert ist für die verschiedenen Qualitätsstufen festgelegt, bessere Qualitäten haben eine niedrigere Restfeuchte, der maximal erlaubte Wert bei Körnern minderer Qualität ist 16 Prozent.

Größe: Die Größe der Körner ist nicht bei allen Handelssorten relevant, jedoch bei besonders edlen Sorten wie etwa Tellicherry Extra Bold darf die Größe einen bestimmten Durchmesser nicht unterschreiten.

Leichte Körner: Hierbei handelt es sich um Pfefferkörner, die zwar eine reguläre Größe erreicht, im Inneren aber keinen Kern ausgebildet haben. Der Anteil an leichten Körnern in einer Charge Pfeffer wird getestet, indem die Körner in Wasser gelegt werden. Die leichten Körner sind jene, die obenauf schwimmen. Bei Handelssorten mit einem hohen Qualitätsstandard ist der erlaubte Anteil leichter Körner niedriger als bei billigen Sorten.

Pinheads: Dies sind kleine Körner aus Früchten, die sich am Strauch nicht ausreichend ausgebildet haben. Der erlaubte Anteil hängt von der angestrebten Qualitätsstufe ab. Bei Sorten, die eine Mindestgröße der Körner vorschreiben, werden solche Körner im Selektionsprozess ausgesiebt.

Verunreinigung & Fremdkörper: Der Anteil an organischen und anorganischen Fremdkörpern ist ebenfalls bestimmend für die Qualitätsstufe des Pfeffers. Bei guten Qualitäten dürfen Insekten (tot oder lebendig), Pflanzenteile, die keine Pfefferkörner sind, tierische Ausscheidungen, Steinchen, Staub und dergleichen einen gewissen Prozentsatz nicht überschreiten und müssen daher von Hand aussortiert werden.

Schimmelige Beeren: Der erlaubte Anteil an solchen Beeren ist auch bei Pfeffern minderer Güte begrenzt, aber meist etwas höher als bei sehr hochwertigen Sorten.

Graue Beeren: Die Kontrolle auf graue Beeren betrifft vor allem weiße Pfeffersorten, die ein farblich attraktives und ebenmäßiges Bild haben sollten, um als hohe Qualitätsstufe klassifiziert werden zu können.

Piperin und ätherische Öle: Bezüglich des Gehalts an Piperin und an ätherischem Öl sind die Regelungen von Land zu Land verschieden, in Indien etwa sind Schwellenwerte für verschiedene Qualitätsstufen vorgegeben, in Indonesien muss der Wert lediglich gemessen und angegeben werden.

Chemische und mikrobiologische Reinheit

Wesentlich und für den Konsumenten von großem Interesse ist natürlich auch die Belastung der Pfefferkörner mit Mikroorganismen und chemischen Schadstoffen, etwa durch Pestizide oder künstliche Düngemittel. Hierbei sind Regelungen und festgelegte Schwellenwerte der Zielmärkte bestimmend. Die durch den Produzenten oder Exporteur vorgelegten Analysewerte werden lokal oder bei der Einfuhr in den Zielmarkt oft anhand von Stichproben durch Staatsorgane, meist auch durch den Importeur selbst, kontrolliert. Hier sind Größe der Körner und Piperingehalt weniger von Interesse, sondern die vorgegebenen Richtlinien für Verunreinigungen diverser Natur.
Nicht zuletzt beeinflusst der Konsument selbst die Produktionsmethoden und Qualitäten: Einige Pfefferbauern bedienen heute die gesteigerte Nachfrage mancher Märkte nach hochwertigen, unbelasteten Nahrungsmitteln aus Bioanbau. Zu bedenken ist bei diesem Thema aber immer, dass das Recht auf die offizielle Bezeichnung »Bio« für den Produzenten mit großen Kosten verbunden ist. Diese sind für kleine Pfefferfarmen meist nicht tragbar oder lohnenswert. Ein Beispiel ist Kampot: Der Pfeffer aus dieser Region wird in familiären Betrieben in traditioneller Handarbeit und ohne Einsatz von künstlichen Düngern oder Pestiziden angebaut und produziert, die Vermarktung übernimmt eine Kooperative. Um diesen Pfeffer als Bioprodukt auf den Markt bringen zu dürfen, müsste jede einzelne der über 200 Farmen in eine offizielle Zertifizierung investieren, was zwar angestrebt wird, aber derzeit nicht leistbar ist. Zudem hebt der Bioanbau alleine die oben genannten Qualitätskriterien keinesfalls auf, für einen Pfeffer besonderer Güte spielen diese eine ebenso wichtige Rolle. Grundsätzlich kann also ein sorgfältig produzierter, handselektierter Pfeffer aus traditionellem Anbau, der den Ansprüchen an die biologische Landwirtschaft durchaus gerecht wird, zuweilen auch ohne Biosiegel hochwertiger sein als ein Biopfeffer.

Bekannte Handelssorten nach Herkunftsländern

Indien

Tellicherry Garbled Extra Bold und *Tellicherry Garbled Special Extra Bold*: Beide Sorten sind spät geerntete, besonders große schwarze Pfeffer mit strengeren Reinheitsmerkmalen als Standardsorten aus derselben Region, wie etwa *Malabar Garbled Grade 1* oder *Malabar Ungarbled.* »Garbled« bedeutet, dass die Körner nach der Trocknung einer besonders sorgfältigen Selektion unterworfen werden. Spezielle Sorten wie der *Lake Periyar Pfeffer* oder *Pondicherry Pfeffer* kommen unter diesen Herkunftsbezeichnungen in den Handel. Da die Qualität dieser Sorten allgemein sehr hoch ist, werden keine weiteren Qualitätsstufen angeführt.

Malaysia

Der weiße Pfeffer aus Sarawak ist in verschiedenen Qualitäts- und Preisstufen erhältlich. Als beste Sorte ist der Ausnahmepfeffer *Sarawak Creamy White Pepper* bekannt, gefolgt von *Standard Malaysian White Pepper No.1* (Cream Label); *Sarawak Special White* (Green Label); *Sarawak faq White* (Blue Label); *Sarawak Field White* (Orange Label) und *Sarawak Coarse Field White* (Grey Label). Bei den schwarzen Pfeffersorten ist *Sarawak Naturally Clean Black Pepper* der Qualitätsführer, die weiteren schwarzen Sorten folgen denselben Bezeichnungen wie die angeführten weißen Pfeffer inklusive der »labels«.

Indonesien

Der schwarze Pfeffer aus Indonesien ist meist als *Lampung Pfeffer*, der weiße als *Muntok Pfeffer* im Handel. Beide Namen sind Herkunftsbezeichnungen: Lampung ist eine Provinz auf der Insel Sumatra, Muntok ist die Hauptstadt der Insel Bangka. Die Qualitäten sind unabhängig von diesen Handelsbezeichnungen definiert: Der höherwertige schwarze Pfeffer trägt das Merkmal *Asta*, der günstigere *faq*. Die weißen Sorten sind in die Qualitätsstufen *hand picked, superior* und *faq* unterteilt. *Lampung Pfeffer* reift langsam im Schatten tropischer Bäume heran und gilt als einer der schärfsten schwarzen Pfeffer, schärfer noch als der weiße *Muntok Pfeffer.* Dieser wird ganz traditionell nach dem Einweichen mit den Füßen geschält und an der Sonne getrocknet.

Brasilien

Auch in Brasilien ist die feinste Qualität jene, die nach ASTA-Richtlinien produziert wird, gefolgt von *Brazil 1* und *Brazil 2.* Diese Handelsbezeichnungen gelten für schwarzen und weißen Pfeffer gleichermaßen.

Vietnam

Vietnam hat, trotz seiner Vorreiterrolle auf dem internationalen Gewürzmarkt, bislang keine eigene Klassifizierung der Pfefferqualitäten und bedient sich dafür des indischen Vorbilds: Die feine Qualität des schwarzen Pfeffers aus Saigon wird als *Vietnam Garbled Special Extra Bold* bezeichnet.

Kamerun

Im Tal des Flusses Penja in Kamerun wird erst seit den 1950er Jahren Pfeffer angebaut. Es gibt keine unterschiedlichen Qualitätsstufen für diesen Pfeffer, im Handel ist weißer, schwarzer und grüner Penja Pfeffer erhältlich. Die reichhaltige, mineralische Vulkanerde, auf der die Pflanzen gedeihen, gibt dem Pfeffer einen intensiven, komplexen Charakter, der das Exotische der Tropensonne und das Rauchige der Vulkanerde vereint.

Kambodscha

Der Pfefferanbau hat in der Provinz Kampot eine lange Tradition, die einige Jahrzehnte durch das Pol-Pot-Régime unterbrochen wurde. Seit den 1990er Jahren ist Kampot Pfeffer wieder in den Sorten rot, weiß und schwarz erhältlich. Die Plantagen sind auf offenen Reisfeldern angelegt: Viel Sonne und ein lehmiger, schwerer Boden geben diesem Pfeffer ein sehr rundes, fruchtiges Aroma. Der rein traditionelle Anbau auf kleinen, durch jeweils eine Bauernfamilie betreuten Plantagen gewährleistet eine hohe Qualität der Körner.

Anbauland und Sorten	Qualitätsstufe	Organische Fremdkörper	Anorganische Fremdkörper	Leichte Körner	Pinheads und/ oder gebrochene Körner	Rest- feuchte	Ätherische Öle	Piperin- gehalt	Farbe/Größe der Körner	Dichte in Gramm pro Liter
Indien										
Malabar schwarz teilgereinigt	Standard	1,50 %	0,50 %	15 %	5 %	13 %	1,50 %	2 %	k. A.	430
Malabar schwarz teilgereinigt	Spezial	0,80 %	0,20 %	10 %	5 %	12 %	2 %	4 %	k. A.	450
Malabar schwarz gereinigt	Standard	1,20 %	0,30 %	10 %	4 %	12 %	2 %	2 %	k. A.	470
Malabar schwarz gereinigt	Spezial	0,80 %	0,20 %	5 %	4 %	11 %	2,50 %	4 %	k. A.	490
Tellicherry	Garbled Extra Bold	1,20 %	0,30 %	10 %	4 %	12 %	2 %	2 %	min. 4,25 mm	500
Tellicherry	Garbled Special Extra Bold	0,80 %	0,20 %	5 %	4 %	11 %	2,50 %	4 %	min. 4,75 mm	530
Indonesien										
Weißer Pfeffer (z.B. Muntok)	Grade I	keine Insektenteile, max. 1 % schimmlige Körner	1 %	2 %	k. A.	13 %	laut Testresultat	laut Testresultat	gelblich weiß, maximal 1 % graue/schwarze Körner	k. A.
Weißer Pfeffer	Grade II	keine Insektenteile, max. 1 % schimmlige Körner	1 %	3 %	k. A.	14 %	laut Testresultat	laut Testresultat	weiß mit gelbem, grauen oder braunem Stich, maximal 2 % graue/schwarze Körner	k. A.
Malaysia										
Sarawak Pfeffer weiß	Sarawak Creamy White	0 %	0 %	0 %	0,01 %	14,50 %	k. A.	k. A.	elfenbeinweiß, mindestens 4 mm	k. A.
Sarawak Pfeffer weiß	Sarawak Special White Green Label	0,25 %	0,25 %	0,50 %	k. A.	15 %	k. A.	k. A.	max. 1 % schwarze oder graue Körner	k. A.
Sarawak Pfeffer schwarz	Extra Bold	keine Insektenteile, max. 1 % schimmlige Körner	1 %	2 %	k. A.	12 %	k. A.	k. A.	mind. 4,5 mm	k. A.
Sarawak Pfeffer schwarz	Sarawak Field Black Purple Label	4 %	4 %	10 %	k. A.	16 %	k. A.	k. A.	k. A.	k. A.
ASTA Standards	betrifft alle schwarzen Pfeffer	max. 1 % schimmlige Körner, max. 2 ganze tote Insekten pro Pfund Pfeffer	1 %	4 %	k. A.	k. A.	k. A.	k. A.	k. A.	k. A.

Tabelle: Beispiele einiger Qualitätsstufen und ihrer Merkmale

Kurzer Bericht über eine Reise nach Kampot im Sommer 2009

Die Reise von Phnom Penh nach Kampot, dem Land des legendären Pfeffers, ist 158 Kilometer und drei Stunden lang. Wir fahren auf der Hauptverbindungsstraße, die auf bessere Zeiten hofft und wohl schon schlechtere gesehen hat. Unser Fahrer erzählt viel von alten Zeiten, als die Khmers rouges Existenzen, Plantagen und Träume zerstörten. Jahrzehnte später, so gewinnt man den Eindruck, träumen die Menschen hier längst nicht mehr. Sie schauen in die Zukunft und bauen wieder auf. Kurz vor Kampot ist ein Lastwagen mit Schotter für den Straßenbau umgekippt. »Das passiert fast täglich«, erzählt uns die Besitzerin eines Guesthouses später in Kampot, »aber in zwei Jahren ist die Autobahn fertig.« Auch hier, bei den Pfefferfarmern, herrscht Aufbruchsstimmung. Nicht um Neues zu erschaffen, sondern um Verlorenes wiederzugewinnen, denn früher wuchs hier wesentlich mehr Pfeffer als heute. Zwischen Meer und sanftem Gebirge herrscht in Kampot das ideale Tropenklima für den Anbau eines besonders guten Pfeffers, der seine aromatischen Qualitäten aus dem schweren mineralischen Lehmboden zieht. Der Anbau erfolgt nach traditionellen Methoden in reiner Handarbeit. Erst etwa 280 Pfefferplantagen gibt es heute wieder in der Region, die früher von Pfeffer gut leben konnte: Bis 1927 importierte allein Frankreich 4.130 Tonnen der Gesamternte von 8.000 Tonnen Kampot Pfeffer. Zu erstem Weltruhm kam dieser Pfeffer im 19. Jahrhundert. Eine geschichtlich zweifelhafte, aber schöne Legende will es, dass der damalige Sultan von Aceh in Indonesien, Herr über eine der größten Pfefferproduktionen Südostasiens, es vorzog, seine gesamten Plantagen niederzubrennen, statt den Holländern seine Ernte zu überlassen. Daraufhin soll ein Großteil der Pfefferproduktion Südostasiens in die Provinz Kampot verlegt worden sein, was der Region zu einem florierenden Handel mit dem begehrten Gewürz verhalf. Allerdings kam der Pfefferanbau in den 1970er Jahren beinahe komplett zum Erliegen, nachdem die Khmers rouges sämtliche Plantagen beschlagnahmten und großteils auf Reisanbau umwidmeten. Heute ist der Kampot Pfeffer, obwohl er als eine der besten Sorten weltweit galt, weitläufig unbekannt und schwer zu bekommen. Die Wiederbelebung der Pfeffertradition läuft seit den 1990er Jahren, wenn auch schleppend, denn der Pfefferanbau ist arbeitsintensiv und weniger lukrativ als Reis- oder Gemüseanbau und setzt Erfahrung und Idealismus voraus.

Dass Nguon Lay, der Vorsitzende der Bauerngenossenschaft, diese Voraussetzungen erfüllt, können wir bei einem Ausflug nach Kampong Trach im Landesinneren beobachten. Er besitzt die größte Plantage der Region mit 360 Pflanzen und fast 900 Kilogramm Ernte im Jahr. Die anderen Bauernfamilien ernten im Durchschnitt 200 Kilogramm im Jahr. Nguon Lay zeigt uns seine

Plantage, weitere 20 Minuten Fahrt und 10 Minuten Fußmarsch durch Reisfelder und Brachland von der kleinen Lagerhalle der Bauern entfernt. Über ein einsames, wadentiefes Bächlein wird eine Brücke aus Holzstämmen improvisiert. Der Farmer deutet links, rechts, bis an den hügelgesäumten Horizont über die großteils nackten, mit Palmen gesprenkelten Felder.
All das sei früher Pfeffer gewesen, wird übersetzt: »Mein Vater hatte 2.000 Pflanzen, die will ich auch wieder.« Nguon Lays Pfefferplantage ist ein verhältnismäßig kleiner sattgrüner Fleck inmitten der brachliegenden Reisfelder. Bis zur nächsten Ernte bleiben noch einige Monate Reifezeit, es hängen hauptsächlich kleine grüne Perlen an den Ähren der 3 bis 4 Meter hohen, Stangenbohnen ähnlichen Kletterpflanzen. Sie schmecken frisch und beißend scharf zugleich. Die Suche nach einer reiferen Frucht und Nguon Lays berechtigter Stolz auf sein kostbares Gut geben uns Gelegenheit, fast ein Drittel der Plantage im Detail zu erkunden. Einige gelbe Früchte finden wir, ganz rot werden sie erst ab Februar, dann wird wieder geerntet. Alles reine Handarbeit, soll ich den Genießern des guten Pfeffers von Nguon Lay ausrichten, und gedüngt bzw. gegen Ungeziefer geschützt wird nur mit Natur – »Deshalb schmeckt unser Pfeffer so gut!«

Nguon Lay auf seiner Pfefferplantage. Quelle: Privat.

Die langen Pfeffer: *Piper longum* und *retrofractum*

Hierbei handelt es sich zwar nicht um den »echten«, aber in mancherlei Hinsicht – zumindest in unseren Breiten – um den ersten Pfeffer. Nicht nur stammt der Name Pfeffer – im Deutschen so wie in vielen anderen modernen Sprachen – vom Sanskrit-Wort *pippal* ab, welches den langen Pfeffer bezeichnet, dieses Gewürz war auch einige Zeit vor dem runden Pfeffer bei den Griechen und Römern in medizinischem und kulinarischem Gebrauch und noch längere Zeit beliebter als der runde. Allerdings sind diese beiden Pfeffer, wenn auch artverwandt, keinesfalls austauschbar.

Während *Piper longum* in wilder Form und als Kulturpflanze von Bengalen bis Südindien vorkommt, ist *Piper retrofractum* auf Bali und Java heimisch. Entsprechend wird Ihnen dieser Pfeffer möglicherweise auch – neben seinen weiteren Bezeichnungen Stangenpfeffer oder Jaborandipfeffer – unter den Namen Bengalischer Pfeffer oder Balinesischer Pfeffer begegnen. In Indonesien gewann der lange Pfeffer als Nutzpflanze an Bedeutung, nachdem ihn die holländischen Kolonialherrscher entdeckt hatten und vom lukrativen Handel mit diesem Gewürz profitieren wollten. Da zu diesem Zeitpunkt die Popularität des langen Pfeffers in Europa längst gegen seinen runden Artverwandten abgenommen hatte, blieb der lange Pfeffer aus Indonesien im Vergleich zu anderen Gewürzen ein nebensächliches Handelsgut.

Anmerkungen zum Begriff »Pfeffer«

Die Bezeichnung Pfeffer für das Gewürz und die gesamte Pflanzenfamilie der *Piperaceae* hat ihren Ursprung im Sanskrit-Wort *pippal*. Hiermit war sowohl die Pflanze als auch die Frucht des langen Pfeffers gemeint, und auch heute ist *pippal* oder eine Ableitung dieses Wortes in vielen Sprachen des indischen Subkontinents der Begriff für langen Pfeffer. Zum Verwechseln ähnlich ist das Wort *píppala* für Beere, womit insbesondere die Frucht des heiligen Feigenbaumes Peepal gemeint ist. In einer anderen Bedeutung steht *píppala* auch für Sinnesfreude. Da drängt sich die Assoziation mit Pfeffer für Freunde der gut gewürzten Speise natürlich förmlich auf, aber dieses Wort hat mit dem schwarzen Pfeffer nichts zu tun. Dieser wird im Sanskrit *marīca* genannt, und nach wie vor ist das Wort für schwarzen Pfeffer in vielen neuindischen Sprachen eine Ableitung dieses Begriffs. Auch in Indonesien bekommt man den Pfeffer zum Nachwürzen gereicht, wenn man nach *merica* verlangt, in Kambodscha heißt er – ganz ähnlich – *marich*.

In Europa war und ist die sprachliche Verwirrung in Bezug auf Pfeffer zuweilen groß: Einmal wurden Gewürze allgemein mit dem Begriff Pfeffer bezeichnet, eine Chilisorte trägt noch heute den Namen Cayennepfeffer und diverse andere Scharfmacher aus jüngerer Zeit wie die Beeren aus Tasmanien werden auch so tituliert. Ähnliche Doppeldeutigkeiten findet man auch in der Wiege des Pfeffers selbst: In vielen Sprachen Indiens bezeichnet der ursprüngliche Begriff für Pfeffer aus dem Sanskrit heute die Chilischote – und dennoch ist mit demselben Wort in mancher Begriffskombination der »echte« Pfeffer gemeint. Ein kurioses Beispiel hierfür führt Gernot Katzer auf seinen legendären Gewürzseiten an: Auf Malayalam, der Sprache des indischen Bundesstaates Kerala, ist die wörtliche Übersetzung für weißen Pfeffer »weißer Schwarzchili«. Hauptsache: scharf![1]

» 1 Vgl. Monier-Williams, M.: Sanskrit-English Dictionary, S. 627: píppala, S. 628: pippali, S. 790: marica; Katzer, G.: Gewürzseiten, http://www.uni-graz.at/~katzer/germ/Pipe_nig.html [15.08.2011].

Botanik

Wie bei *Piper nigrum* handelt es sich bei den beiden Sorten *Piper longum* und *Piper retrofractum* um Kletterpflanzen, die einen lehmigen Boden, ausreichend Schatten und hohe Luftfeuchtigkeit mögen. Es sind leicht verholzende Sträucher oder Stauden mit herzförmigen, glattrandigen Blättern, die ihre Blüten und Früchte an Blütenständen ausbilden. Anders als beim runden Pfeffer wachsen die männlichen und kleineren weiblichen Blütenstände aufrecht. Bei Letzteren bilden sich winzige, dicht gedrängte Beerenfrüchte aus, die während der Reife derart verwachsen, dass die reife Ähre wie ein kleiner Zapfen aussieht. Diese identifizierte Plinius, der auch meinte, dass langer und runder Pfeffer von derselben Pflanze stammen, fälschlicherweise als Schoten: »Die dort häufigen Bäume, welche den Pfeffer tragen, sind unsern Wacholderbäumen gleich; [...] Die Saamenkörner sind von den Wacholderbeeren durch kleine Schoten unterschieden, dergleichen wir an den hohen Bohnen sehen. Diese bricht man ab, ehe sie aufbrechen, und lässt sie an der Sonne dörren, da sie denn, was wir den langen Pfeffer nennen, machen: wenn sie sich hiernächst vor Reife öffnen, zeigen sie den weißen Pfeffer; [...]«[2]
Der Unterschied zwischen *Piper longum* und *Piper retrofractum* ist für den Handel bislang relativ unwesentlich, da beide Sorten meist gleichwertig als »langer Pfeffer« angeboten werden. Botanisch liegt er darin, dass der südostasiatische *Piper retrofractum* insgesamt größer ist und sich durch Haftwurzeln beim Wachstum auch an anderen Pflanzen schlingen kann. Die Blätter dieser Sorte sind um einiges größer als die der indischen Verwandten, die geernteten weiblichen Fruchtstände sind aber mit drei bis fünf Zentimetern ähnlich lang.

Produktion

Die Ernte kann etwa zwei Monate, nachdem sich die Fruchtstände ausgebildet haben, erfolgen. Zu diesem Zeitpunkt sind die Früchte dunkelgrün. Wie bei *Piper nigrum* wechselt die Farbe von grün zu gelb, orange und rot. Grün geerntet entwickelt der lange Pfeffer beim Trocknen eine dunkelgraue bis schwarze Farbe, reifere Früchte werden ebenfalls schwarz mit einem bräunlichen Stich. Die Trocknung dauert einige Tage, aber nur geringfügig länger als beim schwarzen Pfeffer; danach sortieren zumindest umsichtige Pfefferbauern kleine Ästchen und Insekten von Hand aus.

» 2 Plinius Naturgeschichte, Bd. I, S. 510.

Der lange und der runde Pfeffer. Aus: Johan Neuhof, Die Gesandtschaft d. Oost Indischen Compagney, 1669.

Aromatik

Bezüglich Schärfe übertrifft der lange Pfeffer die meisten runden Sorten, denn mit 6 bis 9 Prozent ist sein Piperingehalt recht hoch. Das ätherische Öl des langen Pfeffers ist nur zu 1 Prozent enthalten und setzt sich großteils aus anderen Inhaltsstoffen zusammen als das Pfefferöl des *Piper nigrum*. Im Aroma ist er erdig mit einer zimtartigen Komponente und dennoch nicht ohne Frische. Die erdige Note entfaltet sich am Gaumen gemeinsam mit süßlichen und blumigen Anklängen – und einer ordentlichen Schärfe! Etwas eleganter ist der *Piper retrofractum*, dieser geschmackliche Unterschied ist aber nur im Direktvergleich erkennbar.

Verwendung

In der griechischen und römischen Antike wurde das warme, schärfere Aroma des langen Pfeffers mehr geschätzt als das des gewöhnlichen Pfeffers. Ob der viel verwendete Pfeffer in Apicius' Rezepten sich auf den runden oder langen bezieht, geht nicht eindeutig hervor. In jedem Fall war zu der Zeit, als der runde Pfeffer dem langen in den Küchen Roms Konkurrenz zu machen begann, Letzterer noch wesentlich teurer.[3] Möglicherweise war dies auch ein Grund für die spätere Verdrängung des langen Pfeffers, ebenso wie über die Jahrhunderte immer wieder andere »falsche Pfeffer« dem schwarzen Pfeffer vorgezogen wurden, wenn dessen Marktpreise Spitzenwerte erreichten.

Ganz verschwand der lange Pfeffer nie aus Europas Küchen, wohl aber nahm seine Popularität im Vergleich zu schwarzem Pfeffer ab. In Taillevents Kochbuch »Le Viandier« ist langer Pfeffer öfter in Gebrauch als runder. In zwei der frühen Fassungen dieses Werks führt seine Liste der benötigten Gewürze unter anderem Paradieskörner und langen, aber keinen runden Pfeffer an.[4]

In einer späteren Transkription aus dem 15. Jahrhundert wird bei Taillevents Rezepten zumeist explizit nach langem Pfeffer verlangt, aber in der Liste der küchenüblichen Gewürze führt diese Ausgabe statt »langer Pfeffer« nur »Pfeffer« an.[5] War dies nun eine Unachtsamkeit des Schreibers oder bereits ein Zeichen der schwindenden Bedeutung des langen Pfeffers? Archäologische Ausgrabungen im Norden und Nordosten Deutschlands brachten zahlreiche Nachweise für die Verwendung von schwarzem Pfeffer zwischen dem frühen 13. und späten 18. Jahrhundert zutage, aber keinen für die Verwendung von langem Pfeffer in diesem Gebiet.[6] Nebenbei bemerkt waren die von Taillevent

» 3 Vgl. Vaupel, E.: Gewürze, S. 34.

» 4 Vgl. Le Viandier de Taillevent, S. 34, 109.

» 5 Vgl. Le Viandier de Taillevent, S. 194.

» 6 Vgl. Wiethold, J.: Exotische Gewürze, S. 55.

erwähnten Paradieskörner auch dort schon sehr früh und bis ins 17. Jahrhundert in Gebrauch, verschwinden dann aber zur Gänze. In einem belgischen Kochbuch von 1667 finden weder Paradieskörner noch langer Pfeffer Erwähnung, wohl aber die anderen Zutaten, mit denen auch schon Taillevent seine Gerichte würzte.[7]

Langer Pfeffer erreichte in unseren Breiten auch danach nie wieder die Popularität, die er einst in der europäischen Antike genoss. In manchen regionalen indischen sowie nordafrikanischen Küchentraditionen wird er nach wie vor gerne eingesetzt. Für Gewürzmischungen wie das äthiopische Berbere oder das marokkanische Ras el hanout wird in den meisten Rezepten nach langem Pfeffer verlangt. In den Küchen des indischen Kontinents war dieser Pfeffer aufgrund der Vorliebe für scharfe Speisen weit verbreitet, jedoch hat die Einführung der Chilipflanze auch seine teilweise Verdrängung aus den dortigen Küchenregalen bewirkt.

Und was kann langer Pfeffer in Ihrer Küche beitragen? Natürlich kann man ihn, zumindest für die Pfefferschärfe, anstelle von schwarzem Pfeffer verwenden, geschmacklich bringt er den Speisen aber eine ganz eigene Note. Sein vielschichtiges Aroma harmoniert ebenso mit Fleisch, insbesondere Wild, und Fisch wie mit charaktervollem Gemüse, intensiven Käsesorten und mit Süßem. Beim Kochen ist Vorsicht geboten, die Schärfe von zerkleinertem langen Pfeffer durchdringt schnell eine Speise, der er beim Garen zu früh zugefügt wurde. Daher empfiehlt es sich, langen Pfeffer unzerkleinert mitzugaren – wodurch er zusätzliche, leicht harzige Aromen entfaltet – oder unmittelbar vor dem Servieren im Mörser zu zerstoßen oder auf einer Muskatreibe gerieben über die Speise zu streuen.

» 7 Vgl. La cuisinière bourgeoise, S. 327. Die hier angeführten und als »in der Küche benötigten Gewürze« sind: Salz und Salpeter, Muskat, Nelken, fein gemahlener und grob zerstoßener Pfeffer, Muskatblüte, Macis (was dasselbe ist, aber so angeführt wird), Zitrone, Ingwer, Zimt, Koriander, Wacholder, Safran, Senf. Des Weiteren werden bei den Gewürzen verschiedene Nüsse und Trockenfrüchte sowie Essig und Öl gelistet.

Die geschwänzten Pfeffer

Piper cubeba

Spricht man von geschwänztem Pfeffer, Schwanzpfeffer oder Stielpfeffer, so ist der in Europa schon seit dem 13. Jahrhundert bekannte Kubebenpfeffer gemeint. In Anlehnung an ihre botanische Heimat Java wird diese Pfeffersorte auch in einigen Sprachen Java Pfeffer (*poivre de Java, javanese pepper*) genannt, in Indonesien selbst heißen die Körner *kemukas*. Bereits in der Antike wurden sie von Java nach China und Indien exportiert und bald auch schon in Indien selbst angebaut. Noch heute sind Indonesien und Indien sowie Sri Lanka Hauptproduzenten von Kubebenpfeffer, allerdings ist die gesamte Produktionsmenge entsprechend der Nachfrage im Vergleich zu schwarzem Pfeffer sehr niedrig.

Botanik

Die Schlingpflanze *Piper cubeba* wird in relativ geringem Maße und meist als Nebenkultur mit anderen Nutzpflanzen wie Kaffee oder Kakao gezogen. Sie wird bis zu 6 Meter hoch und ähnelt im Aussehen dem artverwandten *Piper nigrum*, doch sind die Blätter größer und länger, und die kleinen weißen Blüten sitzen nicht so dicht an den Ähren, da sie an kleinen Stielen wachsen. Diese namengebenden Stiele verbleiben auch nach der Ernte an den Früchten, die etwa dieselbe Größe wie schwarzer Pfeffer haben.

Produktion

Die Früchte werden kurz vor der Reife geerntet, von den Ähren abgerebelt und an der Sonne getrocknet, bis die Fruchtschale runzelig und fest wird und eine fast schwarze Farbe angenommen hat. Werden die Früchte bei der Ernte unvorsichtig behandelt, kann es auch zu einer gräulichen Färbung kommen. Meist werden graue Körner ausgemustert, da sie, obwohl nicht verdorben, als minderwertig gelten.[1]

» 1 Vgl. Katzer, G.: Picantissimo, S. 132.

Piper cubeba. Aus: Köhler's Medizinal-Pflanzen.

Aromatik

Geschmacklich ist dieses Gewürz mit anderen Pfeffern kaum zu vergleichen, eher erinnert das warme, leicht waldige Aroma an Piment mit Noten von Thymian, Minze und Salbei sowie zitronigen Anklängen. Im Mund entwickeln die Körnchen einen süßlich-bitteren Geschmack und ein lang anhaltendes frisches Gefühl nach Menthol und Kampfer. Die Schärfe ist zurückhaltender als bei anderen Pfeffersorten, da das charakteristische Piperin nur in verschwindend geringer Menge enthalten ist. Für die Schärfe von Kubebenpfeffer ist die Substanz Cubebin verantwortlich, für seine vielschichtige Aromatik ein hoher Anteil von bis zu 20 Prozent an ätherischen Ölen.[2] Da die Öle leicht flüchtig sind und die bittere Note des Kubebenpfeffers unter Einfluss von Hitze verstärkt wird, ist es im Küchengebrauch wichtig, ihn nur bei sanfter Garung mitzukochen oder vor dem Servieren frisch auf die Speisen zu mahlen.

Verwendung

Für die ätherischen Öle des Kubebenpfeffers interessiert sich heute hauptsächlich die Parfum- und Kosmetikindustrie, die Hauptabnehmerin der weltweiten Produktion ist. Ursprünglich wurde Kubebenpfeffer in Indonesien, China und Indien wie auch später im arabischen und europäischen Raum für seine heilende Wirkung bei Magen- und Atembeschwerden sowie bei Harnwegsinfekten und Syphilis geschätzt. Ob die Verordnung von Kubebenpfeffer bei letzterer Krankheit zielführend war, sei dahingestellt, denn auch sein Ruf als Aphrodisiakum machte ihn zu einem begehrten Gewürz, das im mittelalterlichen Europa zu diesem Zwecke in Form von Kubeben-Wein gereicht wurde.[3] Auch in dem Rezept für ein Allheilmittel namens *al butm*, überliefert von einem unbekannten spanischen Alchemisten aus dem 14. Jahrhundert, findet man neben einer Reihe exotischer Gewürze wie Sandelholz und Galgant den Kubebenpfeffer als Zutat.[4] Später dienten Kubeben als kandierte Bonbons für den frischen Atem und gegen Halsschmerzen, als Zusatz in aromatischen Rauchwaren und in diversen Destillaten. In der europäischen Küchentradition hatte Kubebenpfeffer im Mittelalter seine Blütezeit und wurde etwa in süßem Honiggebäck verwendet, später aber von anderen Gewürzen abgelöst. In der indonesischen Küche gilt Kubebenpfeffer als traditionelle Zutat für *gulay* (Currygerichte) und Würzpasten, jedoch ist er auch hier in neueren Rezep-

» 2 Vgl. Blum, C.: Analytik und Sensorik von Gewürzextrakten, S. 124.
» 3 Vgl. Küster, H.: Kleine Kulturgeschichte der Gewürze, S. 200.
» 4 Vgl. Patai, R.: The Jewish Alchemists, S. 215.

ten kaum zu finden. Lediglich im maghrebinischen Raum ist Kubebenpfeffer noch fixer Bestandteil einiger Gerichte und Gewürzmischungen wie Ras el hanout.

Seit einigen Jahren erlebt dieses Gewürz in der sogenannten modernen Küche als Pfefferrarität wieder einigen Aufschwung, denn neugierigen KöchInnen werden die kulinarischen Vorzüge dieses Pfeffers nicht verborgen bleiben! Er passt ganz hervorragend zu Früchten, ob als Dessert oder in Begleitung zu Fleisch und Käse. Süß-säuerlichen Chutneys spendet er eine interessante Note und hebt den Geschmack von Meeresfrüchten und Fisch. In herbstlichen Desserts und Gewürzmischungen kann Kubebenpfeffer überall dort eingesetzt werden, wo nach Piment verlangt wird. Aber immer sparsam, er ist sehr intensiv!

Eine ältere, sehr treffende Beschreibung

»Cubebe […]

2)Ferner nennt man **Cubeben,** L. *Cubebae,* Fr. *Cubebes,* eine Art Gewürz, oder dürre, runde Früchte oder Körner, dem schwarzen Pfeffer gleich, jedoch viel kleiner, manchmahl aber auch wohl etwas dicker, mit einem langen und dünnen Stiele, wovon sie auch den Nahmen geschwänzter oder Schwanz=Pfeffer, Fr. *Poivre à queuë,* haben, mit einer grauen und braunen Rinde, insgemein runzelig, manchmahl aber auch ohne Runzeln und glatt, nebst einer dünnen und zerbrechlichen Schale, deren Höhle ein rundes, von außen schwarzes, von innen weißes Korn einschließt, welches einen lieblichen gewürzhaften, wie der Pfeffer, jedoch lebhaften Geschmack hat, welcher den Speichel erwecket. Es ist die Beere eines Baumes, der auf der Insel Java in Ost=Indien wächset, und beym Linnäus *Myrtus Pimenta* heißt. Einige glauben, daß die Körner zuvor, ehe sie zu uns gebracht werden, von den Einwohnern gesotten und getrocknet werden, damit solche nicht in andern Ländern gepflanzet werden möchten, allein, diese Muthmaßung fällt von selbst hinweg, wenn man nur die Frucht recht wohl betrachtet; denn die Runzeln auf ihrer Haut geben ein Zeichen, daß sie an der Sonne getrocknet worden seyn. Wäre aber heißes Wasser darauf gegossen worden, so würden sie aufgelaufen seyn, wie der weiße Pfeffer, und hätten noch dazu ihren gewürzhaften Geruch durch das Kochen verloren, welcher von Natur bitter, scharf, doch nicht unlieblich aromatisch ist.

Aus Indien kommen die Cubeben in Säcken oder Kisten, und werden zu Pfunden verkaufet. Man bringt zweyerley Sorten davon heraus; einige sind reif, die

Piper borbonense

Der beschreibende Name »geschwänzter Pfeffer« ist ebenso treffend auf eine andere *Piper*-Sorte anwendbar, die erst jüngst für den europäischen Gewürzmarkt entdeckt wurde und äußerst rar und teuer ist. Hierbei handelt es sich um den auf Madagaskar, in geringeren Mengen auch auf Mauritius und der Insel Réunion wild wachsenden *Piper borbonense*, der den zungenbrecherischen Namen Voatsiperifery trägt, Malagasy für »Frucht der Tsiperiferypflanze«. Zuweilen ist *Piper borbonense* auch als Urwaldpfeffer im Spezialhandel erhältlich, allerdings werden auch andere Pfeffersorten als »Urwaldpfeffer« gehandelt, daher sollte man unbedingt auf die Herkunft achten: Der Hauptproduzent der geringen Jahresproduktion von ca. 1.500 kg ist Madagaskar, wo die Pflanze im Südosten der Insel gedeiht.

andern aber vor ihrer Reife eingesammlet worden. Die unreifen sind leicht und runzlicht, und ihr Kern ist klein und welk. Die reifen aber haben eine glatte Oberfläche; und ihr Kern ist dick, weswegen sie auch schwer sind. Die frischen, dicken und schweren sind die besten.

Preise: Zu Amsterdam werden die Cubeben gemeiniglich zu 65 bis 70 Stüver das Pfund verkaufet. Die Kisten werden tariret, und der Abzug für gut Gewicht ist 2, und für promte Bezahlung 1 pro Cent. Im Jahr 1748 aber ist ihr Preis nur zu 11¼ bis 14½ Stüver gewesen.

Pharmakologie und Therapeutik: Die Cubeben stärken sonderlich das Haupt, machen ein gutes Gedächtniß, verhindern den Schlagfluß, vertreiben den Schwindel, (daher sie im gemeinen Leben auch **Schwindelkörner** genannt werden,) und bekommen dem schwachen Magen sehr wohl. Man überzieht sie auch mit Zucker; und alsdenn heißen sie **überzogene Cubeben.** Theils roh, theils überzogen, gekäuet, machen sie einen guten Athem. In den Apotheken hat man das **destillirte Cubeben=Oel,** welches, auf Baumwolle getröpfelt und in die Ohren gesteckt, den Tauben und Harthörigen nützet.«

D. Johann Georg Krünitz, Oekonomische Encyklopädie oder allgemeines System der Staats- Stadt- Haus- und Landwirtschaft in alphabetischer Ordnung, (1773–1858)[1]

» 1 Stichwort Cubebe: http://www.kruenitz1.uni-trier.de/ [15.08.2011].

Botanik

Da diese *Piper*-Sorte wild wächst, bedient sie sich der Bäume als Stützpfähle und wächst in Höhen von 10 Meter und mehr. Die Früchte entwickeln sich nur an den Fruchtständen junger Triebe, sie sind leicht elliptisch und stehen etwas von den Ähren ab. Als vollreife Früchte sind sie sehr drall und rot, was auch den Stiel betrifft, der in diesem Zustand wie ein Teil der länglichen Frucht aussieht. Der Feuchtigkeitsgehalt der Früchte ist derart hoch, dass das Gewicht der getrockneten Körner nur noch ein Zehntel des Gewichts der frisch geernteten Früchte ausmacht.

Produktion

Die Früchte reifen vor der Ernte fast vollständig aus. Die Ernte ist umständlich und nur von Hand möglich: An Leitern und den Bäumen selbst klettern die Erntehelfer hinauf, um zu den kostbaren Früchten zu gelangen. Nach der Sonnentrocknung behalten manche Körner einen rötlichen Ton. Aufgrund des hohen Feuchtigkeitsverlustes sind die handelsfertigen Körner um einiges kleiner und runzeliger als die des Kubebenpfeffers. Dennoch wird der Voatsiperifery Pfeffer aufgrund seiner Ähnlichkeit mit Kubebenpfeffer in Mauritius und Réunion auch *cubèbe du pays* genannt.[5]

Aromatik

Die genauen Aromakomponenten dieses Pfeffers sind bisher nicht untersucht, aber die Sinne verraten das Wesentliche. Entsprechend seiner Wachstumsumgebung riecht Voatsiperifery Pfeffer – im angenehmen Sinne – dumpf, erdig und intensiv waldig, mit einer mild-pfeffrigen Note. Diese verstärkt sich am Gaumen gemeinsam mit einer dezenten, an Lakritze erinnernden Süße und einer leicht mentholigen Frische. Die Körner sind nicht so scharf wie schwarzer Pfeffer, aber ein angenehmes, frisches Prickeln hält sich nach dem Genuss eines solchen Körnchens einige Zeit im Mund.

Verwendung

Der Voatsiperifery Pfeffer kennt außerhalb der Anbaugebiete keine kulinarische Tradition, und auch dort wird er nur vereinzelt wie schwarzer Pfeffer verwendet. Klassische traditionelle Rezepte, in denen dieses Gewürz als essenziel-

» 5 Vgl. Vives, G.: Poivres, S. 52.

le Zutat angeführt wäre, sind nicht zu finden. So können Sie der eigenen Fantasie und Experimentierfreude freien Lauf lassen! Setzen Sie ihn einfach dort ein, wo Sie einen pfeffrig-frischen Akzent wünschen und üblicherweise zu einem guten schwarzen Pfeffer greifen würden. Auch diesem Pfeffer bekommt zu viel Hitze nicht, würzen Sie daher ganz zum Schluss oder bei Tisch. Trauen Sie sich ruhig, die Körner entweder gar nicht, oder nur sehr grob zerstoßen zu verwenden, sie sind ohnehin sehr klein und so haben Sie zusätzlich ein knuspriges Element in Ihrer Speise. Besonders empfehlenswert ist Voatsiperifery in Salatmarinaden, zu Gemüsegerichten, weißem Fleisch und Frischkäse, und für Früchte und Schokolade ist er nahezu eine Krönung!

Piper guineense

Als weiterer Vertreter der »falsche Kubeben« – eine Bezeichnung, unter der dieses Gewürz auch bekannt ist – sei hier auch der Ashanti Pfeffer erwähnt. Diese *Piper*-Pflanze gedeiht im tropischen Ost- bis Zentralafrika und wird auch hauptsächlich dort verwendet. Auch Guinea Pfeffer wird er aufgrund eines seiner Anbauländer zuweilen genannt, was ihn mit einem der »falschen« Pfeffer desselben Namens verwechselbar macht (siehe Paradieskörner). In der Optik ist er der Kubebe ähnlicher als dem *Piper borbonense*, denn die getrockneten Körner haben eine glattere Oberfläche, einen etwas längeren, gebogenen Stiel und manchmal einen rötlichen Ton. Heute ist eine tatsächliche Verwechslung mit dem Kubebenpfeffer praktisch nicht möglich, da der Ashanti Pfeffer kaum als Gewürz im Handel erhältlich ist.

Botanik

Wie bei anderen *Piper*-Sorten schlingt sich die Pflanze an vorhandenen Stützen empor. Die Früchte ähneln mit ihrer ovalen Form denen des *Piper borbonense*, werden bei voller Reife aber wesentlich dunkler: fast schwarz mit einem roten Stich. Auch die aromatischen Blätter dieser Pflanze können als Würzmittel verwendet werden.

Produktion

Über die Produktionsart und -menge dieses Gewürzes ist wenig Information zu finden, was wohl auch bezeugt, dass es auf dem internationalen Gewürzmarkt heute eine unbedeutende Rolle spielt. Selbst in den Heimatländern dieser Pflanze ist das Gewürz wohl sehr teuer, was dafür spricht, dass die Ernte ähnlich herausfordernd sein dürfte wie die des Voatsiperifery Pfeffers.

Aromatik

Wiewohl der Geschmack entfernt an Kubebenpfeffer erinnert, ist in Ashanti Pfeffer kein Cubebin enthalten, dafür wesentlich mehr Piperin. Man stelle sich also eine Mischung aus echtem Pfeffer und Kubebenpfeffer vor, ohne die charakteristische Bitterness des Letzteren.

Verwendung

Die medizinischen Eigenschaften sind beim Ashanti Pfeffer wohl auch denen des Kubebenpfeffers ähnlich: Er soll gegen Erkältungskrankheiten und zur Stärkung der Manneskraft dienen. Suppen mit Uziza,[6] den Blättern der Pflanze, werden in Nigeria noch heute als Mittel gegen Schnupfen empfohlen. Diese Blätter sind eine traditionelle Zutat in nigerianischen Eintöpfen und Suppen und weitaus günstiger als die Pfefferkörner. Letztere werden manchmal in Gewürzmischungen wie Ras el hanout oder dem äthiopischen Berbere eingesetzt, öfter verwendet man für diese aber langen Pfeffer oder Kubebenpfeffer. In Europa hatte Ashanti Pfeffer nur ein kurzes Gastspiel, obwohl es heute noch als traditionelles Gewürz der Hafenstädte Dieppe und Rouen in Frankreich gilt, in denen im 14. Jahrhundert Schiffe aus Guinea anliefen.[7] Einen Nachweis für die heutige Verwendung des Gewürzes in diesen Städten oder andernorts in Europa konnte ich nicht finden, und auch die Suche nach einer Bezugsquelle in Europa blieb ohne Ergebnis. Sollte Ihnen diese Pfeffersorte auf einer Reise nach Afrika unterkommen, so nutzen Sie die Gelegenheit, um mit diesem Gewürz ein Küchenexperiment zu wagen!

» 6 Eine weitere lokale Gewürzpflanze trägt den Namen Uzazi. Sie ist mit dem Szechuanpfeffer verwandt und ihre getrockneten Früchte sehen dem Ashanti Pfeffer tatsächlich zum Verwechseln ähnlich.

» 7 Vgl. Gayet, M.: Grand traité des épices, S. 158.

Verkostungsnotizen zu einigen Pfeffersorten

Eine Pfefferverkostung kann den Gaumen durchaus beanspruchen. Zum Neutralisieren und als Geschmacksträger entschieden wir uns für gekochte Kartoffeln und Weißbrot, Butter und Olivenöl – und reichlich Wasser. Jede Pfeffersorte wurde zuerst als ganze Körner, dann gemörsert beschnuppert, dann ein ganzes Körnchen gekaut und danach die grob gemörserten mit Brot und Kartoffeln verkostet. Die Unterlage macht im Geschmack jedenfalls einen Unterschied! Mit dem etwas süßlicheren Brot waren viele Sorten, was die Schärfe betrifft, gnädiger, mit der Kartoffel kam der Charakter der Pfeffer besser zur Geltung. Die Ideen zu Kombinationen waren intuitiv und bildeten sich teilweise schon im Geruch, meist im Geschmack. Das kleine Verkostungsteam war sich in vielen Punkten einig, in Bezug auf das Schärfeempfinden waren die Toleranzgrenzen doch sehr unterschiedlich. Hier eine Zusammenfassung unserer Eindrücke:

Kubebenpfeffer aus Java

Geruchs- und Geschmacksassoziationen: krautig (Thymian), mentholig (Eukalyptus!), waldig und erdig, milde Schärfe, sehr bitter, später lang anhaltende Frische, »Herbst«.
Kombinationen: Gemüse, mediterrane Kräuter, Wild, rote Rüben, Kartoffeln, Lachs, Kürbis, Pilze.

Langer Pfeffer »*retrofractum*«

Geruchs- und Geschmacksassoziationen: Bergamotte, Zitrusschalen, Beeren und Obst, Piment, teerig und waldig, »Saunaaufguss«, »X-Mas«, Schärfe intensiv und lang.
Kombinationen: Schokolade, Obst, Käse, Preiselbeere, Weihnachtliches, Glühwein.

Langer Pfeffer »*longum*«

Geruchs- und Geschmacksassoziationen: Mandarinenschale, Kampfer/Menthol, Tannenzapfen, Wald und Erde, überreifes Obst, brennende Schärfe wirkt lange nach.
Kombinationen: Schmorgerichte, Trockenobst, Glühwein, Granatapfel, Feigen, Orangenmarmelade, Käse.

Grüner Pfeffer, Malabarküste

Geruchs- und Geschmacksassoziationen: Zitrus, frische Kräuter (Majoran), Menthol, dezente Stallnote, brennende Schärfe.
Kombinationen: Gulasch, Frühstücksei, Fisch, cremige Pfeffersauce, Zitrone, helles Fleisch, Gemüse, immer was Süßliches dazu!

Schwarzer Malabar Pfeffer (*Malabar Garbled Grade 1*)

Geruchs- und Geschmacksassoziationen: erdig/muffig, Thymian, Muskat, leicht mentholig, im Geschmack: Orangenschale, Nüsse, sehr intensive, lang anhaltende Schärfe (aber angenehm!).
Kombinationen: Currys, Wokgerichte, mollige Saucen und Eintöpfe, Erdnuss, Tofu.

Schwarzer Tellicherry Pfeffer (*Tellicherry Garbled Extra Bold*)

Geruchs- und Geschmacksassoziationen: Tee und Blumen, Weinkeller, Sandelholz, »riecht nach Tempel«, leicht muffig, vollmundiger Geschmack, milde Schärfe, die im Nachklang intensiver wird.
Kombinationen: Chai, Masala, Curry, helles Fleisch.

Weißer Sarawak Pfeffer (Sarawak Creamy White)

Geruchs- und Geschmacksassoziationen: mentholig, sehr muffig, Kuhstallnote im Geruch, angenehm und hell im Geschmack, »Melone«, milde Schärfe.
Kombinationen: Estragon, Gazpacho, Melone, Prosciutto, »à volonté«!

Schwarzer Sarawak Pfeffer (Cream Label)

Geruchs- und Geschmacksassoziationen: frisch, leicht zitronig, etwas erdig/muffig, Kräuter (Thymian, Basilikum) in der Nase, im Geschmack auch Lakritze, intensive, lang anhaltende Schärfe.
Kombinationen: Italienisch, Pasta, Tomate, Mozzarella, Pesto (Rucola!), Carpaccio, Burrata, »Universalpfeffer« für die Mühle.

Schwarzer Lampung Pfeffer

Geruchs- und Geschmacksassoziationen: erdig, krautig, Beeren und Früchte im Geschmack, brennende Schärfe hält lange an.

Kombinationen: Asian Food (statt Chili), Fleisch, Ente, Obst, Marille, Nektarine, Feigen mit Honig.

Weißer Muntok Pfeffer

Geruchs- und Geschmacksassoziationen: Kuhstall, »old French cheese«, intensive bis brennende Schärfe.
Kombinationen: Tartiflette, Quiche, Käse und Birnen, Ricotta, Ziegenkäse.

Schwarzer vietnamesischer Pfeffer

Geruchs- und Geschmacksassoziationen: mentholig und leicht grasig, »helle Waldlichtung«, Röstaromen, Karamell, Honig, Früchte und Beeren, Banane, milde Schärfe.
Kombinationen: Honigbrot, Trockenfrüchte, Obst, Tajine, Joghurt.

Schwarzer Madagaskar-Plantagen Pfeffer

Geruchs- und Geschmacksassoziationen: Salbeinoten, Holz, Wald, Beeren und reifes (überreifes!) Obst, säuerliche Note, Essig, Kletzenbrot, Zwetschke, intensive, runde Schärfe.
Kombinationen: Quittenkäse, Chutney, Fleisch, Käse, Universalpfeffer.

Voatsiperifery Pfeffer

Geruchs- und Geschmacksassoziationen: frischer Waldboden, Eukalyptus, Basilikum, Ingwer, Schokolade, geröstete Nüsse, Zimt, leicht bitter, dann frisch, milde Schärfe.
Kombinationen: Mandeln, Haselnüsse, Karamell, Nougat, Schokolade, Pan Forte, Ingwer-Melasse, Wild und Ente, nussiger Käse.

Schwarzer Kampot Pfeffer

Geruchs- und Geschmacksassoziationen: erdig, leichte Zitrusnote, Teer, Thymian, kurze, intensive Schärfe, dann lange angenehm rund.
Kombinationen: Pasta, Huhn, Kraut, Szegediner, Rotkraut, Rüben.

Roter Kampot Pfeffer

Geruchs- und Geschmacksassoziationen: Orangenschale, Beeren, reifes Obst, »Sonne«, intensiv scharf, aber rund und nicht aggressiv, fruchtig-süßer Geschmack.
Kombinationen: Schokolade, Obst, Erdbeere, Rhabarber, Avocado, Kaffee-Dessert, Käse, alles »fette« und vollmundige.

Weißer Kampot Pfeffer

Geruchs- und Geschmacksassoziationen: Zitrus, Menthol, ein bisschen Kuhstall und Erde, Vanillenote, buttrig, intensive, lange Schärfe.
Kombinationen: Spargel, fetter Fisch, Karotten, Kürbis, weiße Zwiebelsuppe, Lebkuchen, Zimt, Orange.

Schwarzer Penja Pfeffer

Geruchs- und Geschmacksassoziationen: zurückhaltend in der Nase, leicht säuerlich, Südfrüchte, Beeren, Kräuternoten, mineralisch-pfeffrig, zuerst milde Schärfe, dann brennend und lang.
Kombinationen: exotische und fruchtige Speisen, Kumquat, Ananas, Papaya, Mango, rote Beeren, dunkles Fleisch.

Grüner Penja Pfeffer

Geruchs- und Geschmacksassoziationen: frische Zitrus-, Gras- und Kräuternoten, säuerlich nach Limette und Ananas, ein bisschen Keller, Schärfe mild bis intensiv und kurzweilig.
Kombinationen: Zitronentarte, Limette-Kokos, Chutney, Ananas, Maracuja, »alles, was nach Süden schmeckt«.

Weißer Penja Pfeffer

Geruchs- und Geschmacksassoziationen: sehr mineralisch, leicht muffig/stallig, »Zigarre, Kakao, Bibliothek«, intensive, runde Schärfe.
Kombinationen: Kaffee, Schokotrüffel, Salzkaramell, Quatre Épices, Fisch, Saucen.

Weitere essbare Pfefferpflanzen

Neben den uns bekannten Gewürzpfeffern haben eine Reihe weiterer Pfefferpflanzen essbare Blätter, Wurzeln oder Früchte mit verschiedenen Eigenschaften. Die hier beschriebenen Sorten haben meist nur in ihren Anbaugebieten Tradition als Genuss- oder Arzneimittel und sind auch selten außerhalb dieser Regionen erhältlich.

Piper aduncum oder *angustifolium*

Beide botanische Namen bezeichnen dieselbe Pflanze, die in Mittelamerika ihren Ursprung hat und mittlerweile auch in anderen tropischen Gebieten angesiedelt ist. *Piper aduncum* ist unter einer ganzen Reihe weiterer Namen bekannt: Bamboo Pfeffer, falscher Kawa, falscher Jaborandi sind einige davon. Geläufig ist auch die Bezeichnung Matico oder Soldatenkraut, der eine Legende zugrunde liegt: Ein spanischer Soldat namens Matico soll einst, vermutlich dem Rat indianischer Medizinmänner folgend, die Blätter dieser Pflanze verwendet haben, um seine Wunden zu behandeln und so ihre blutstillenden Eigenschaften entdeckt haben.[1] Aufgrund ähnlicher Eigenschaften trägt übrigens auch die Schafgarbe den Volksnamen Soldatenkraut, eine botanische Verwandtschaft besteht zwischen beiden Pflanzen jedoch nicht. Diesen Pfeffer könnte man durchaus auch den langen Pfeffern zuordnen, da er ebensolche Früchte trägt, die auch kulinarisch verwendet werden können.

» 1 Vgl. Taylor, Dr. L.: Technical Data Report for Matico, http://www.rain-tree.com/reports/matico-tech-report.pdf [15.08.2011].

Piper angustifolium. Aus: Köhler's Medizinal-Pflanzen.

Botanik

Die Matico-Pflanze, die auch für ihren dekorativen Wert geschätzt wird, wächst als buschiger Baum bis zu 7 Meter hoch. Gegenüber den lanzettförmigen, bis zu 20 cm langen Blättern wachsen lange, leicht hängende Blütenstände, die – ähnlich wie beim langen Pfeffer – winzige, dicht verwachsene Steinfrüchte bilden. Die Pflanze benötigt keine Kletterhilfe und vermehrt sich so rasch, dass sie in Gebieten, in denen sie nachträglich angesiedelt wurde, die heimische Vegetation leicht verdrängen kann.[2]

Produktion

Es besteht keine nennenswerte Ausbeutung dieser Pflanze für den Gewürzmarkt. Meist werden Früchte, Wurzeln und vor allem die Blätter dieser Pflanze nur lokal und frisch vom Baum verwendet, zuweilen bekommt man die Blätter auch getrocknet als Heilkraut.

Aromatik

Alle Teile dieser Pflanze haben ein pfefferartiges, würziges Aroma. Sie beinhalten einige der Aromastoffe, die auch in echtem oder Kubebenpfeffer zu finden sind, auf den Gehalt an Safrol ist der leicht anisartige Geschmack zurückzuführen, den man auch bei dem mexikanischen Blattpfeffer *Piper auritum* findet. Zumeist werden die Inhaltsstoffe auf ihre medizinische Wirkung hin untersucht, da Matico kaum als reine Genusspflanze eingesetzt wird.

Verwendung

In der klassischen Medizin werden Maticoblätter seit der ersten Hälfte des 19. Jahrhunderts in Nordamerika und Europa wegen ihrer antiseptischen und blutstillenden Eigenschaften eingesetzt. Sie sind auch heute noch als Folia Matico in den Apotheken einiger Länder erhältlich. Die medizinischen Eigenschaften der Blätter werden in der traditionellen Heilkunde mittel- und südamerikanischer Indianerstämme schon länger geschätzt: Man bereitet aus ihnen nicht nur wundheilende Wickel, sondern auch Tees gegen Übelkeit, Durchfall, Fieber, Menstruationsbeschwerden und Harnwegsinfekte und trinkt diesen als allgemeines Tonikum. Auch dieser Pflanze wird nicht zuletzt eine aphrodisierende Wirkung nachgesagt.

» 2 Vgl. Siges, T. H. et al.: The Invasive Shrub piper aduncum.

In kulinarischer Hinsicht findet die Pflanze nur lokal Verwendung: In seiner mittelamerikanischen Heimat werden die Früchte traditionell wie langer Pfeffer als allgemeine Speisewürze verwendet, auch für Kakaogetränke sind Früchte wie Blätter in Mexiko gebräuchlich.[3]

Piper auritum

Der deutsche Name Mexikanischer Blattpfeffer verrät es: Diese Pfefferpflanze, die eher einem Baum gleicht, ist wie der oben genannte Maticobaum in Mittelamerika heimisch. Dort werden Pflanze und Blätter *hoja santa*, heiliges Blatt, genannt. Vermutlich geht dies auf die Verwendung der Blätter bei Opferritualen der Azteken zurück,[4] die diese Pfefferart Makulan nannten. Aufgrund des anisartigen Geschmacks ist die Pflanze teilweise auch als Anispfeffer bekannt, eine weitere Bezeichnung für diese Pflanze ist die Übersetzung des botanischen Namens: »Ohrenpfeffer« bezieht sich auf die Form der großen Blätter, die in Mexiko kulinarische Verwendung finden und andernorts für ihren dekorativen Wert geschätzt werden. Es ist hierzulande wahrscheinlicher, dass Sie den mexikanischen Blattpfeffer als Topfpflanze in der Gärtnerei finden als seine Blätter beim Gemüsehändler.

Botanik

Diese sehr anpassungsfähige Pflanze wächst meist als Strauch, teilweise auch als Baum und kann bis zu 5 m hoch werden. Sie wächst wild in tropischen Regionen Mittelamerikas, der Karibik und auf einigen Südseeinseln, verträgt aber auch kühlere Temperaturen. Die auffälligen herzförmigen Blätter werden 30–50 cm lang, ihre Oberfläche greift sich leicht samtig an. An der Unterseite der Blätter bilden sich winzige harzige Kügelchen. Die Blüten wachsen an langen Ähren, nur in tropischen Gebieten bilden sich daraus Früchte. Die Pflanze verbreitet sich durch Ableger aus den Wurzeln und kann durch Stecklinge vermehrt werden.

Produktion

Mexikanischer Blattpfeffer wird nicht in großem Stil kultiviert, die Blätter werden eher von wilden Pflanzen oder aus dem eigenen Garten geerntet. Da

» 3 Vgl. Seidemann, J.: World Spice Plants and Plant Spice, S. 289.

» 4 Vgl. Katzer, G.: Picantissimo, S. 163.

sie als Frischware leicht welken und in getrocknetem Zustand wenig Nutzen für kulinarische Zwecke haben, werden sie nur lokal angeboten.

Aromatik

Die Blätter haben einen würzigen Duft mit einer starken Anisnote, die auch den Geschmack prägt: Sie erinnern an Thai Basilikum, Lakritze und Estragon und haben eine leichte, pfeffrige Schärfe. Die Stängel sind noch intensiver im Geschmack und können ebenfalls verwendet werden. Das Aroma dieser Pflanzenteile ist auf den Inhaltsstoff Safrol zurückzuführen, der 80 Prozent des ätherischen Öls in den Blättern ausmacht, ähnlich viel wie bei Sassafraswurzeln, die zur Herstellung von Root Beer verwendet wurden. Mittlerweile ist der Einsatz von Sassafras verboten, da Safrol giftig ist und Leberschäden hervorrufen kann. Auch vor einer unmäßigen Verwendung dieses Blattpfeffers sei daher gewarnt.

Verwendung

Gesundheitliche Bedenken tun der Beliebtheit dieser Pflanze als Küchenkraut in Mittelamerika keinen Abbruch. Für die scharfe mexikanische Sauce *mole verde* wird in vielen Rezepten Spinat als farbgebende Zutat angeführt, das Originalrezept aus Oaxaca sieht aber großzügige Mengen an Pfefferblättern vor. Gehackt oder püriert werden sie als Würzkraut für Saucen und Eintopfgerichte eingesetzt. Aufgrund ihrer Größe sind Pfefferblätter auch als Garhülle für verschiedene Speisen besonders geeignet: traditionelle gefüllte Maisküchlein werden in einigen Provinzen Mexikos in Pfefferblätter gehüllt und danach gedämpft. Als aromatische Schutzhülle eignen sich die Pfefferblätter besonders gut für größere Fisch- und Fleischstücke, die im Ganzen gegrillt, gedämpft oder gebraten werden sollen.

Innerlich wie äußerlich angewendet sollen die Blätter auch heilende Eigenschaften haben: Sie wurden traditionell zur Wundbehandlung, als Stimulans oder gegen Erkältungs- und Verdauungsbeschwerden angewendet und sollen heute noch als Hausmittel gegen Hautirritationen dienen.[5] Zur inneren Anwendung sei hier nochmals auf die »unerwünschte Nebenwirkung« durch den Safrolgehalt hingewiesen. Halten Sie sich also lieber an bekannte Mittel aus der Hausapotheke und riskieren Sie, wenn Sie Pfefferblätter finden, lieber einen kulinarischen Genuss!

» 5 Vgl. The Epicentre, http://www.theepicentre.com/Spices/hojasanta.html [15.08.2011].

In manchen traditionellen Heilkundesystemen Asiens finden die Wurzeln und Früchte des Betelpfeffers Verwendung, für Genusszwecke interessanter und weitaus verbreiteteter sind aber die Blätter dieser Pflanze. In Indien haben Betelblätter vermutlich eine ähnlich lange Tradition wie schwarzer und langer Pfeffer. Unter dem Namen Tambula werden sie bereits in der Sushruta Samhita, einem ayurvedischen Text, datiert zwischen 600 und 400 v. Chr., erwähnt.[6] Heute bezeichnet das Wort Paan sowohl die Pflanze und ihre Blätter als auch den Betelpriem, der damit zubereitet wird. Paan ist allein in Indien bei etwa 20 Millionen Konsumenten[7] beliebt und hat in den meisten südostasiatischen Ländern Tradition. Neben den Betelblättern ist der Hauptbestandteil des Priems die rohe Nuss der Arekapalme, die auch als Betelnuss bezeichnet wird, aber in keinem botanischen Zusammenhang mit *Piper betel* steht.

Botanik

Es existieren Hunderte verschiedene Betelpfeffersorten,[8] die in Indien und im gesamten südostasiatischen Raum wachsen. Das Aussehen und die Wachstumsbedingungen betreffend ist *Piper betel* den *Longum-* und *Nigrum-*Sorten ähnlich. Die Triebe bringen große herzförmige Blätter hervor, an den männlichen Pflanzen bilden sich lange, gebogene Blütenstände.
Tropische Gebiete mit feuchtwarmem Klima, hohen Niederschlagsraten und gut durchlässigen Böden sind die natürliche Wachstumsumgebung von *Piper betel.* In freier Natur dienen der Pflanze hohe Bäume, etwa Arekapalmen oder Kokospalmen, an denen sie auf bis zu 15 Meter Höhe klettert, als Rankhilfe und Schattenspender. Die Pflanzen werden durch Stecklinge vermehrt und bieten bis zu 40 Jahre gute Ernteerträge.

Produktion

Da die Freilandkultur des Betelpfeffers nur in tropischen Zonen möglich ist, wurde diese Nutzpflanze aufgrund der großen Beliebtheit ihrer Blätter schon sehr früh – vermutlich seit bis zu 2000 Jahren – mithilfe von einfachen Gewächshausstrukturen in Indien auch in weniger zuträglichen Klimazonen kultiviert. Die hüttenartigen Konstruktionen aus natürlichen Materialien wie Holz, Bambus, Bananenblätter und Jute heißen Boroj und dienen nach wie

» 6 Vgl. Kumar, N.: Betelvine, S. 20; Monier-Williams, M.: Sanskrit-English Dictionary, S. 443.
» 7 Vgl. Guha, P.: Betel Leaf, S. 90.
» 8 Vgl. Kumar, N.: Betelvine, S. 22.

vor der Kultivierung von Betelpfeffer. Sie haben meist eine Grundfläche von 30 x 50 Meter und ermöglichen stabile Temperaturen, hohe Luftfeuchtigkeit und ausreichend Schutz vor Wind und Sonne. In Westbengalen im Osten Indiens, dem heute weltweit größten Anbaugebiet, wird Betelpfeffer auf einer Gesamtfläche von ca. 20.000 Hektar in solchen Gewächshäusern kultiviert. Die Vermehrung, Auspflanzung und Pflege der Pflanzen ist arbeitsintensiv, nicht zuletzt weil sie sehr anfällig für Schädlings- und Krankheitsbefall sind. Andererseits werden die begehrten Blätter nicht saisonal, sondern laufend geerntet, wenn sie etwa 2 bis 4 Wochen alt sind, was den Bauernfamilien solcher Plantagen ein regelmäßiges Einkommen sichert. Die Erntemenge kann auch der Nachfrage angepasst werden, da die Blätter bis zu 6 Monate am Strauch bleiben können, ohne dass sie Schaden nehmen. Sie werden für die Herstellung von Betelpriemen stets frisch verwendet, daher ist nach der Ernte im Prinzip keine weitere Verarbeitung nötig. Allerdings hat die leichte Verderblichkeit der Blätter auch hohe Ernteverluste zur Folge, weshalb mit Methoden zur besseren Konservierung, etwa durch Trocknung, Kühlung oder chemische Behandlung, experimentiert wird. Die Extraktion der ätherischen Öle für industrielle Verwendung stellt eine weitere Möglichkeit dar, die Ernteüberschüsse zu verwerten.[9]

Aromatik

Das ätherische Öl der Betelpfeffer-Blätter bestimmt ihr Aroma. Seine Bestandteile sind unter anderem Eugenol, eine Substanz, die auch in Gewürznelken, Piment und Zimt zu finden ist, und Cineol, das einen frischen, dem Eukalyptus ähnlichen Geschmack hat. Meist stehen beim Konsum von Betelpfeffer die erfrischende, adstringierende und antibakterielle Wirkung und weitere gesundheitsfördernde Vorzüge vor dem reinen Genuss, aber auch individuelle Vorlieben bestimmen die Wahl der Blätter: Je nach Sorte kann der Geschmack von beißend würzig bis mild erfrischend, von bitter bis süßlich variieren.[10]

Verwendung

Betelpfeffer hat zumindest in Indien in vieler Hinsicht fast Kultstatus, nämlich als Hülle für den Betelpriem. Bei der Herstellung von Paan dienen die Blätter als Hülle: Sie werden mit Kalk bestrichen und um eine Mischung aus zerkleinerten, rohen Betelnüssen und verschiedenen Gewürzen wie Kardamom, Anis, Koriander oder Nelken gewickelt und mit einem Zahnstocher

» 9 Vgl. Guha, P.: Betel Leaf, S. 87–89.

» 10 Vgl. Kumar, N.: Betelvine, S. 22.

oder einer Nelke fixiert. Die genaue Zusammensetzung eines Betelpriems ist je nach Verwendung und Region unterschiedlich. Manchmal wird das Betelblatt auch mit Tabak gefüllt oder als Süßigkeit mit Kokosraspeln, Gewürzen und süßen Gelées zubereitet.

Wird nur das reine Betelblatt konsumiert, so werden die Blattrippen und die Spitze entfernt und der erste Saft, der beim Kauen austritt, ausgespuckt, der Rest geschluckt. Neben den positiven Auswirkungen dieser Anwendung auf Verdauung und Mundhygiene sowie der stimulierenden, entzündungshemmenden und antibakteriellen Eigenschaften wurde auch die aphrodisierende Wirkung bereits in alten indischen Texten betont.

Nicht nur im Liebesspiel fördern die Blätter zwischenmenschliche Beziehungen: Es galt in Indien als große gesellschaftliche Ehre und Zeichen von Anerkennung, Paan von Würdenträgern angeboten zu bekommen.[11] Auch Gäste hieß man schon früh bis in den arabischen Raum auf diese Weise willkommen. So wurde auch Ibn Battuta im frühen 14. Jahrhundert von einem Scheich in Mogadischu empfangen: »Der Kadi stellte mich als Neuankömmling vor, und der Knabe meldete uns dem Sultan. Er kehrte darauf mit einer Platte mit Betelblättern und Betelnüssen zurück, die er unter uns aufteilte.«[12]

Als Gabe bei gesellschaftlichen Empfängen, Hochzeiten oder Begräbnissen sowie im Rahmen religiöser Zeremonien bleibt Paan bis heute in vielen Ländern ein wichtiges Symbol der Ehrerbietung und Gastfreundschaft. Von der sozialen Bedeutung des Betelkauens in China berichtete Johan Neuhof nach seinem Besuch in Kanton:

»So offt diese Leute ausgehen/ jemand solemniter zu besuchen und grüssen/ haben sie solche Blätter in der Hand; dergleichen auch/ mit Areka und Kalck zugerichtet/ ihnen allenthalben/ wo sie kommen/ zum Zeichen einer besonderen Freundschafft/ in einer hölzernen Schüssel präsentiert werden. Wan sie dieselbe gebrauchen/ käwen sie erstlich ein wenig Areka, und darauff alsobald ein blad Betel, nachdem sie vorhin mit dem DaumNagel/ welchen sie zu dem ende frey wachsen lassen/ die Hohlkehlen daraus genommen/ und es mit ein wenig Kalck bestrichen. Wenn man es aber käwet/ ists nichts anders/ als ob man mit den Zähnen auff Sand beisset. Diese Blätter/ dergestalt gekäwet/ geben einen blutrohten Saft von sich/ davon der erste ausgespeyet/ der übrige eingeschlucket wird. […]

Solchen Gebrauch haben die Sineser von den benachbarten Indianern entlehnet; wiewohl ihnen sonst ausländische Sitten ein Greuel seyn. Die Indianer/ schreibet Akosta, haben gemeiniglich/ wenn sie über die Gassen gehen/ Betel-Blätter im Munde/ sonderlich wenn sie grosse Herren besuchen wollen;

» 11 Vgl. Kumar, N: Betelvine, S. 21.

» 12 Ibn Battuta: Die Wunder des Morgenlandes, S. 48.

denn damit machen sie einen wohlriechenden Odem/ und würde eine grosse Schande seyn/ wenn sie solches nicht thäten.«[13]

In Indien, wo Paanwallas ihre Betelpäckchen auf der Straße feilbieten, gehören die roten Flecken des Betelsaftes auf dem Boden noch in vielen Orten zum Stadtbild. Mittlerweile gelten sie allerdings auch als öffentliches Ärgernis. In den meisten Städten ist das Spucken von Betelsaft in der Öffentlichkeit verpönt und mancherorts, wie in Singapur, auch verboten. In vielen südostasiatischen Ländern wird die Tradition des Betelkauens von der älteren oder ländlichen Bevölkerung fortgeführt oder nur zu gewissen Anlässen gepflegt. Wer in Asien einen modernen Lebensstil führt und gängigen ästhetischen Ansprüchen genügen möchte, verzichtet heute auf das Betelkauen: Die Gewohnheit hat auch eine intensive, bleibende Rotfärbung der Zähne und Lippen zur Folge.

Piper methysticum

Bei *Piper methysticum* oder Kawa-Kawa handelt es sich, wie der geläufige Name Rauschpfeffer verrät, um ein Genussmittel der anderen Art: Mit den zerriebenen oder zerkauten Wurzelstücken wird von den Bewohnern der Pazifikinseln das Getränk Kawa zubereitet, das je nach konsumierter Menge beruhigend und entspannend oder euphorisierend wirkt. In vielen Ländern ist Kawa umstritten oder verboten, da sein Konsum oft mit einer Reihe unerwünschter Nebenwirkungen in Zusammenhang gebracht wird. Das tut der Popularität dieses Getränks in den meisten Gebieten, wo die Pflanze heute gedeiht, keinen Abbruch: Es hat nach wie vor eine wichtige Bedeutung für rituelle, gesellschaftliche und medizinische Zwecke.

Botanik

Die herzformigen Blätter und die kleinen Blütenstände der Kawa-Pflanze ähneln jenen des langen Pfeffers, jedoch wächst dieser bis zu 3 Meter hohe Strauch nicht als Kletterpflanze. Eine schattige Lage, gut durchlässiger Boden, viel Regen und eine hohe Luftfeuchtigkeit sind ideale Wachstumsbedingungen. Die Vermehrung erfolgt durch Stecklinge, nach etwa vier Jahren erreichen die Wurzeln die optimale Erntereife. Es gibt verschiedene Unterarten dieser Pflanze, die sich hauptsächlich in der Konzentration der Wirkstoffe unterscheiden.

» 13 Neuhof, J.: Die Gesandtschaft d. Oost Indischen Compagney, S. 339.

Produktion

Seinen Ursprung hat der Kawa-Strauch vermutlich auf Neu Guinea, allerdings ist Vanuatu heute als größtes Anbaugebiet die »offizielle« Heimat von Kawa. Auf zahlreichen weiteren Pazifikinseln wie Fiji, Tonga, Samoa und Hawaii wird Kawa ebenfalls als Nutzpflanze gehalten und ihre Wurzeln lokal oder als Exportprodukt vermarktet. Die Ernte kann ab dem vierten Jahr nach Auspflanzung der Stecklinge erfolgen, dann haben die Wurzeln eine ausreichende Größe und optimalen Wirkstoffgehalt erreicht. Je nach Alter und Unterart des Strauchs können die gewonnenen Wurzeln bis zu 50 kg wiegen. Traditionell werden die frischen Haupt- und Nebenwurzeln entweder durch Mörsern oder durch Kauen zu einer Paste zermalmt, mit der die regional unterschiedlichen Aufgussgetränke zubereitet werden. Für den Export werden die Wurzeln getrocknet und zerrieben. Die harzigen Substanzen der Wurzel können auch extrahiert werden. Die weiteren Pflanzenteile, wie Blätter oder Früchte, werden nicht verarbeitet.

Aromatik

Bei der Verwendung von Kawa geht es weniger um den Geschmack als um die Wirkung. Diese beruht auf dem mit bis zu 20 Prozent recht hohen Gehalt an Kavalactonen, harzigen Substanzen, die betäubend, schmerzstillend und krampflösend wirken. Tatsächlich soll Kawa recht unangenehm schmecken, weshalb der Geschmack zuweilen mit Kokosmilch, Zucker oder Gewürzen aufgebessert wird.

Verwendung

Der Genuss von Kawa-Getränken ist bei zahlreichen Völkern der Pazifikinseln ein traditioneller Bestandteil von rituellen, religiösen oder gesellschaftlichen Ereignissen. Nicht der rein körperliche Rauschzustand, sondern der Abbau von sozialen Ängsten und die Erzeugung eines friedlichen Gemüts sind dabei von primärer Bedeutung. Die Zeremonie der Zubereitung des Getränkes selbst bildet einen Teil der gemeinschaftlichen Erfahrung: Die Wurzeln werden von Männern oder jungen, unverheirateten Frauen gekaut und in eine Schale gespuckt, das daraus zubereitete Aufgussgetränk in oft andächtiger und stiller Runde herumgereicht – wer Kawa trinkt, wird lärmempfindlich! Im Rahmen einer somit erzeugten feierlichen Stimmung werden Gäste empfangen, neue Oberhäupter ernannt und Friedensverhandlungen besiegelt.
Für die rein körperliche Entspannung wird Kawa ebenfalls geschätzt und sogar unruhigen Babys verabreicht oder einfach nach einem harten Arbeitstag

genossen. Heute kommt ein Kawa-Getränk vermehrt unserem »Feierabendbier« gleich, es wird in privater Runde oder in mittlerweile gängigen Kawa-Bars genossen, die auch außerhalb des pazifischen Raums an Popularität gewonnen haben. Um die geschmackliche Verbesserung von Kawa bemüht sich die lokale Getränkeindustrie: In Vanuatu ist mittlerweile ein »Kawa Cola« auf dem Markt, das als »Anti-Energy«-Drink die entspannende Wirkung ohne schlechten Geschmack liefert.
Über die gesundheitlichen Nebeneffekte von Kawa Kawa herrscht Uneinigkeit: Es kann Hautausschläge und allergische Reaktionen hervorrufen, Arzneipräparate mit Teilen der Pflanze sollen in der Vergangenheit schwere Leberschäden bei den Patienten verursacht haben. In vielen Ländern sind Kawa Kawa-Produkte nicht zugelassen, also begibt man sich am besten auf eine Südseeinsel – dort wird man als Tourist einer Kostprobe kaum entkommen.

Piper sarmentosum und *Piper lolot*

Aufgrund ihrer engen Verwandtschaft und äußeren Ähnlichkeit mit der Betelpfeffer-Pflanze werden diese beiden Sorten auch »wilder Betel« genannt. Im gesamten südostasiatischen Raum sind die Blätter von *Piper sarmentosum* und *Piper lolot* als Gewürzkraut eine sehr gängige Zutat. Hierzulande sind sie in gut sortierten Asiamärkten als thailändisches Pfefferkraut oder unter dem thailändischen Namen Cha Plu erhältlich; in manchen Gärtnereien bekommt man *Piper sarmentosum* auch als Topfpflanze.

Botanik

Wie nahezu alle Pfefferpflanzen liebt es der etwa 50 cm hohe, aufrechte *Piper sarmentosum* warm, feucht und schattig. Am besten gedeiht er auf schweren Böden, etwa im Unterholz tropischer Wälder oder in der Nähe von Wasserquellen. Seine Triebe entwickeln sich kriechend, daran bilden sich herzförmige, alternierende Blätter und Früchte aus männlichen und weiblichen Blüten aus, die dem langen Pfeffer ähneln und ebenfalls essbar sind. *Piper sarmentosum* kommt in tropischen und subtropischen Regionen Südostasiens sowie in einigen Gegenden Indiens vor. Wild wachsend ist er auch relativ spät auf der indischen Inselgruppe der Andamanen entdeckt worden.[14]

» 14 Vgl. Mathew, S. P.; Mohandas, A.; Nair, G. M.: Piper sarmentosum Rxb., S. 141 f.

Produktion

Piper sarmentosum kommt häufig in freier Natur vor und wird als Gewürzpflanze dort kultiviert, wo er kulinarische Verwendung findet, also in Thailand, Laos und Kambodscha, Malaysia und Indonesien. In Vietnam wird die Sorte *Piper lolot* kultiviert. In beiden Fällen stellen die Pflanzen keine besonderen Ansprüche an die weitere Verarbeitung der essbaren Teile nach der Ernte, da vornehmlich die frischen Blätter, an den Trieben als Büschel zusammengebunden, auf den Markt kommen. Auch die Früchte werden hauptsächlich frisch verwendet, können aber genauso wie langer Pfeffer getrocknet werden.

Aromatik

Aufgrund der ähnlichen Blattform können diese Pfefferblätter leicht mit den Betelblättern verwechselt werden, geschmacklich ist der Unterschied aber ganz deutlich: Sie haben ein weitaus gefälligeres Aroma als die intensiven, oft bitter und leicht medizinisch schmeckenden Betelblätter. Zwischen *Lolot*- und *Sarmentosum*-Blättern bestehen kaum Unterschiede im Geschmack, außer dass sich dieser bei den *Lolot*-Blättern eher im gegarten Zustand entfaltet. Beide Sorten haben eine leichte Schärfe und zart bittere Note. Es werden die jungen, wachsig glänzenden Blätter bevorzugt, die eine zartere Struktur und eine würzige Frische haben. Die langen Früchte zeichnen sich durch eine besondere Süße aus.

Verwendung

In asiatischen Kochbüchern für den europäischen Markt werden die Blätter in den Zutatenlisten oft nicht genannt, da sie selten zu bekommen sind. Dabei finden sie in nahezu allen südostasiatischen Küchentraditionen Einsatz und sind für den typischen Geschmack mancher Gerichte ganz wesentlich.
In Thailand sind Miang Kam ein beliebter Snack aus den Garküchen: Diverse Zutaten wie getrocknete Shrimps, Erdnüsse, Kokosraspeln und frische Aromaten werden in ein Cha Plu-Blatt gewickelt und mit einer Dipsauce gereicht. Als Wrap oder, wie in Laos fein geschnitten, sind die Pfefferblätter für viele Salate eine gängige Zutat. In Malaysia verleihen die Blätter, lokal Daun Kaduk genannt, vielen klassischen Gerichten der sogenannten Nonya- oder Peranakan-Küche ihr typisches Aroma: etwa Fisch, mit Kokosmilch in Palmblättern gedämpft, oder Laksa.
Lolot oder La-lot ist eine spezielle Zutat der vietnamesischen Küche und wird vornehmlich verwendet, um Speisen einzuwickeln, die danach gegrillt oder

gedämpft werden, zum Beispiel würzige Röllchen von faschiertem Rindfleisch am Spieß.
Wenn Sie in einem Asiamarkt auf diese interessanten Blätter stoßen, können Sie die Gelegenheit nutzen, um eines der vielen Originalgerichte der asiatischen Küche damit auszuprobieren oder eigene Experimente damit anzustellen. Denken Sie dabei einfach an Spinat!
Auch hier noch ein Wort zu den gesundheitsfördernden Vorzügen dieser Pflanze: Ihre Blätter haben einen hohen Gehalt an Flavonoiden und daher eine antioxidative und entzündungshemmende Wirkung und sind zusätzlich reich an Beta-Karotinen. In der modernen Medizin spielen sie zwar keine bedeutende Rolle, als Hausmittel gegen diverse Schmerzen sollen sie aber ganz brauchbar sein – zumindest liefern sie aufgrund dieser Inhaltsstoffe einen Beitrag zur gesunden Ernährung.

FALSCHE PFEFFER

Die Anschaffung einer Nachfüllung für die Pfeffermühle im Gewürzregal ist heute mit keiner größeren Schwierigkeit verbunden – immerhin muss man nicht mehr einen Tageslohn in der Apotheke lassen oder ein halbes Schaf dafür opfern. Das war, wie wir gesehen haben, nicht immer so. Ausgenommen in den Anbauländern, wo Pfeffer seit jeher ein leicht erhältliches, günstiges Alltagsprodukt ist, war dieser wie viele andere exotische Gewürze von der Antike bis in die Neuzeit derart kostbar, dass bäuerliche oder handwerkliche Normalverbraucher meist einen schmerzlichen Teil ihres hart verdienten Geldes dafür aufwenden mussten.

Die Köchinnen in Haushalten mit einem geringeren Einkommen wussten sich zu helfen und griffen oft nach (kulinarisch gesehen nicht minder interessanten) Alternativen, um ihre Speisen zu schärfen: langer Pfeffer und Kubebenpfeffer, »falsche« Pfeffer wie Paradieskörner aus Westafrika oder Mönchspfeffer aus dem mediterranen Raum, und später auch Piment und Cayennepfeffer. Vielfältig war das Repertoire der verwendeten Aromen in den europäischen Küchentraditionen ohnehin: Lokale Kräuter und Würzmittel waren weitläufig die aromatische Basis der ländlichen Küchentraditionen; Exoten wie Zimt, Nelken, Muskat und Ingwer, um nur die wichtigsten zu nennen, waren aus den Rezept- und Arzneibüchern des Adels, der Klöster und gehobener Bürgerschichten nicht mehr wegzudenken. Das Interesse an Pfeffer zieht sich jedoch, unabhängig von Region und sozialem Status, wie ein roter Faden durch die Geschichte der europäischen Kulinarik. Ob deshalb viele Gewürze den Beinamen »Pfeffer« bekamen, der oft auch als Sammelbegriff für »Gewürz« verwendet wurde?

Zumindest handelt es sich bei diesen falschen Pfeffern um echte Gewürze, denn auch kuriose Gemische, die den Geschmack von Pfeffer imitieren sollten, waren schon seit der späten Antike in Umlauf. Manche Gewürzhändler erwiesen sich dabei als erfinderisch, andere gar als kriminell. Wie viele von ihnen sich damit erfolgreich ein kleines Vermögen erschwindeln konnten, ist nicht nachvollziehbar. Jedenfalls wurde der echte Pfeffer derart geschätzt, dass jene Fälscher, die entlarvt werden konnten, üblicherweise mit recht saftigen Strafen rechnen mussten.

Die Fälschungen gieriger Händler

»Der Pfeffer wird vielfach verfälscht durch Zusatz von Pfefferschalen, durch den gestielten Kubebenpfeffer, durch die getrockneten (giftigen) Beeren des Seidelbastes und durch künstlichen Pfeffer, d.s. Körner aus Mehl und Pfefferstaub u.a., oder er wird mit Ruß aufgefärbt; besonders gemahlener Pfeffer wird häufig verfälscht.«[1]

Das war 1911. So gesehen hatte sich seit der Antike nicht viel geändert. Um die Zeitwende herum, als gepfefferte Speisen in Rom schon en vogue waren, kostete der lange Pfeffer noch gut das Vierfache vom runden: Für einen haushaltsüblichen Vorrat von 40 Gramm langem Pfeffer musste ein einfacher Legionssoldat etwa 4 Tage dienen.[2] Ein gutes Geschäft, insbesondere für jene Verkäufer, die gestreckte Ware anboten: »Der lange Pfeffer wird sehr leichtlich durch alexandrinischen Senf verfälscht.« Der runde » [...] wird mit Wacholderbeeren verfälscht; welche seine Kraft wunderbarlich an sich ziehen; außerdem noch vielfältig an Gewichte.«[3] Sogar Bleiglätte soll dem Gewicht gemahlenen Pfeffers nachgeholfen haben.[4] Besser war es da wohl, sich zur Schärfung der Speisen der Samen des natürlichen Pfefferkrauts oder Wasserpfeffers zu bedienen, die günstig zu haben waren.

Welche Strafen entlarvten Betrügern im alten Rom für den Vertrieb von Pfefferfälschungen zuteilwurden, ist nicht genau bekannt. Platon empfahl jedenfalls schon viel früher, dass Lebensmittelfälscher geschlagen und angezeigt werden sollten. Im Vergleich dazu kamen im Mittelalter Betrüger, die auch als »Gewürzschmierer« bekannt waren, nicht so glimpflich davon. Streckten sie etwa Safran mit gelben Saflorblüten, Kurkuma, gedörrten Schinkenfasern oder gar mit bedenklicheren Zusätzen wie Sägespänen oder Blei, so wurden sie in deutschen Städten samt ihrer Ware bei lebendigem Leibe begraben oder auf dem Scheiterhaufen verbrannt.[5]

Solche Schicksale konnten weitere Gewürzhändler über die Jahrhunderte nicht davon abhalten, ihren Profit mittels günstigen Ersatzprodukten zu er-

» 1 Rock, W.: Nahrungs- und Genussmittellehre, S. 204.

» 2 Vgl. Thüry, G.; Walter, J.: Condimetna, S. 66; s. auch Turner, J.: Spices, S. 73.

» 3 Plinius Naturgeschichte, Bd. I, S. 510–511.

» 4 Vgl. Thüry, G.; Walter, J.: Condimenta, S. 66.

» 5 Vgl. Küster, H.: Kleine Kulturgeschichte der Gewürze, S. 226; Thüry, G.; Walter, J.: Condimenta, S. 110.

höhen. Der Eintrag über Pfeffer in einem Pariser Handbuch der Lebensmittel und ihrer Fälschungen (»mit Hinweis auf die Mittel, diese zu erkennen«!) verrät, dass im Frankreich des frühen 19. Jahrhunderts eine Menge Pfefferfälschungen in Umlauf waren, teilweise mit recht komplexen – aber eben billigen – Rezepturen. Gemahlener Pfeffer wurde wohl häufig mit einer Mischung aus grauer Stärke, Buchenmehl, Kartoffelflocken, gemahlenem Ölkuchen aus der Rapsölproduktion und gemahlenen Hülsenfrüchten versetzt. Von diesem Pulver, das als Épices d'Auvergne im Handel war, soll ein Gewürzhändler in Paris jährlich 15.000 kg vertrieben haben. Die Produktion dieser Mischung selbst wurde nicht geahndet, solange sie nicht als Pfeffer verkauft wurde, aber sogar diese Mischung wurde durch Zusatz von Erde gefälscht. Einer gewissen Dame B. wurde es 1854 zum Verhängnis, dass sie ein Gemisch aus Sand, Stärke und nur 9 Prozent Pfeffer in den Gewürzstreuern ihres Lokals hatte. Die Strafe fiel mit 150 Francs recht milde aus. Ihr Anwalt argumentierte scheinbar erfolgreich, dass die Gefäße mitsamt ihrem Inhalt nur zur Zierde gedacht seien, da die Gäste die Pfefferstreuer meist versehentlich umstießen und den Ersatzpfeffer auf dem Tisch verstreuten; solche ungeplanten Nebenkosten, wären die Streuer mit dem kostspieligen echten Pfeffer gefüllt, seien für die Wirtin untragbar. Teurer wurde es 1855 für Herrn M., Lebensmittelhändler in Paris, der vom Strafgericht zu einem Monat Gefängnisstrafe und 5.000 Franken Geldstrafe verurteilt wurde, weil er eine Mischung aus gemahlenen Suppennudeln und Pfeffer als reinen Pfeffer verkaufte.

Auch künstliche Pfefferkörner kamen ab 1817 unter dem Namen Poivre de Lyon auf den Markt. Hierzu wurden Rübensamen zuerst mit einer gräulichen Masse aus Mehl, Pfefferbruch und Senfmehl oder Chili überzogen und danach mit einer dunkleren Masse aus Buchenmehl und der Wurzel afrikanischer Wucherblumen (aus der heute ein Insektizid gewonnen wird) überzogen. Auch Blei war andernorts nach wie vor im Repertoire der Fälscher: Weißer Pfeffer wurde mit einer bleikarbonathaltigen Lösung behandelt, damit er an Gewicht gewann. Um diesem Betrug auf die Schliche zu kommen, hilft – so rät das besagte Handbuch der Lebensmittel – nur der Griff in den Chemiekasten: Taucht man die Körner in Schwefelsäure, werden sie sofort schwarz. Zur Meidung der anderen Fälschungen appellierte der Autor des Handbuchs an den Geruchs- und Geschmackssinn der Konsumenten: Die Produkte hätten entweder gar kein Aroma oder ein ranziges, unangenehmes, das in keinem Vergleich zu dem eines guten echten Pfeffers stünde.[6]

Die Versuche, Kunstpfeffer zu kreieren, setzten sich fort, später allerdings im Namen der Wissenschaft und zum Wohle der Menschen. In den Notzeiten des Ersten Weltkrieges war echter Pfeffer kaum zu bekommen, so kam ein

» 6 Vgl. Chevallier, M. A.: Dictionnaire des substances alimentaires, Bd. 2, S. 236–241.

»Spezial-Pfeffer-Ersatz-Gemisch« auf den Markt, das neben Kleie, Stärke- und Maismehl 2 Prozent eines Piperin-Ersatzstoffes enthielt. Dieses wurde nach einem Verfahren von Hermann Staudinger produziert, bei dem aus Steinkohleteerprodukten eine scharf schmeckende Substanz gewonnen wurde, die die Schärfe von Pfeffer imitieren sollte.[7] Hier stand die Versorgung des Marktes vor der Bereicherung der Händler. Die Produktion des Ersatzpfeffers war teurer als die Beschaffung des echten, und lediglich im Zweiten Weltkrieg fand das künstliche Gemisch erneut Absatz. Dass auch dieses Produkt den Geschmack des echten Pfeffers nicht adäquat imitieren konnte, sei der Ordnung halber erwähnt.

Und welchen Fälschungen könnte man heute noch aufsitzen? Nun, es ist wohl Ansichtssache, ob man gemahlene Pfeffer, die mit gesetzlich erlaubten Trennmitteln und Rieselhilfen versetzt sind, als echt oder verfälscht bezeichnet. Auf der sicheren Seite ist man nur, wenn man ganze Körner kauft, von deren Geruch und Geschmack man sich vor der Kaufentscheidung selbst überzeugen konnte.

» 7 Vgl. Vaupel, E.: Gewürze, S. 49.

Falsche Pfeffer – echte Gewürze

Ab und zu wird man durchaus ohne echten Pfeffer auskommen. Über die Zeit wurden einige Gewürze – sei es aus Not, Tradition oder purer kreativer Lust – anstelle von Pfeffer verwendet. Heute können wir aus dem Vollen schöpfen und brauchen »falsche Pfeffer« nicht mehr rein als Substitut für Pfeffer zu betrachten: Ihre Aromenvielfalt bietet zahlreiche Möglichkeiten für geschmackliche Variation und Ergänzung.

Cayennepfeffer
Chili
Capsicum annuum, Capsicum frutescens; andere Chilisorten: C. baccatum, C. chinense, C. pubescens

Was seine brennende Schärfe sowie seine Beliebtheit in den Kochtöpfen der Welt angeht, so ist dies wohl der feurigste Konkurrent des Pfeffers. An sich ist mit Cayennepfeffer zweierlei gemeint: eine bestimmte Chilipflanze der Art *Capsicum annuum* und das Pulver aus den getrockneten gemahlenen Früchten derselben. Auf die Unterscheidung der vielfältigen *Capsicum*-Arten bestehen nicht nur Chili-Aficionados zu Recht, denn in Bezug auf Aroma und Schärfe decken sie eine breite Palette ab. Oft wird die Bezeichnung »Cayennepfeffer« aber einfach allgemein dem Chilipulver gleichgesetzt, so wie die Früchte und Pulver der verschiedenen Sorten im Englischen *chili pepper* und im Spanischen *pimienta* genannt werden. Dieser Namensgebung liegt sicher auch der gewisse Erfolgsdruck zugrunde, dem sich Columbus aussetzte, als er anno 1492 über die Meere zog, um Pfeffer zu finden. Wenn schon nicht im Aussehen, dann zumindest im Geschmack schienen die Schoten, die er in Amerika vorfand, zufriedenstellend pfefferig. Als Sammelbegriff für Gewürz hatte der Name Pfeffer in Europa ja ohnehin schon Tradition. Somit sei auch hier erlaubt, die Betrachtung des Cayennepfeffers auf die gesamte bunte *Capsicum*-Vielfalt auszudehnen.

Die Chilipflanze. Aus: Codex Fuchs.

Botanik

Die Gattung *Capsicum* gehört zur Familie der Nachtschattengewächse, die in Amerika mit der größten Sortenvielfalt an Zier- und Nutzpflanzen – darunter auch Tomaten, Tabak und Kartoffeln – vertreten ist. Sechs von den 30 Arten dieser Gattung finden kulinarischen (und medizinischen) Gebrauch: *C. annuum*, *C. frutescens*, *C. baccatum*, *C. chinense*, *C. pubescens* und *C. cardenasii*. Die Sträucher wachsen je nach Art zart oder buschig und dicht, mit spitz zulaufenden eiförmigen, rundlichen oder länglichen Blättern und werden bis zu 4 meist aber nur 1 bis 2 Meter hoch. Die sternförmigen Blüten bilden sich drei Monate nach Wachstumsbeginn aus und sind meistens weiß. Was Form und Farbe der Beerenfrüchte betrifft, bieten die verschiedenen Sorten einiges fürs Auge: Am Strauch der Regenbogenchilis wachsen kleine gelbe, rote und lila Früchte, der Glockenchili ist auch als Bischofsmütze bekannt und etliche weitere Fruchtformen von klein und spitz bis groß und fleischig wie die Paprika bringen diese Pflanzen hervor. Obwohl Chiliarten weit verbreitet sind, sollte man nicht überall auf eine reiche Ernte bauen. Die meisten Arten vertragen zwar auch kühlere Temperaturen, tragen dann aber nicht immer Früchte und überleben nur in wenigen Fällen einen langen, frostigen Winter. In dauerhaft warmen Gebieten sind *Capsicum*-Gewächse mehrjährig. Ein Versuch, die Pflanzen im eigenen Garten oder auf der Fensterbank zu kultivieren, lohnt sich allemal: Man kann sie aus den Samen ziehen, die im Inneren der Früchte an den Samenscheidewänden entstehen, oder mit Stecklingen vermehren. Ein gut durchlässiger Boden ist für ihr Gedeihen vorteilhaft. Am meisten Glück wird man bei gärtnerischen Experimenten in kühleren Gebieten mit Sorten *Capsicum annuum*, *Capsicum baccatum* oder *Capsicum pubescens* haben.

Produktion

Mit den Portugiesen reiste die Chilischote nach Europa, Westafrika und Asien und über weitere Umwege zurück in die Nähe ihrer Heimat nach Nordamerika und wurde recht bald in allen geeigneten Anbauländern kultiviert. Heute befinden sich die Hauptexportländer für Chili in Asien und Lateinamerika (besonders Mexiko), mit Paprika versorgen vorrangig Ungarn und Spanien den Weltmarkt. Für Indien ist die Produktion von Chili in der Zwischenzeit nahezu so wichtig geworden wie die von Pfeffer.

Neben den unzähligen regionalen Sorten, die über die Zeit durch Züchtung und Kreuzung entstanden, ist bei *Capsicum* auch die Verarbeitungsart wesentlich für das Produkt, das auf den Markt kommt. Will man mit Chili würzen, hat man die Qual der Wahl: frisch oder getrocknet, ganz oder gemahlen, geräuchert oder natur, als Paste oder als feurige Sauce.

Auf Sorte und Herkunft wird besonders von Fans der amerikanischen Chilivielfalt geachtet: Aus Xalapa in Mexico stammen die mittelscharfen, fruchtigen Jalapeños, die man auch geräuchert als Chipotle bekommt; hart Gesottene greifen gerne zu einer der vielen Habanero-Sorten, die in Bezug auf Schärfe nur von der asiatischen Bhut Jolokia geschlagen werden und für das »hot« in vielen der US-Chilisaucen (etwa 2.000 gibt es davon) verantwortlich sind; der fruchtige, leicht rauchige und ebenfalls recht scharfe Cayennepfeffer ist als Universalschärfer gut geeignet und sehr weitläufig erhältlich. Letztere Sorte von der Art *Capsicum annuum* wird längst nicht mehr nur in Französisch-Guyana angebaut, dessen Hauptstadt Cayenne namensgebend war. Auch die frischen roten oder grünen Thai Chilis, die im Asiashop erhältlich sind, können durchaus von lokalen Gärtnereien stammen. Strenger ist man bei der Herkunftsbezeichnung mancher Chiliprodukte aus Europa. Etwa in Espelette und Umgebung, der Chili-Enklave des französischen Baskenlandes: Hier wird seit dem 17. Jahrhundert eine *Capsicum annuum*-Sorte angebaut, die mit dem AOC-Siegel geschützt ist. Nur wenn das flockige Pulver dort produziert und abgefüllt wird, darf es als Piment d'Espelette in den Verkauf gelangen.
Bei ungarischem Paprika entscheidet die Verarbeitung über die Handelssorte: Beim milden wird nur das reife, getrocknete Fruchtfleisch vermahlen, bei edelsüßem dürfen auch die Samenscheidewände verwendet werden, und für den scharfen Rosenpaprika kommt die gesamte Frucht inklusive Innenleben ins Mahlwerk, denn in dem Pflanzengewebe der Samen und der Scheidewände ist das Capsaicin konzentrierter als im Fruchtfleisch. Nach Ungarn ist Spanien der wichtigste Produzent von Paprikapulver, unter anderem der geräucherten Sorte Pimentón de la vera, deren Herkunftsbezeichnung ebenfalls geschützt ist. Hierfür werden die erntefrischen Früchte über Eichenholz geräuchert und nach der Trocknung ohne Kerne und Samenwände zu feinem Pulver verarbeitet.
Die Erfahrung des Chilibauern ist in einer weiteren Hinsicht gefragt, damit die Sorten ihrer Wahl Jahr für Jahr den Erwartungen der Kenner entsprechen: Für Geschmack und Schärfe der Früchte ist der Erntezeitpunkt ganz entscheidend.

Aromatik

Die erste Assoziation mit Chili ist: »scharf«! Über den Geschmack von einer Chilisorte sagt der Schärfegrad noch nichts aus: Physiologisch gesehen handelt es sich bei der Empfindung von Schärfe um einen Schmerz, da durch die im Chili enthaltenen Capsaicinoide (vorwiegend Capsaicin) andere Nerven als die unseres Geschmackssinns gereizt werden. Wer sich nach dem Chilischneiden je in die Augen gegriffen hat, weiß, wovon die Rede ist! Auf dieser Basis

funktionieren übrigens auch die capsaicinhaltigen Pfeffersprays, die in fast allen europäischen Ländern als Waffe gelten und meist verboten sind.
Aber zurück zum Gewürz: Einige *Capsicum*-Sorten wie Gemüse- oder Gewürzpaprika enthalten nur geringe Mengen des Scharfstoffes, das Fruchtfleisch ohne Samen schmeckt fruchtig und mild und, abhängig vom Reifegrad, grün oder süßlich.
Bei schärferen *Capsicum*-Sorten genügt das Fruchtfleisch allein, um Speisen mit einem ordentlichen Kick zu versehen. Anführer der Scoville-Skala, die eine Art hierarchische Ordnung von Chilis in Bezug auf Schärfe darstellt,[1] sind *Capsicum chinense*-Sorten wie die indische Naga oder Bhut Jolokia (850.000 SHU) und der Red Savina (etwa 550.000 SHU), eine Habanerosorte aus Kalifornien. Die recht gängigen Bird's Eye (Thai!) Chilis mit maximal 225.000 SHU verdienen immer noch das Prädikat »höllisch scharf« und genügen allemal, um einem schärfeempfindlichen Mitteleuropäer die Tränen in die Augen zu treiben. Cayennepfeffer mit 50.000 SHU erscheint dagegen schon recht erträglich, und wirklich harmlos laut Scoville ist nur Paprika mit dem Wert 0 auf der Schärfeskala. Neben der Scovilles existieren auch noch andere Skalen, die einen Hinweis auf die relative Schärfe von Chilisorten geben und gut zur Orientierung sind. Am aussagekräftigsten diesbezüglich ist aber immer noch das subjektive Schärfeempfinden.
Bei all der Betonung der Schärfe sei nicht vergessen, dass Chilis auch vielfältige Aromen haben. Bei frischen Früchten sind auch frische Geschmacks- und Duftnoten betonter: Sie warten mit blumigen oder fruchtigen, manchmal zitrusartigen Komponenten auf. Reife Früchte sind aufgrund des höheren Zuckergehalts im Geschmack meist auf der süßlichen Seite. Grüne Früchte können – wie der Gemüsepaprika – einen leicht bitteren Geschmack haben. Getrocknet intensivieren sich die Aromen abseits der frischen Charakteristik: Sie bekommen je nach Sorte schokoladige, erdige oder barrique-artige Noten. Piment d'Espelette bleibt säuerlich-frisch, Ancho Chili ist eher auf der Seite von Tabak und Rosinen, Cayennepfeffer ist dezent bitter und leicht rauchig.

» 1 William Scoville entwickelte 1912 eine Methode, um die Schärfe verschiedener Chilisorten vergleichbar zu machen. Hierzu wird Chili in eine Wasserlösung gegeben, die so lange verdünnt wird, bis keine Schärfe mehr spürbar ist. Das Verhältnis wird in Milliliter Flüssigkeit pro Milliliter oder Gramm Chili gemessen: Braucht man 10 Liter Wasser, um die Schärfe von 1 Gramm Chili unspürbar zu machen, so ist der Skalenwert laut Scoville 10.000. Diese Einheit wird meist als SCU (Scoville Heat Unit) angegeben.

Verwendung

Dort, wo Chilipflanzen Fuß fassten, wurden sie zu einem wichtigen Bestandteil der lokalen Küchen. In ihren Ursprungsgebieten im heutigen Peru haben sie als Kulturpflanzen eine jahrtausendealte Tradition. Die ältesten archäologischen Funde, die ihre Verwendung belegen, gehen auf 7000 v. Chr. zurück. Von dort verbreitete sich die Schote schon lange vor Columbus bis nach Mittelamerika. Ähnlich wie dem Pfeffer andernorts wurde der Chilischote von Inkas, Mayas und Azteken magische und mystische Kräfte sowie heilende Wirkung zugesprochen.[2] Die Verwendung beschränkte sich aber keinesfalls nur auf rituelle oder medizinische Zwecke. Chilifrüchte wurden je nach Sorte als Gemüse frisch verkocht oder roh gegessen oder auch getrocknet und gemahlen. Viele der Küchengewohnheiten der Maya haben bis heute auch außerhalb Mexikos Schule gemacht: Schokolade und Chili ist – flüssig oder zum Beißen – eine beliebte Kombination, größere milde Chilifrüchte werden (wie hierzulande die Paprika) gerne gefüllt und geschmort, manche Sorten werden für ein besonderes Aroma geräuchert, bevor sie als Würze für Saucen und Eintopfgerichte dienen. Besonders in den USA, dem Land der feurigen BBQ-Saucen und der Cajun-Küche, genießen Chilis einen gewissen Kultstatus: Produzenten und Hobbygärtner bemühen sich um die Züchtung neuer Sorten, oft mit dem Ziel, jede bislang dagewesene an Schärfe zu übertreffen. An der Universität New Mexico ist dem Chili sogar ein eigenes Institut gewidmet.

Die indischen und asiatischen Küchen kommen trotz der relativ späten Ansiedlung der Chilipflanze kaum mehr ohne diese Würze aus. Indien liegt im Spitzenfeld der Liste weltweiter Produzenten und Konsumenten, ein wirklich mildes Curry wird man dort nur selten bekommen. Linderung verschafft da ein erfrischendes Raita, das aus Joghurt und variablen Gemüse- oder Kräuterzutaten bereitet wird (und durchaus auch wieder Chili enthalten kann). Verschiedene Chilisorten, meist der Art *Capsicum annuum*, werden getrocknet als Pulver in Masalamischungen verarbeitet oder frisch mitgegart, meist finden beide Varianten in einem Gericht Verwendung. Die Ausnahme sind in Indien die Küche der Jain oder Diäten nach Empfehlungen der Yoga- und Ayurveda-Lehren: Da Chili wie andere scharfe Gewürze den Geist erregen, werden solche Zutaten im Sinne einer ausgeglichenen, meditativen Haltung eher gemieden.

In China ist das Gefühl, das eine Speise auf der Zunge hinterlässt, nahezu so wichtig wie der Geschmack. Leicht betäubende Gewürze wie Szechuanpfeffer oder eben brennende Chilis haben daher eine große Bedeutung in der chinesischen Würzkunst. Regionale Küchen setzen Chili, getrocknet, frisch oder

» 2 Vgl. Vaupel, E.: Gewürze, S. 116.

als Paste mit anderen Zutaten, mehr oder weniger großzügig ein. Die schärfsten Küchen Chinas findet man in den benachbarten Provinzen Szechuan und Hunan, Gebrauch von den scharfen Früchten machen alle regionalen Küchen – auch China ist einer der Hauptproduzenten und -konsumenten von Chili. Weiter südlich in Asien bilden frische Würzpasten die Basis vieler Gerichte: Neben Zutaten wie Ingwer, Galgant, Zitronengras, Kaffirlimetten und Koriander enthalten sie nach Originalrezeptur verschwenderische Mengen an frischen roten oder grünen Chilis. Auszuhalten sind etwa Thai Currys für empfindlichere Gaumen dennoch, da die Kokosmilch einen mildernden Effekt auf die Schärfe hat. Wem das dann nicht mehr scharf genug ist, der kann mit der beliebten Mischung aus Fischsauce und Chiliringen nachwürzen oder, in Indonesien, mit der Chilipaste Sambal.

Eine ähnliche Paste findet man in der marokkanischen Küche: Neben Knoblauch, Kreuzkümmel, Koriandersamen und Salz besteht die scharfe Harissa hauptsächlich aus pürierten frischen Chilischoten. Mit ihren oft komplexen Gewürzzusammenstellungen betont die maghrebinische Küche Nordafrikas nicht in erster Linie das scharfe Prinzip, aber als Zutat für viele Speisen ist Chili dort wie im restlichen Afrika Standard.

In traditionellen mitteleuropäischen Rezepten wird *Capsicum* – mit Ausnahme der milderen Paprika – wesentlich sparsamer eingesetzt; doch zum Nachkochen einiger mediterraner Klassiker wird man für den charakteristischen Touch Peperoncino oder Cayennepfeffer benötigen und ein ungarisches Gulasch kann auch mancherorts recht feurig sein. Ihren Einzug in europäische Kochtöpfe hat die abwechslungsreiche Chilivielfalt mit der wachsenden Beliebtheit verschiedener Länderküchen und der besseren Verfügbarkeit exotischer Frischwaren dennoch längst gefunden: Die Engländer können nicht ohne ihr Curry und die Deutschen nicht ohne die Currywurst. Asiatisch liegt im Trend und ein Wok gehört fast zur Grundausstattung der weltoffenen Küche, so wie eine »hot BBQ Sauce« nach amerikanischem Vorbild selten auf einer Grillparty fehlt. Den so selbstverständlichen Gebrauch von Pfeffer konnte die Chili in Europa aber nicht verdrängen.

Mönchspfeffer
Keuschlammfrucht
Vitex agnus-castus

Die Kirche hatte zeitweilig ein wahrlich zwiespältiges Verhältnis zu Gewürzen: Die Pacht für ihre Ländereien kassierten Klöster und Kirchen im Laufe des Mittelalters gerne in der Währung Pfeffer, und sicherlich diente ein Teil dieser Liquiditätsreserven auch dem reinen Genuss. Andererseits war man zu dieser Zeit nicht nur in orthodoxen Kreisen stets um die Keuschheit der Mönche in Sorge. Dass der Verzehr erregender Gewürze dieses tugendhafte Leben aufs Spiel setzen könnte, hatte sich längst herumgesprochen. Um Unzucht unter Mönchen und Nonnen in Schach zu halten, wurde Mönchspfeffer (auch Keuschlammfrucht genannt) verabreicht, der die Klostergärten auch zum symbolischen Schutz zierte. Die vermeintliche anaphrodisierende Wirkung wurde schon um 100 n. Chr. von Dioskurides in seiner Arzneimittellehre erwähnte. Die botanische Bezeichnung *agnus-castus* wurde allerdings fälschlicherweise als »Keuschlamm« übertragen – *agnus* entstammte nicht dem lateinischen Wort für Lamm sondern dem griechischen Wort *agnos*, das (so wie *castus* in Latein) rein oder keusch bedeutet.

Botanik

Der bis zu vier Meter hohe baumartige Strauch gehört botanisch zur Familie der Lippenblütler, in der man auch andere Würzpflanzen wie Verbene (Eisenkraut), Thymian, Rosmarin und Lavendel findet. Die Pflanzen gedeihen im milden Klima des Mittelmeerraums und Vorderasiens auf feuchten Böden. Die länglichen, spitzen Blätter der Mönchspfefferpflanze sind wie bei Hanf sternförmig angeordnet, die weißen oder lilafarbigen Blüten erinnern an Lavendel und können als Gewürzkraut verwendet werden. Alle Teile der Pflanze sind aromatisch, meist gelangen aber die kleinen, gräulichen Scheinfrüchte als Gewürz in den Handel. Wie bei den meisten anderen Kräutern, die nicht frisch verwendet werden, müssen die Pflanzenteile lediglich getrocknet werden, am besten flach ausgelegt und gut belüftet, nicht aber an der Sonne.

Aromatik

Wer sich hier geschmacklich eine Annäherung an echten Pfeffer erwartet, könnte vom Mönchspfeffer enttäuscht sein. Sein Aroma liegt eher auf der Seite der oben erwähnten mediterranen Kräuter aus derselben Pflanzenfamilie. Im Geschmack findet sich diese Charakteristik ebenfalls sowie eine leicht bittere Komponente und eine kaum merkbare Schärfe, die eher kampferartig als pfeffrig ist. In den Blättern ist diese Schärfe ausgeprägter.

Verwendung

Neben der Eigenschaft als Lusttöter schrieb Dioskurides in seiner »Materia Medica« dem Mönchspfeffer einige weitere Wirkungsweisen zu: Gegen Kopfschmerzen, Müdigkeit und Wahnsinn, bei ausbleibender Monatsblutung sowie Regelschmerzen und als Geburtshelfer wurde die Pflanze empfohlen. Tatsächlich haben die Inhaltsstoffe der Früchte eine regulierende Wirkung auf die Hormone und werden nach wie vor in Medikamenten gegen Monatsbeschwerden oder zur Regulierung des Zyklus eingesetzt.
Als Küchengewürz ist Mönchspfeffer wenig populär, obwohl es sich zu Fisch und Fleisch, etwa in einer Mischung mit anderen sogenannten Provencekräutern gut macht. Ingo Holland empfiehlt die Verwendung von Mönchspfeffer zu Bluttaubenbrust, da das an Eisen erinnernde Aroma des Mönchspfeffers den intensiven Geschmack blutigen Fleisches optimal ergänzt.

Paradieskörner
Meleguetapfeffer, Guineapfeffer
Aframomum melegueta

Welch klingender Name für ein Gewürz! Dass die ab dem 13. Jahrhundert in Europa sehr begehrten Samen nicht aus dem Paradies, sondern von der westafrikanischen Küste stammen, war damals wohl nur den Karawanenführern bekannt, die sie über die Sahara bis nach Nordafrika brachten, sowie den hauptsächlich portugiesischen Händlern, die sie weiterbeförderten. Die Paradieskörner eroberten schnell die europäischen Küchen und wurden als Pfefferersatz derart populär, dass sie auch preislich dem schwarzen Pfeffer bald Konkurrenz machten.[3] Nachdem die Portugiesen Mitte des 15. Jahrhunderts das Handelsmonopol für die Geschäfte in und um Afrika erwirken konnten, waren sie groß im Geschäft mit diesem Gewürz. Nach seiner Herkunftsregion wurde es von ihnen Malaguetapfeffer genannt. Kurz bevor Portugal auch in den direkten Handel mit Pfeffer aus Indien einstieg, sicherte sich der Kaufmann und Entdecker Fernão Gomez, der im Auftrag des Königs die westafrikanische Küste erforschte, im Jahr 1469 das Exklusivrecht auf das lukrative Geschäft mit den Paradieskörnern und verdiente damit ein kleines Vermögen.[4] Portugals Ruf als Paradieskörnerlieferant war derart gefestigt, dass die ersten Versuche, den echten Pfeffer auf den europäischen Markt zu bringen, mit Misstrauen quittiert wurden: Die Kaufleute andernorts nahmen aus alter

» 3 Vgl. Turner, J.: Spices, S. 45.
» 4 Vgl. Trebeljahr, M.: Pêro de Covilhas Indien- und Äthiopienreise, S. 21.

Gewohnheit an, dass Pfeffer aus portugiesischer Hand ja wohl nur der afrikanische sein könne.

Botanik

Die Paradieskörner sind die Samen eines Ingwergewächses, das aus seinen Rhizomen laufend neue Triebe bildet und staudenartig bis zu 2 Meter hoch wächst. Die hellroten, trompetenförmigen Blüten reifen zu länglichen Beeren mit glatter Fruchtschale, die in getrocknetem Zustand wie große, braune Kardamomkapseln aussehen (Kardamom gehört übrigens zur selben Pflanzenfamilie). Etwa 1.200 bis 2.000 Samen befinden sich im weißen Fruchtfleisch der Beeren. Samen von reifen Früchten haben eine braune Schale und einen weißen Kern. Sie sind etwa 0,5 cm groß und erinnern in der Form ein wenig an Traubenkerne. Die Pflanze gedeiht im wechselfeuchten tropischen Klima Westafrikas. In Frankreich riskiert man die Verwechslung mit einer anderen falschen Pfefferart: So wie *Aframomum melegueta* wird auch der Mohrenpfeffer »Poivre de Guinée« genannt, obwohl die beiden Gewächse botanisch in keiner Weise verwandt sind.

Produktion

Der Markt für Paradieskörner ist außerhalb seiner westafrikanischen Anbaugegenden nicht besonders groß. Der Hauptproduzent für den Export ist heute Ghana. Die Pflanzen werden in Monokultur gehalten und mit den Samen oder durch Teilung der Rhizome vermehrt. Die erste Ernte kann 9 bis 11 Monate nach Auspflanzung neuer Keime erfolgen, mit guten Ernteerträgen ist bei sorgfältiger Kultur bis zu 10 Jahre zu rechnen. Geerntet werden die reifen roten Früchte, da die Samen in ihrem Inneren erst in diesem Zustand den vollen Geschmack haben. Eine Woche lang werden die Früchte an der Sonne getrocknet, bevor die Samen ausgelöst werden.[5]

Aromatik

Die Paradieskörner enthalten kaum ätherische Öle und erinnern daher im Geruch an … gar nichts! Diese Zurückhaltung machen sie dafür im Geschmack wett, und zwar durch eine intensiv pikante, lang anhaltende Schärfe, die der des Ingwers näher kommt als der Pfefferschärfe. Beim Kochen werden die Körner selbst etwas milder und geben Speisen eine angenehme Würze.

» 5 Vgl. Plant Spec Sheet: Grains of Paradise, http://www.pfidnp.org/crop_specs/Grains%20of%20Paradise.pdf [15.08.2011].

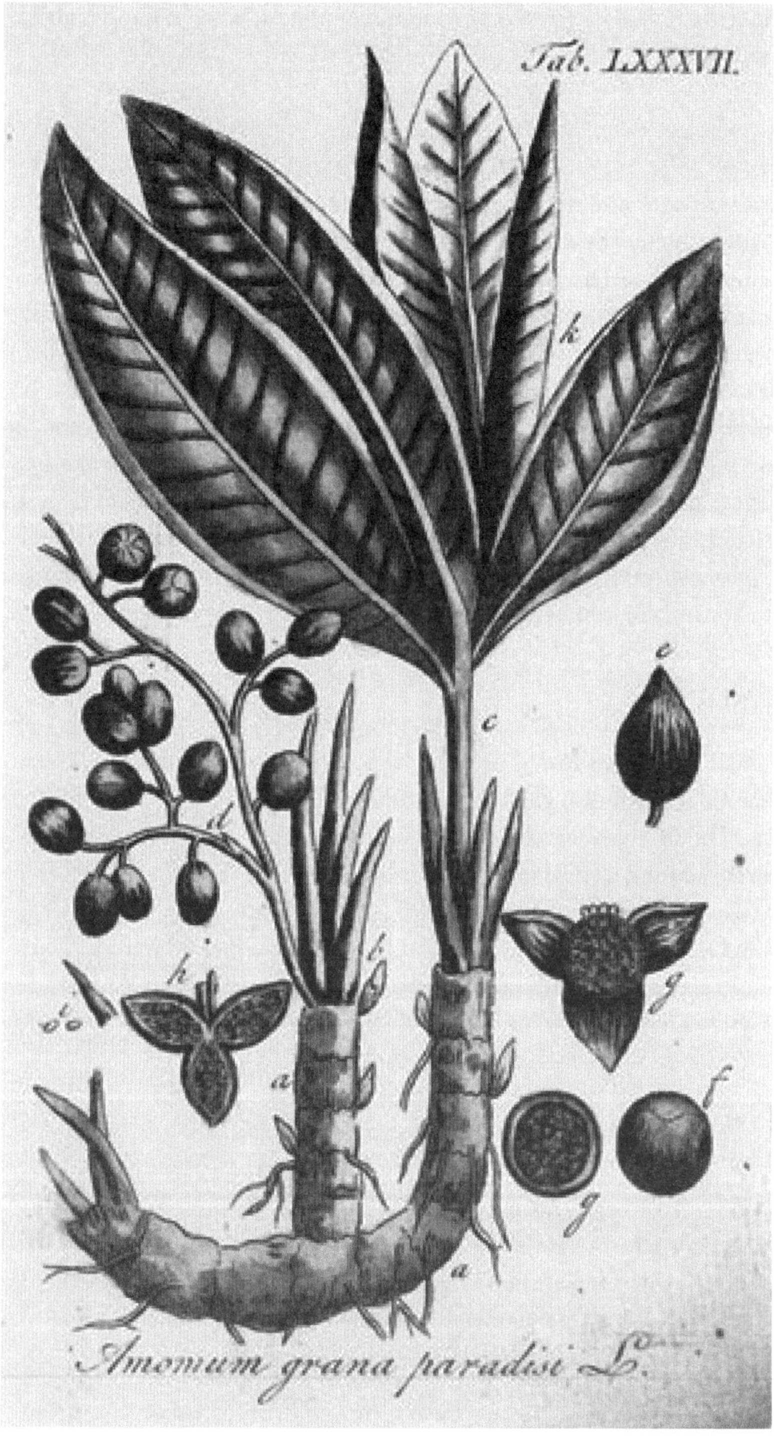

Grana Paradisi. Aus: Adolphus Ypeys Sammlung der Arzneipflanzenbilder, 1813.

Verwendung

Dieses Gewürz fiel dem Chili (sowie dem echten Pfeffer) als traditionelle Zutat und geschätzter Schärfer in den Küchen West- und Nordafrikas gewissermaßen zum Opfer. Paradieskörner werden aber nach wie vor in würzigen Eintopfgerichten, Suppen und Saucen in Westafrika verwendet und als Bestandteil der komplexeren Gewürzmischungen Nordafrikas wie Ras el hanout. In Äthiopien würzt man mit einer verwandten *Aframomum*-Art, den Korarima-Körnern, auch Kaffee, und Paradieskörner sollen zu diesem Zweck ebenfalls gedient haben.[6]

In alten europäischen Kochbüchern wie dem »Viandier de Taillevent« sind Paradieskörner in einigen Rezepten vertreten, sowohl um gewürzte Weine als auch Saucen und Fleischgerichte zu aromatisieren, in manchen werden sie überhaupt dem schwarzen Pfeffer vorgezogen. Bei der Sauce namens »poivre jaunet« finden wir den Pfeffer nur im Namen, im Rezept dagegen Ingwer, Safran, geriebenes Brot und Essig, »und manche tun Paradieskörner und Nelken hinzu«.[7] Dass einige Köche und Köchinnen ab dem 13. Jahrhundert dieser Option beim Würzen nachkamen, belegen auch archäologische Funde,[8] doch der echte Pfeffer begann ab Anbruch der Neuzeit die afrikanische Alternative zu verdrängen. Ein Rezept für Pfeffersuppe, das dem Taillevents sehr nahe kommt und 1581 (also 200 Jahre nach dem »Viandier«) in »Ein new Kochbuch« von Marx Rumpolt niedergeschrieben wurde, verzichtet auf Ingwer, Safran und Paradieskörner, dafür tut er »zimlich viel Pfeffer und gestossenen Nägelein (Gewürznelken) daran«.[9]

Später fanden Bierbrauer Verwendung für Paradieskörner, als diese Zunft im 17. Jahrhundert in England liberalisiert wurde. Um den malzigen Geschmack zu betonen oder gar vorzutäuschen, fügten sie dem Bier dieses oder auch andere Gewürze hinzu, was bei Puristen keinen Gefallen fand.[10] Manchen Bierspezialitäten verleiht das Gewürz heute noch einen eigenen Charakter – allerdings vorsätzlich und nicht als Schwindel.

Seien Sie beim Würzen mit Paradieskörnern nicht scheu: Weder die Schärfe noch das Aroma der Körner werden in Gerichten unangenehm dominant, daher können Sie Paradieskörner – grob zerstoßen – großzügig dosieren und sich an dem knackigen Biss erfreuen, den sie gegrilltem Fisch oder Fleisch und Ragouts verleihen. Chutneys und süß-pikanten Marmeladen zu Käse können

» 6 Vgl. Plant Spec Sheet: Grains of Paradise, http://www.pfidnp.org/crop_specs/Grains%20of%20Paradise.pdf [15.08.2011].

» 7 Le Viandier de Taillevent, S. 33.

» 8 Vgl. Wiethold, J.: Exotische Gewürze, S. 55.

» 9 Schach-Raber, U.: Historische Kochrezepte von A–Z, S. 7.

» 10 Vgl. Hornsey, Ian S.: A history of beer and brewing, S. 418.

Sie diesen »Pfeffer« ebenfalls zufügen, und in gefühlvollen Mengen wird er ihr winterliches Gebäck und Desserts um eine interessante pikante Note bereichern.

Piment
Jamaika Pfeffer, Nelkenpfeffer, Neugewürz, Allgewürz
Pimenta dioicia

Knappe 10 Tage, nachdem er erstmals im heutigen San Salvador anlegte, schrieb Columbus in sein Bordbuch: »Auch gibt es Bäume von tausenderlei Art, und jeder trägt andere Früchte, und alle duften ganz wunderbar. Ich bedaure zutiefst, dass ich sie nicht wirklich kenne, denn ich bin fest überzeugt, dass sie alle von großem Nutzen sind.«[11] Recht hatte er – was wäre unser Küchenrepertoire heute ohne Vanille, Kakao, Kartoffeln, Tomaten und Chili. Den Piment entdeckte er ebenfalls auf seiner ersten Reise, und wie sich später herausstellte, traf dieses pfefferartige Gewürz den europäischen Geschmack ziemlich gut. Kein Wunder, vereinen diese kleinen Körner in ihrem Aroma doch die seit dem Mittelalter und früher so beliebten Noten von Pfeffer, Muskat, Nelke und Zimt. Nach Europa kam Piment schon zu Beginn des 17. Jahrhunderts, aber erst die Briten verhalfen ihm zu wahrer Prominenz, nachdem sie 1655 Jamaika von den Spaniern übernommen hatten. Jamaika wurde zum wichtigsten Erzeuger für das facettenreiche »All Spice«, das die Engländer so schätzten.[12] Im deutschsprachigen Raum wurde es folglich auch als Englischer Pfeffer oder Allgewürz bekannt, im Französischen als Toute Épices oder Quatre Épices (was auch eine Gewürzmischung bezeichnet). Heute kennt man dieses Gewürz als Jamaika Pfeffer, Nelkenpfeffer oder eben als Piment.

» 11 Zit. nach Ibn Battuta: Die Wunder des Morgenlandes, S. 116.

» 12 Vgl. Wendt, R.: Vom Kolonialismus zur Globalisierung, S. 181.

Piment. Aus: Köhler's Medizinal-Pflanzen.

Botanik

Die Pimentbäume werden 5 bis 15 Meter hoch und bis zu 100 Jahre alt. Auch in diesem stattlichen Alter tragen sie noch Früchte, dafür aber erst ab etwa 7 Jahren nach der Auspflanzung der Setzlinge. Sie gehören zur Familie der Myrtengewächse, der auch die Guave, der Eukalyptus und der Nelkenbaum zugeordnet werden, und sind in Zentralamerika bis Südmexiko beheimatet. Das warme, sonnige Klima bekommt den Bäumen, obwohl sie kurze Frostperioden überstehen können. Das dichte Laubwerk aus länglichen, ledrigen Blättern ist dekorativ und aromatisch. Die kleinen weißen Blüten wachsen dicht entlang langer Blütenstände, an den Fruchtknoten der weiblichen Blüten entstehen Steinfrüchte mit einem Durchmesser von 0,5 bis 0,8 cm, die bei voller Reife dunkel rostrot bis violett sind. Die männlichen Pflanzen auf Plantagen dienen der Bestäubung, können auch zweigeschlechtliche Blüten haben und folglich Früchte entwickeln.[13]

Produktion

Der gesamte Baum ist aromatisch, aber als Küchengewürz werden nur die getrockneten Früchte gehandelt. Ihr ätherisches Öl ist in unreifen Früchten konzentrierter, weshalb die Ernte erfolgt, wenn diese noch grün sind. Sie werden mit der Rispe geerntet und erst einige Tage später zur Trocknung an der Sonne ausgelegt oder künstlicher Wärme ausgesetzt. Die natürliche Trocknung dauert fast zwei Wochen und ist, ähnlich wie beim echten Pfeffer, mit einem gewissen Risiko verbunden. In der Nacht müssen die Früchte eingesammelt und vor Feuchtigkeit und Schädlingsbefall geschützt werden. Danach werden die nun bräunlichen Körner abgerebelt, kleine Blätter und Ästchen aussortiert und gereinigt.

Wie viele Gewürze wurde der Pimentbaum auch nach Réunion und Mauritius exportiert, der kommerzielle Anbau konzentriert sich aber nach wie vor auf die Ursprungsregion. Die feinste Qualität bieten die kleinwüchsigen, warm aromatischen Früchte der Bäume aus Jamaika.

Aromatik

Bestimmend für das warme Aroma des Piments ist der Inhaltsstoff Eugenol, der in der jamaikanischen Sorte am dominantesten ist. Man findet diesen auch in Nelken, Zimt und Muskat sowie in den Blättern des Baybaums, ein Verwandter des Pimentbaums. Diese Aromatik findet sich auch im Ge-

» 13 Vgl. Katzer, G.: Picantissimo, S. 218.

schmack wieder, eine pfefferartige Schärfe wird man bei Piment nicht finden. Dafür hinterlässt er auf der Zunge ein leicht taubes Gefühl.

Verwendung

Weiter östlich als bis Vorderasien hat es der Piment nicht zu kulinarischem Ruhm gebracht. In der europäischen und mediterranen Küche ist Piment eine gängige Würzoption für Suppen, Saucen, eingelegtes Gemüse oder sauer marinierten Fisch. Ein oder zwei Pimentkörner können in süßen Speisen ohne Weiteres eine Prise Lebkuchengewürz ersetzen, in Würsten und Pasteten die Mischung Quatre Épices. In einigen arabischen und nordafrikanischen Ländern wird Piment manchen Gewürzmischungen zugefügt, am prominentesten ist er aber in der Küche der Karibik und Mexikos. In den jamaikanischen Jerk-Pasten sind Pimentkörner und Chilis die Hauptzutaten, die damit marinierten Fisch- oder Fleischstücke wurden traditionell eher geräuchert als gegrillt. Das Holz des Pimentbaums in der Glut sorgt in Jamaika heute noch oft für das spezielle Aroma von Jerk-style food. Für eigene Grillexperimente sollte man sich unbedingt von dieser Küche inspirieren lassen, besonders bei chililastigen Marinaden balanciert der süßliche Piment die Schärfe auf angenehme Weise aus.
In Suppen oder Ragouts können sie ganze Pimentkörner während der gesamten Garzeit mitkochen, sie werden weder bitter noch scharf. Möchten sie gemahlenen Piment, etwa in einem Apfelkuchen oder einer heißen Schokolade verwenden, so mörsern sie die Körner vor dem Gebrauch, denn zur längeren Aufbewahrung eignet sich gemahlener Piment wie die meisten Gewürze nicht.

Rosa Pfeffer

Rosa Beeren, roter Pfeffer, Molle

Schinus molle, Schinus terebinthifolius

Wenn neue Gewürzkunden nach »rotem Pfeffer« fragen, sind wir schon darauf gefasst, dass sie meistens die leuchtend roten, zerbrechlichen Beeren meinen, die sich in nahezu jeder »bunten« Pfeffermischung befinden. Die Enttäuschung ist dann oft groß, wenn sie zum ersten Mal einen echten roten *Piper nigrum* sehen (denn dieser hat farblich nicht viel mehr zu bieten als der schwarze), legt sich aber schnell nach der ersten Geruchs- und Kostprobe. Bei der Querverkostung schneiden die rosa Beeren der Pflanzen *Schinus molle* oder *Schinus terebinthifolius* dann meist schlecht ab: Sie sehen hübsch aus, haben aber kaum Aroma, sehr dezenten Geschmack und so gut wie keine Schärfe. Größer wäre dann wohl die Enttäuschung, wenn man dieses Gewürz als adäquaten Ersatz für einen guten Pfeffer einsetzen wollte. Als Pfefferersatz haben rosa Beeren auch keine lange Geschichte geschrieben, denn sie sind eine recht späte Erscheinung in der modernen Küche. Der Beiname »Pfeffer« sorgt aber für ausreichend Verwirrung, und dem sei hiermit ein Ende gesetzt.

Botanik

Es handelt sich bei dem sogenannten roten oder rosa Pfeffer um die Steinfrüchte von Bäumen der Sorte *Schinus terebinthifolius* (in Brasilien beheimatet) oder *Schinus molle* (aus Peru stammend), die in der Tat auch den Namen Pfefferbaum tragen. Sie zählen, so wie die Pistazie, die Cashewnuss und der Gewürzsumach, zu der Familie der Sumachgewächse. Die brasilianische Variante wächst auch buschig, als Baum wird sie nicht so groß wie der bis zu 15 Meter hohe *Schinus molle*. Ihr dicht wachsendes Blattwerk besteht aus dekorativen, federartig angeordneten Blättern. Die von grün bis leuchtend rot reifenden Beeren, die sich aus den weißen, nektarhaltigen Blüten entwickeln, hängen wie Trauben an Rispen (bei der brasilianischen Variante sehr dicht), sind aber nur etwas über einen halben Zentimeter groß.

Beide Sorten sind mittlerweile als Ziergewächse in subtropischen und milden Gebieten weltweit verbreitet, da sie schnell wachsende und dankbare Gewächse sind. Mit dem wuchernden Habitus der Wurzeln können sie die lokale Flora jedoch auch leicht verdrängen.

Produktion

Die als Gewürz verwendeten Steinfrüchte werden geerntet, wenn sie ausgereift sind, und können luftgetrocknet oder gefriergetrocknet werden. Ein Großteil der in den Handel gelangenden Früchte kommt aus Südamerika sowie aus Madagaskar und von der Insel Réunion. In Brasilien reifen die Früchte im dortigen Hochsommer, also im Dezember und Januar. Es werden auch Harz und Rinde dieser als Aroeira bekannten Bäume als Zutat in Arzneimitteln und Salben verwendet – allerdings nur von der »zahmen« Sorte, denn die wilde kann starke Hautreizungen hervorrufen.

Aromatik

Abgesehen von einer dezent harzigen Note haben die rosa Beeren kaum Aroma, im Geschmack tut sich da mehr: Das brüchige Äußere hat eine angenehme Süße, der zarte Kern ergänzt diese durch ein kurzlebiges pikantes Prickeln und einen bitteren, warmen Charakter, der etwas an Kubebenpfeffer erinnert. Zwischen den beiden Sorten der *Schinus*-Früchte bestehen kaum geschmackliche Unterschiede. Das alles aber, wie gesagt, sehr zurückhaltend, was auch seinen Reiz beim Würzen haben kann.

Verwendung

Das »Dekogewürz« der jüngeren europäischen Küchenmoden kennt in Südamerika eine längere Tradition. Den Inkas diente das Harz bei der Mumifizierung ihrer Könige sowie als Arznei- und Genussmittel: Ein Auszug aus den leicht gequetschten Früchten soll, als Tee getrunken, als leichtes Abführmittel oder gegen Probleme der Harnwege gedient haben. Nebenbei soll dieses Getränk namens Chicha laut Bericht des halb-peruanischen Dichters Garcilaso de la Vega aus dem Jahr 1606 köstlich geschmeckt und leichte Trunkenheit bewirkt haben.[14] In größeren Mengen sollte man dieses Hausmittel nicht ausprobieren. Die im ätherischen Öl enthaltenen Phellandrene können Allergien hervorrufen und Magenreizungen sowie Durchfall verursachen. Das tut auch anderen Organismen nicht gut, weshalb das ätherische Öl des *Schinus molle* gegen Bakterien und Pilze wirksam ist.[15] In Arequipa hat uns ein Mitarbeiter des botanischen Instituts erklärt, dass man *Schinus molle* mit Wasser ansetzt und die Brühe nach einigen Tagen als Pflanzenspritzmittel gegen Pilzbefall und Ungeziefer verwendet. In den lokalen Küchen findet diese Beere nach seiner Aussage keinen Gebrauch.

Eine haushaltsübliche Würzdosis sollte aber keine gesundheitlichen Probleme hervorrufen – man bedenke, dass Safran und Muskat in höheren Mengen tödlich sein können, aber üblicherweise gut vertragen werden. Also müssen Sie nicht auf die Farbtupfer in Ihrer Pfeffermischung verzichten, auch wenn dieses schüchterne Gewürz in einer Mischung mit schärferen Pfeffern geschmacklich nicht optimal zur Geltung kommen wird. Widerstehen Sie allerdings der Versuchung, eine Pfeffermühle nur mit *Schinus*-Beeren zu füllen, denn diese wird durch die Fruchtschalen schnell verkleben. Mehr Sinn macht ohnehin der knusprig aromatische Kick der unzerkleinerten Beeren, etwa in molligen, vollmundigen Saucen oder in feinen Gemüsecrèmesuppen sowie auf zartem Fisch und Fleisch und in fruchtigen Salaten und Desserts.

» 14 Vgl. Coe, S. D.: America's first cuisines, S. 186.

» 15 Vgl. Dikshit, A.; Naqvi, Ali A.; Husain, A.: Schinus Molle, S. 1085–1088.

Selimpfeffer

Mohrenpfeffer, Senegalpfeffer, Kanipfeffer

Xylopia aethiopia

Diese afrikanische Besonderheit kennt außerhalb der Ursprungsländer viele Bezeichnungen, aber kaum Gebrauch: Mohrenpfeffer, Kanipfeffer, Guineapfeffer (wie die Paradieskörner!), Senegalpfeffer, im Französischen auch *poivre de kili*. Zusätzlich gibt es weitere Sorten der botanischen Art *Xylopia*, deren Früchte ebenfalls als Gewürz verwendet werden, in Afrika etwa der gestreifte Mohrenpfeffer (*Xylopia striata*) und in Südamerika den *pimenta de macaco* – zu Deutsch Affenpfeffer – der Sorte *Xylopia aromatica*. Bekannt war der Selimpfeffer in Europa im Mittelalter, als auch Paradieskörner aus Afrika importiert wurden, fand aber nicht dieselbe Verbreitung und Popularität wie Letztere.

Botanik

Die afrikanischen *Xylopia*-Bäume werden etwa 20 Meter hoch (die brasilianische Sorte ist wesentlich kleiner). Sie gedeihen in den tropischen Gebieten Afrikas – Ost bis West – auf feuchtem, aber gut durchlässigem Boden.
Die schmalen, länglichen hellgrünen Blüten wachsen gruppiert an Blütenständen und entwickeln sich zu Bündeln grüner, der Stangenbohne ähnlicher Früchte. Diese werden bei Reife rot und platzen auf. Im Inneren befinden sich bis zu 8 nierenförmige schwarze Samen. Da nicht die Samen, sondern das Fruchtfleisch der Aromaträger ist, werden die Früchte als Ganzes geerntet, wenn sie noch grün sind.

Produktion

In manchen Ländern Afrikas, etwa Ghana, wird der Selimpfeffer als Nutzpflanze kultiviert und kann in den ersten vier Wachstumsjahren als Nebenkultur gehalten werden. Die Bäume tragen zweimal im Jahr Früchte. Diese werden, noch am Blütenstand gebündelt, vier bis sieben Tage an der Sonne getrocknet, manchmal auch geräuchert. Alle Teile der Pflanze werden genutzt, die Früchte und Wurzeln kulinarisch bzw. medizinisch, der Stamm als Brenn- oder Bauholz.[16]

» 16 Vgl. Orwa C. et al.: Agroforestry Database, Stichwort »Xylopia«, http://www.worldagroforestry.org/treedb2/AFTPDFS/Xylopia_aethiopica.pdf [15.08.2011].

Aromatik

Gernot Katzer beschreibt das Aroma des Selimpfeffers ziemlich treffend als eine Mischung aus Kubebenpfeffer und Muskat. Die für das leicht mentholige Aroma verantwortlichen ätherischen Öle befinden sich in der getrockneten Fruchtwand, die Samen bringen die etwas bittere Schärfe. Daher sollten die Samen nicht ausgelöst, sondern die ganze Frucht vermahlen werden.

Verwendung

Wie nahezu jedem Gewürz wird auch Teilen dieser Pflanze eine Reihe medizinischer Qualitäten zugeschrieben, etwa gegen Kopf- und Zahnschmerzen, als Trinkkur bei Wurmbefall des Darms oder bei Magenschmerzen, als Salbe gegen Rheuma und Hautkrankheiten.[17]

In der afrikanischen Küche dient Selimpfeffer als allgemeines Würzmittel. Eine Spezialität Senegals ist ein Kaffee mit dem gemahlenen Gewürz. Dieser sogenannte »Café Touba« hat sogar rituelle Bedeutung.[18] Zuweilen wird das Getränk auch mit schwarzem Pfeffer zubereitet, das Originalrezept sieht aber die Mischung von Kaffee und Diar – wie der Selimpfeffer im Senegal genannt wird – vor.

Selimpfeffer wird Ihnen vielleicht in sehr spezialisierten Gewürzhandlungen unterkommen, greifen Sie dann zu und probieren Sie dieses interessante Gewürz aus, indem Sie es einfach wie in manchen afrikanischen Rezepten für Suppen oder Schmorgerichte anstelle von schwarzem Pfeffer verwenden.

» 17 Vgl. Orwa C. et al.: Agroforestry Database, Stichwort »Xylopia«, http://www.worldagroforestry.org/treedb2/AFTPDFS/Xylopia_aethiopica.pdf [15.08.2011].

» 18 Vgl. »Café Touba«, http://www.xibar.net/Cafe-Touba-Une-consommation-tres-galopante_a3595.html [15.08.2011].

Szechuanpfeffer
Sansho Pfeffer, Zitronenpfeffer
Zanthoxylum piperitum, Zanthoxylum sansho

Eigentlich erstaunlich, dass dieses wirklich einzigartige Gewürz außerhalb Asiens lange Zeit verschmäht blieb und bis vor einigen Jahren in den meisten Büchern über Gewürze höchstens eine Erwähnung am Rande wert war. Wohl ist der ungewöhnliche, leicht betäubende Effekt, der in China als Geschmacksrichtung *má* bezeichnet wird, für manche unangenehm, aber gerade in diesem frischen Prickeln liegt der charakteristische Reiz der kleinen Kapseln. Der Vormarsch des schnellen Wokgerichts in den modernen Küchenalltag hat das geändert: Mittlerweile ist Szechuanpfeffer nicht nur in den Anbaugebieten leicht erhältlich, kostet kein Vermögen und bringt Abwechslung in die kreative Küche.

Botanik

Die Sträucher der Art *Zanthoxylum* kennen mehrere Sorten, die von Japan über China bis nach Nepal und Indien sowie in manchen südostasiatischen Ländern verbreitet sind. Der gängigste Szechuanpfeffer ist von der Art *Zanthoxylum piperitum*, Artverwandte, die ebenfalls als Gewürzlieferant genutzt werden heißen etwa *Zanthoxylum rhetsa*, *Zanthoxylum alatum* oder *Zanthoxylum schinifolium*. Bergpfeffer ist ein weiterer Name für das Gewürz: Die buschigen *Zanthoxylum*-Sträucher fühlen sich auch in Gebirgsregionen durchaus wohl. Das kommt manchen Gebieten im Himalaja zugute, in denen klimatisch bedingt nur wenige andere Gewürze heimisch werden konnten.
Die Blätter, 5 bis 15 cm lang mit leicht gezahntem Rand, wachsen fedrig angeordnet an Stängeln abseits der Hauptäste, die spitze, bis zu 8 cm lange Dornen tragen. Sofern die getrennt geschlechtlichen Pflanzen paarweise wachsen, entwickeln sich aus den kleinen gelbgrünen Blüten 5 mm große Kapselfrüchte mit einer warzigen Oberfläche und einem kleinen schwarzen Samen im Inneren.

Produktion

Ein Großteil der lokal verwendeten Sorten wird von wild wachsenden Pflanzen gewonnen. In Japan und in China wird Szechuanpfeffer teilweise auch kultiviert. Die Ernte erfolgt einmal im Jahr im Herbst. Die reifen Früchte werden mitsamt ihrem kleinen Fruchtstiel zum Trocknen an der Sonne ausgelegt (zuweilen dienen hierzu auch Trockenöfen), bis sie aufgehen. Dass die kleinen schwarzen Samen im Inneren dabei herausfallen können, ist für den kulinarischen Zweck kein großer Verlust, denn der Geschmack steckt in der Kapselwand. Im Idealfall kommt das Gewürz von den Samen sowie kleinen Blättern, Ästen und Dornen befreit in den Handel. Man bekommt Szechuanpfeffer auch gemahlen, aber wie bei den meisten Gewürzen ist das Aroma bei ganzen Früchten besser konserviert.

Szechuanpfeffer. Foto: Didier Descouens.

Aromatik

Dass der Szechuanpfeffer zur großen Pflanzenfamilie der Zitrusgewächse gehört, offenbart sich auch in seinem Duft. Begleitet wird das zitronige Aroma von einer frischen, leicht blumigen Komponente und bei manchen Sorten riecht man eine Idee Anis. Die Aromastoffe sind zwar in allen Arten des Szechuanpfeffers nahezu identisch, das Verhältnis dieser Stoffe kann jedoch von Art zu Art und auch regional unterschiedlich sein.[19] Mal ist die zitronige, mal die zimtige, mal die anisartige Komponente betont, genauso wie man auch beim schwarzen Pfeffer regionale Sorten mit ganz eigenständigen Charakteristiken findet. Beim Verzehr der Kapseln entfaltet der Szechuanpfeffer seine besondere Eigenart: ein zuerst leicht prickelndes, dann taubes, fast brennendes Gefühl auf der Zunge, das weder durch die Schärfe von Pfeffer noch die von Chili in dieser Art erzeugt wird.

Verwendung

Neben den Fruchtkapseln werden auch die aromatischen Blätter verwendet, frisch als Gemüse oder getrocknet und pulverisiert. Letzteres heißt in Japan *kinome* oder *sansho* und dient als pfeffriges Würzmittel.
In den im Vergleich zu Indien und China spärlicher gewürzten Küchen Tibets und Bhutans sorgen die Früchte lokaler *Zanthoxylum*-Arten für aromatische Abwechslung. In manchen Gegenden Indiens kommen sie auch zu kulinarischen Ehren, spielen aber eher eine untergeordnete Rolle neben den anderen Gewürzen des reichhaltigen indischen Repertoires. Anders in China, und der Name Szechuanpfeffer verrät es: In der zentralchinesischen Region ist das Gewürz besonders prominent, wo es gepaart mit Chili für eine der schärfsten Küchen des Landes sorgt. Geflügel, Fleisch, Brühen oder Tofu – meist werden Szechuanpfeffer und Chili schon beim Kochen großzügig eingesetzt, oft auch zusätzlich über die fertigen Gerichte gegeben, so wie eine Mischung aus Salz und geröstetem Szechuanpfeffer. In den weiteren Regionalküchen Chinas ist Szechuanpfeffer ebenso vertreten. Oft wird er mit Sternanis, Nelken, Zimt und Fenchel gemischt. Resultat: das klassische Chinese Five Spice, das auch außerhalb des Landes als Universalgewürz für chinesische Gerichte Schule gemacht hat. Dieses können Sie im Übrigen auch für süße Speisen verwenden, und der Szechuanpfeffer alleine eignet sich ebenfalls hervorragend für diesen Zweck: Mit exotischen Früchten oder Schokolade macht sein süßliches Prickeln besonders Spaß. Ansonsten ist die Kombination des Gewürzes mit Honig und Sojasauce zu gebratener Ente einer meiner Favoriten.

» 19 Vgl. Katzer, G.: Picantissimo, S. 263.

Tasmanischer Pfeffer
Tasmannia lanceolata

Dieser Vertreter der »falschen Pfeffer« hat die jüngste Karriere von allen, sie verspricht aber eine steile zu werden! Erst vor wenigen Jahren war er zumindest in Europa so gut wie unbekannt und kaum erhältlich, jetzt ist er fix im Repertoire der meisten Fernsehköche – und somit auch für das experimentierfreudige Publikum interessant. Aus ihrem Dornröschenschlaf im Süden Australiens hob der »Bush Food«-Trend die scharfen Beeren: Auf der Suche nach einer eigenen kulinarischen Identität wuchs ab den 1990er Jahren in den modernen Küchen Australiens das Interesse an einheimischen Nahrungsmitteln, die lange Zeit ausschließlich in der traditionellen Küche der Aborigines Gebrauch fanden. In dieser waren ursprünglich nur die etwas milderen Blätter und nicht die Beeren des Tasmanischen oder Bergpfeffers vertreten. Heute kann es schon mal passieren, dass eine Ernte in einem »schlechten Jahr« nach 6 Monaten vergriffen ist.

Botanik

Die attraktiven 2 bis 5 Meter hohen Sträucher der *Winteraceae*-Familie sind immergrün und haben auffällige rote Zweige. An diesen wachsen längliche, dunkelgrün glänzende Blätter. Die Blüten wachsen dicht gedrängt und werden bei weiblichen Pflanzen zu wacholderähnlichen Beeren, die sich von rot bis schwarz bei Vollreife verfärben.
Es gibt verschiedene Arten der *Tasmannia*-Pflanze, die in gemäßigten Klimazonen Australiens gedeiht, vor allem im Süden und auf Tasmanien. Kulinarisch genutzt werden *Tasmannia lanceolata* (hiervon die Blätter und Beeren) und *Tasmannia stipitata* (nur die Blätter, Dorrigopfeffer genannt), Teile der meisten anderen haben einen recht hohen Gehalt an Safrol und sind daher für den Verzehr bedenklich.

Produktion

Die Beeren und Blätter werden von wilden Pflanzen oder auf kleinen Plantagen gewonnen und bisher nicht in großem Stil angebaut. Beide werden nach der Ernte getrocknet und teilweise auch gemahlen auf den Markt gebracht. Getrocknete Beeren fühlen sich fast wie Pfefferkörner an, sind aber leichter, da sie innen kleine Samen und nicht einen festen Kern haben.

Anbau

Der erste Gedanke, der sich beim Aroma dieser Beeren aufdrängt, ist eben: Beeren! Und zwar im besten, süßen, waldigen, intensiven Sinn. Der Geschmack hält vorerst, was der Duft verspricht, und macht sich mit sanften Noten von Wacholder, Cassis und Lorbeer breit. Auf diesem Genuss kann man sich aber nicht zu lange ausruhen, denn unmittelbar darauf muss man erst einmal mit der beißenden Schärfe fertig werden, die die Geschmacksknospen dann noch einige Zeit beschäftigt. Wie beim Szechuanpfeffer ist diese Schärfe weder »Pfeffer« noch »Chili« (und auch nicht Szechuan), sondern eine ganz eigene und etwas gewöhnungsbedürftige Betäubung. Verantwortlich für diese Schärfe ist eine Sesquiterpene-Verbindung namens Polygodial, die sonst nur in wenigen Pflanzen vorkommt. Aromagebend ist unter anderem auch der enthaltene Stoff Safrol, der in einigen Gewürzen wie Zimt, Muskat und Lorbeer für einen angenehm warmen Geschmack verantwortlich ist.
Die Blätter des Tasmanischen Pfefferbaums sind im Aroma ähnlich, aber etwas weniger intensiv und schärfer als seine Beeren.

Verwendung

Das enthaltene Polygodial macht den Tasmanischen Pfeffer für eine Reihe von Einsatzmöglichkeiten interessant: Er soll antiallergisch, antibakteriell und entzündungshemmend wirken und Schimmelpilzen sowie Insekten den Garaus machen. In der Kulinarik sind die Beeren noch nahezu jungfräulich und können so nach Lust und Laune kreativ eingesetzt werden: Man kann sie lange in Ragouts mitschmoren (dabei verlieren sie etwas an Schärfe und gewinnen einen leicht bitteren Charakter) oder sparsam über fertige Gerichte geben.
Ihre Eigenschaft, eine intensive Lilafärbung an die Speisen abzugeben, sollte man im Auge behalten und sich zu Nutzen machen: Bei einem meiner ersten Versuche mit Tasmanischem Pfeffer wurde die Crème fraîche auf einem Flammkuchen zartrosa, was aber auch seinen Reiz hatte und schon farblich ganz gut zu den Feigen darauf passte. Apropos Feigen: Sparsam können sie alle möglichen Obstsorten mit diesem Pfeffer würzen, und besonders Trockenfrüchte – etwa in etwas Rotwein gekocht – gewinnen durch sein Aroma. Besondere Vorsicht ist beim Zerkleinern der Beeren geboten: Sie verhalten sich im Mörser ähnlich wie Wacholder. Man bekommt sie nur schwer zu Pulver, und eine Pfeffermühle verkleben die widerspenstigen Schalen der Beeren im Nu. Schneiden Sie sie lieber mit dem Messer klein oder kochen sie ganze Beeren in einer Speise mit.

REZEPTE MIT PFEFFER

Sie führten einen eignen Koch auch mit,
Der Hühner briet, das Fett vom Knochen schnitt,
Für Salz und Pfeffer sorgt' und für Galgant
Und trefflich sich auf Londner Ale verstand.
Und weh! dem Koch, war seine Sauce nicht
Scharf und pikant und schmackhaft das Gericht.

Geoffrey Chaucer, »Canterbury Tales«

Wenn es um den Genuss guten Pfeffers geht, steht der morgendliche Gruß vom Bauernhof für mich an erster Stelle. Ob cremiges Rührei oder molliges, vollmundiges Dotter, Eier gehören einfach zu den besten Geschmacksgrundlagen für einen würzigen, aromatischen Pfeffer. Dieser sollte auf keinen Fall zur Unkenntlichkeit pulverisiert aus dem Streuer kommen, sondern grob in der Mühle oder am besten im Mörser zerkleinert werden. Mehr als knuspriges Meersalz und gutes, leicht getoastetes Brot werden Sie auf Ihrem Frühstückstisch dazu kaum brauchen. Auch das Ei selbst verlangt eine präzise und gefühlvolle Zubereitung, die (die Erfahrung in Hotels lehrt es) nicht immer vorausgesetzt werden kann. Hier ein paar Ideen zum Thema Frühstücksei, allen voran mein liebstes Zwei-Minuten-Rezept für jede Tages- und Nachtzeit.

Rührei nach Marlene Dietrich

Warum sollten die Rezepte einer kochenden Diva frei von Allüren sein? Bei diesem Rezept heißt die Allüre: Butter! Allein dadurch ist dieses Rezept einfach grandios, und wenn mir niemand bei der Zubereitung meiner Rühreier zusieht, wandert bei mir auch ziemlich viel Butter in die Pfanne. Frau Dietrichs Original:

»Rühreier à la Marlene
(für 1 Person)

3 Eier
2 EL Mineralwasser
½ TL Salz
1 Msp. Pfeffer, 1 Msp. Thymian
1 EL Petersilie, 1 EL Schnittlauch
2 EL Sahne
200 g (oder mehr?) Butter

Die Eier aufschlagen und in eine Schüssel geben. Mit Mineralwasser, Salz und Pfeffer, Thymian und feingehackter frischer Petersilie verquirlen. Anschließend die Sahne zugeben.

Die Pfanne auf dem Herd heiß werden und die Butter in der Pfanne verlaufen lassen, Eier hineingeben und etwas stocken lassen, dann mit einem Holzlöffel leicht bewegen, damit sie großflockig bleiben.
Nach ca. 5 Minuten Bratzeit auf einen Teller kippen, die restliche braune Butter dazugießen und mit frischem kleingeschnittenen Schnittlauch bestreuen.«[1]

Und hier ist meine Variante, die etwas schneller geht (ebenfalls für eine Portion):

ca. 100 g Butter
3 Eier
Salz
schwarzer Pfeffer, grob gemahlen oder zerstoßen

Die Butter in der Pfanne schmelzen, bis sie aufschäumt. Die Eier direkt in die Pfanne schlagen, leicht salzen und dann mit dem Holzlöffel die Dotter aufbrechen und Rillen in die Eier ziehen. Danach die Eier eher falten als rühren. Dauert kaum eine Minute! Auf dem Teller mit dem Pfeffer bestreuen.

Spiegelei nach Bernard Loiseau

Für ein optimales Spiegelei ist Zeit wesentlicher als Butter. Auf seiner Suche nach kulinarischer Perfektion setzte sich Heston Blumenthal auch mit diesem Herzstück des englischen Frühstücks auseinander und überliefert ein Rezept, das er vom hoch dekorierten französischen Koch Bernard Loiseau[2] übernommen hat. Dieses sieht nachfolgende Vorgehensweise vor:

1 frisches Freilandei von bester Qualität
1 kleines Stück Butter
Salz und Pfeffer
1 paar Tropfen Balsamessig

» 1 Weth, G. A.: »Ick will wat Feinet«, S. 15.

» 2 Bernard Loiseau war ein hoch dekorierter französischer Ausnahmekoch, der stets nach Perfektion strebte. Als ihm die Kritiker im Jahr 2003 einen Stern abzusprechen drohten, beging er Selbstmord. Ähnlich perfektionistisch geht der Autodidakt Heston Blumenthal seit 1995 in seinem Restaurant »The Fat Duck« in der englischen Provinz nahe London ans Küchenwerk. Mit modernen molekularen Küchentechniken de- und rekonstruiert er kulinarische Klassiker aus aller Welt, um sie noch vollkommener für den Gaumen zu machen. Blumenthals kulinarische Mission bekam viel Aufmerksamkeit: Seine TV Serie »In Search of Perfection« wurde auf BBC sehr erfolgreich und 2005 wurde sein Restaurant zum besten der Welt gewählt. Trotz eines Skandals aufgrund von Lebensmittelvergiftungen in seinem Lokal im Herbst 2009 lebt Heston Blumenthal noch.

Den Ofen auf 245 °C vorheizen und das Ei trennen (vorsichtig, das Eigelb muss dabei ganz bleiben). Eine Pfanne mit der Butter und einem Schöpfer Wasser erhitzen, bis es schäumt. (Das Wasser dient dazu, dass die Butter nicht zu heiß wird, so bleibt das Eiweiß in Form, weiß und mollig.) Den Inhalt der Pfanne salzen und pfeffern, damit auch die Unterseite des Spiegeleis gewürzt ist. Das Eiweiß nun vorsichtig in die schäumende Buttermischung gleiten lassen. Die Pfanne etwa eineinhalb Minuten in den Ofen geben, das Eiweiß sollte danach noch zittern. Die Oberseite des Eiweiß würzen und das rohe Eigelb in die Mitte setzen, dann kommt die Pfanne nochmals zwei Minuten in den Ofen. Zum Schluss das Spiegelei mit einigen Tropfen Balsamessig abschmecken.

Heston Blumenthal würzt sein Eigelb auf der Unterseite, damit der Pfeffer und das Salz das perfekte Bild desselben nicht zerstören. Beim Salz gebe ich ihm Recht, denn das erzeugt blinde Flecken auf dem Eigelb, mit Pfeffer als Draufgabe habe ich, wie Sie richtig vermuten, kein Problem.

Ich ziehe aus praktischen Gründen konventionell zubereitete Spiegeleier vor: Die Eier vorsichtig öffnen und behutsam in eine nicht zu heiße Pfanne mit zerlassener Butter gleiten lassen, während der ersten Garminute zudecken und danach darauf achten, dass das Eiweiß keine Blasen wirft und nicht zu zäh wird – also dass die Pfanne nicht zu heiß wird. Das Eiweiß bleibt am besten in Form, wenn das Ei jüngst gelegt wurde, ein älteres Ei erkennen Sie folglich daran, dass das Eiweiß recht flüssig und breit in der Pfanne zerläuft. (Ein Trick, um das Eiweiß in Form zu halten, ist die Verwendung eines Edelstahlrings – darin das Ei – in der Pfanne.)

Weiches Ei nach Katharina Prato

»Man setzt die frisch gelegten, gewaschenen Eier mit kaltem Wasser zu, lässt sie 2 bis 3 Minuten sieden, fasst dann eines heraus, und wenn es dann so heiß ist, dass man es kaum in der Hand halten kann und es schnell trocken wird, so sind sie genug gekocht und müssen gleich aus dem Wasser herausgenommen werden.«[3]

Dem ist wenig hinzuzufügen, wenn Sie es allerdings bevorzugen, die Eier gleich in kochendes Wasser zu geben, so beträgt die Garzeit für große Eier ziemlich genau 4,5 Minuten. Ein kleines Loch auf der Unterseite der Schale – mit einer Stecknadel angebracht – ist in diesem Fall auch eine gute Idee, sonst platzt das Ei durch den Temperaturschock auf. Wachsweiche Eier, die eine perfekte Ergänzung zu so manchem Salat sind, koche ich etwa 7 Minu-

» 3 Prato, K.: Die süddeutsche Küche, S. 42.

ten und schrecke sie vor dem Schälen kalt ab. Zu weichem Eigelb mag ich am liebsten das runde Aroma des roten Kampot Pfeffers.

Pancakes mit Ahornsirup und Piment

Manche mögen es in der Früh lieber süß, und zumindest am Wochenende ist für die Zubereitung dieses Frühstücksklassikers sicher genug Zeit.

Für etwa 20 Stück:
30 g Butter
230 g Mehl
1 EL Backpulver
1 EL Zucker
1 TL Pimentkörner, fein gemahlen
1 Prise Salz
2 Eier
300 ml Vollmilch
Butter für die Pfanne

Die Butter in einer kleinen Pfanne schmelzen und etwas abkühlen lassen. Mehl, Backpulver, Zucker, Piment und Salz in einer Schüssel vermengen. Die Milch mit den Eiern gut verquirlen, dann die flüssige Butter einrühren. Diese Mischung mit der Mehlmischung glatt verrühren und den Teig 15 Minuten stehen lassen. Eine beschichtete Pfanne erhitzen und ein kleines Stück Butter darin schmelzen. Dann mit einer kleinen Schöpfkelle den Teig portionsweise in die Pfanne geben, die Pancakes sollten etwa 5 bis 7 cm Durchmesser haben. Nach etwa 2 bis 3 Minuten Bratzeit wenden und maximal ebenso lang auf der anderen Seite braten – bis die Pancakes schön gebräunt sind und sich auf Druck elastisch anfühlen. Den Vorgang so lange wiederholen, bis der gesamte Teig aufgebraucht ist. Sie können die fertigen Pancakes in der Zwischenzeit bei 80 °C im Ofen warm halten. Mit Ahornsirup und nach Belieben etwas mehr gemahlenem Piment servieren.

Crêpes mit Zitronenbutter, Zucker und Zitronenpfeffer

Die dünne, französische Variante des Pfannkuchens eignet sich, gefüllt nach Belieben, auch bestens als Dessert. Mit karamelliger Zitronenbutter und einer Spur Pfeffer sind sie besonders gut.

Für etwa 12–15 Crêpes:
3 Eier
175 g Mehl
1 EL Vanillezucker
1 Prise Salz
350 ml Milch
40 g zerlassene Butter
1 EL Cognac
Für die Füllung:
Butter, Zitronensaft, Zucker, Zitronenpfeffer (siehe S. 196)

Die Eier mit dem Mehl, dem Vanillezucker und dem Salz in einer Schüssel gut verrühren, dann die Milch zufügen und mit einem Schneebesen rühren, bis der Teig glatt ist. Er sollte eher flüssig sein und auf einem Holzlöffel eine dünne Teigschicht hinterlassen. Zum Schluss die flüssige Butter und den Cognac einrühren und den Teig eine Stunde im Kühlschrank stehen lassen. Danach nochmals die Konsistenz prüfen und eventuell etwas mehr Milch einrühren. Eine große, flache Pfanne mit niedrigem Rand erhitzen, ein kleines Stück Butter darin schmelzen, maximal einen Suppenschöpfer Teig in die Mitte der Pfanne geben und diese dann rasch in alle Richtungen leicht kippen, damit der Teig sich gut verteilt. Wenn der Teig Blasen geworfen hat und auf der Unterseite goldgelb ist, die Crêpe mit einem Pfannenheber wenden und auf der zweiten Seite 1 Minute fertig backen. Dann ein gutes Stück Butter auf der Crêpe zerlaufen lassen, dünn mit Kristallzucker bestreuen, 2 bis 3 Esslöffel Zitronensaft dazugeben und kurz in der Pfanne lassen, bis der Zucker leicht geschmolzen ist. Mit etwas Zitronenpfeffer bestreuen und servieren.
Sie können alle Crêpes zuerst backen und dann in einer zweiten Runde fertigstellen.

Pain d'Épices mit Trockenfrüchten

Für 1 Kastenform:
100 ml Milch
50 g Butter
5 EL Honig
70 g Weizenmehl
140 g Roggenmehl
1 Päckchen Backpulver
1 gehäufter TL Quatre Épices (siehe S. 190) oder Lebkuchengewürz
1 Prise Salz
3 Eier
2 EL feiner brauner Zucker
200 g Trockenfrüchte nach Belieben (Rosinen, Zwetschken, Feigen, Marillen ...)
100 g Haselnüsse, grob gehackt
50 ml Calvados oder Orangenlikör
Butter für die Backform

Die Trockenfrüchte eine Stunde in Calvados oder Likör ziehen lassen. Den Ofen auf 180 °C vorheizen.
Die Milch mit Butter und Honig sanft erwärmen, bis Letztere geschmolzen sind, dann etwas auskühlen lassen. Die Mehlsorten mit dem Backpulver, den Quatre Épices und dem Salz vermischen. Die Eier mit dem Zucker etwa 2 Minuten sehr schaumig aufschlagen, dann das Milch-Gemisch und danach das Mehl einrühren. Nun die Nüsse und die Trockenfrüchte mit dem Alkohol einarbeiten und alles in eine gut gebutterte Kastenform geben. Etwa 45 Minuten backen und danach in der Form auskühlen lassen.
Weitere Honig- und Lebkuchenrezepte finden Sie im Kapitel »Würziges Backwerk« ab S. 249.

Aus dem Mörser

Ein allgemeiner Tipp zum Mahlen von Gewürzen im Mörser vorweg: Geben Sie nicht die ganze Menge, die Sie zerkleinern möchten, auf einmal in den Mörser. Kleinere Mengen (etwa 1 bis 2 Esslöffel voll) lassen sich schneller und feiner zerkleinern.

»Gewürzsalz für viele Dinge«, frei nach Apicius

Apicius empfiehlt das Gewürzsalz zur Verdauung, gegen alle Krankheiten, Seuchen und Erkältungen und versichert, dass es süßer sei, als man denkt! Diese etwas abgeänderte Version seines Rezeptes ist eine hervorragende Würze für Fischfonds und Gemüsesuppen.

80 g Salz
20 g weißer Pfeffer
20 g schwarzer Pfeffer
15 g Ingwer
20 g Oregano
15 g Ysop
15 g Lorbeerblätter
15 g Petersilie
15 g Dill
10 g Mönchspfeffer
10 g Thymian
10 g Selleriesamen
4 g Safran

Alle Kräuter sollten getrocknet sein. Die Zutaten fein mörsern und mit dem Salz vermischen.

Feine Pulver: Quatre Épices und Varianten

In Rezeptbüchern aus dem Mittelalter waren die Mengenangaben bei Gewürzen meist recht unpräzise bzw. dem Gefühl des Kochs überlassen. Man begegnet auch immer wieder der Zutat »gemahlene Gewürze« oder »Gewürzpulver«, manchmal auch »süßes« oder »scharfes« Pulver oder schlicht »Gewürz«, der nur selten eine nähere Angabe zur Zusammensetzung folgt.

»Süßes Pulver« nach Taillevent

Bei Taillevent findet man in einem Rezept für Galantine einen Hinweis auf die Zutaten seines »feinen Gewürzes«, das eher auf der süßen Seite ist und Paradieskörner dem schwarzen oder weißen Pfeffer vorzieht.

Zimt, Ingwer, Paradieskörner
Nelken, Galgant

Alle Zutaten fein mörsern und gegebenenfalls gut verschlossen aufbewahren. Ich habe die Mischung zu gleichen Teilen ausprobiert und dann noch einen Teil Zimt zugefügt, um die Süße zu betonen. Das gibt ein gutes, etwas schärferes Lebkuchengewürz und erinnert auch ein wenig an das britische Mixed oder Pudding Spice, das ebenfalls eine Überlieferung aus dem Mittelalter ist.

»Süßes Pulver« nach Bartolomeo Scappi

Von Scappi erfahren wir ein genaues Rezept für eine Mischung, die er in einer Vielzahl von Speisen zum Einsatz empfiehlt.[1] Ich finde sie besonders fein in Obstkuchen, Kompotten oder Pain d'Épices (siehe S. 187). Sie besteht aus:

4½ Teilen Zimt
2 Teilen Nelken
1 Teil Ingwer
1 Teil Muskatnuss
½ Teil Paradieskörner
½ Teil Safran
1 Teil Zucker

Alle Zutaten fein mörsern und gegebenenfalls gut verschlossen aufbewahren.

» 1 Scappi, B.: Opera, Buch I, Cap. XXVI.

Quatre Épices

Küchenmeister Carême kommentiert in seinem Buch aus dem 19. Jahrhundert: »Die Quatre Épices sind heute ebenfalls (neben Zimt, Ingwer und Koriander) von geringem Nutzen, es sei denn als Würze für Fleisch, wie Galantinen oder kalte Pasteten.«[2] Trotzdem hat diese Mischung die Zeiten überdauert, sie ist nach wie vor eine gängige Zutat in einigen Fleischgerichten der französischen Küche. Manche Rezepte für Quatre Épices enthalten mehr als vier Gewürze, so können Sie frei nach Geschmack zu den unten angeführten Originalzutaten auch Zimt, Anis oder Koriandersamen beigeben.

10 g weißer Pfeffer
5 g Ingwer, gemahlen
3 g Nelken
3 g Muskat

Alle Zutaten fein mörsern. Natürlich können Sie auch schwarzen Pfeffer verwenden.

Aus den Mörsern ferner Länder

Garam Masala

Kaum ein Gericht der indischen Küchen kommt ohne Garam Masala aus. Die »heißen Gewürze« werden jedoch nicht nach einem Einheitsrezept, sondern nach regionaler Tradition oder gut gehütetem Familiengeheimnis zusammengestellt. Das betrifft sowohl die Zutaten als auch das Mischungsverhältnis. In der Minimalvariante sollte ein Garam Masala folgende Zutaten enthalten, die Mengenangaben sind eine Empfehlung:

1 EL schwarzer Pfeffer
3 Zimtstangen
8 Nelken
4 Kardamomkapseln (vorzugsweise die schwarzen)

Weitere Gewürze, die in den meisten Garam-Masala-Rezepten (zusätzlich) vorkommen, sind:

» 2 Carême, M. A.: L'art de la cuisine Française au dix-neuvième siècle, Bd. 1, S. lxij.

2 Muskatblüten (oder 1 TL Muskat)
3 Lorbeerblätter
1 TL Ingwer
1 EL Koriandersamen
1 TL Kreuzkümmel

Seltener werden auch Chili, Kurkuma oder Safran verwendet, aber im Prinzip sollte Garam Masala ein dunkles, aromatisches und nicht zu scharfes Pulver sein. Der Geschmack wird intensiver, wenn Sie die ungemahlenen Gewürze vor dem Zerkleinern in einer trockenen Pfanne rösten.

Berbere

In dieser äthiopischen Mischung, die sich hervorragend für Röstfleisch oder Eintöpfe eignet, befinden sich gleich mehrere Pfeffersorten, die trotz der Aromenvielfalt dieser Mischung gut zur Geltung kommen. Sie können hiermit ein Rezept für ein äthiopisches Wat nachkochen oder ein Gulasch mit Berbere statt mit Paprika würzen.

1 EL schwarzer Pfeffer
1 EL langer Pfeffer
1 TL Paradieskörner
1 TL Piment
1 TL Nelken
1 TL Bockshornkleesamen
1 EL Ajowan (Königskümmel)
1 EL Kreuzkümmel
2 EL Koriandersamen
1 TL Muskat, gemahlen
1 TL Kardamomsamen
1 EL Ingwer
1 EL Cayennepfeffer
1 TL Meersalz

Die ganzen Gewürze in einer trockenen Pfanne duftend rösten, dann im Mörser fein zerstoßen und gut vermischen.

Balinesisches Bumbu

Was in Indien das Masala ist in Indonesien das Bumbu – es bedeutet schlicht Gewürz. Wie in den meisten südostasiatischen Ländern handelt es sich hierbei nicht um ein gemahlenes, trockenes Pulver, sondern um eine Paste, die neben Gewürzen auch andere aromatische Zutaten wie Knoblauch, Zwiebeln, Wurzeln und Garnelenpaste vereint. Heutzutage ist Chili in den meisten Rezepten für Bumbu das scharfe Element. Vor der Einführung der scharfen Schoten kam wohl eher der lokal angebaute Pfeffer zu Ehren. Nach Geschmack können Sie die folgende Mischung zusätzlich durch Chili schärfen:

je 5 Schalotten und Knoblauchzehen, gehackt
1 EL frischer Galgant, gehackt
1 EL Zitronengras, gehackt
1 TL frische Kurkuma, gehackt (ersatzweise Pulver)
1 TL Garnelenpaste
2 EL Tamarindenwasser
1 EL schwerer, dunkler Palmzucker

Trockene Gewürze:
1 EL langer Pfeffer
5 Kemirinüsse (Kerzennüsse, ersatzweise Macadamianüsse)
1 EL Koriandersamen
1 TL Kreuzkümmel
1 TL weißer Pfeffer
4 Nelken
2 Kardamomkapseln
½ Zimtstange
¼ Muskatnuss
1 TL Salz

Die trockenen Gewürze mörsern und mit den restlichen Zutaten in der Küchenmaschine zu einer feinen Paste pürieren. Wenn die Paste zu trocken erscheint, geben Sie beim Mixen etwas Wasser oder Erdnussöl dazu. Die Paste hält im Kühlschrank bis zu drei Wochen und ist eine gute Marinade für Rind, Ente oder Schweinefleisch.

Chinese Five Spice

Diese Mischung ist so typisch und speziell, dass es nur wenige Rezeptvariationen zum Thema gibt. Manche davon machen aus dem Five ein Six und fügen Süßholz bei, auch Kreuzkümmel habe ich schon in Five-Spice-Rezepten gefunden. Seltener wird schwarzer Pfeffer als Ersatz für Szechuanpfeffer empfohlen, aber dem Rat würde ich nicht folgen: Ohne Szechuanpfeffer kommt ein gutes Five Spice einfach nicht aus. Natürlich können Sie Five Spice kaufen, aber es ist ohne Schwierigkeit selbst herzustellen. Hierzu benötigen Sie:

Fenchel
Nelken
Sternanis
Szechuanpfeffer
Zimt (am besten die herbe Cassiarinde, die sich aufgrund ihres hohen Cumaringehalts keines guten Rufs erfreut – aber es geht ja hier nicht ums tägliche Frühstück)

Am einfachsten ist es, die Zutaten zu gleichen Teilen zu mischen. Sie können nach persönlicher Vorliebe etwas mehr von der einen oder anderen Zutat beigeben und so ihr persönliches Five Spice kreieren. Wenn Sie die Zutaten (vorausgesetzt, sie verwenden ganze Gewürze) kurz in einer trockenen Pfanne anrösten, bis sie duften, wird die Mischung nach dem Mahlen intensiver sein. Mörsern Sie alle Gewürze zu einem feinen Pulver. Was übrig bleibt, wird luftdicht verschlossen aufbewahrt, bis sie es aufgebraucht haben.
Die Mischung wird in vielen Wok-Gerichten und Suppen verwendet, Sie können die Honig-Soja-Marinade für die Ente (siehe S. 217) zum Beispiel hiermit statt nur mit Szechuanpfeffer zubereiten und 8 Rinderfiletstücke damit marinieren, bevor Sie sie im Wok oder auf dem Grill garen. Ich verwende Chinese Five Spice auch sehr gerne für gewürztes Quittenkompott, in knusprigem Weihnachtsgebäck oder in Schokodesserts.

Baharat

Im arabischen Raum gibt es von Land zu Land unterschiedliche Rezepte für Baharat (was auf Arabisch »Gewürze« bedeutet), die ganz einfach nur Pfeffer und Piment oder bis zu 12 Gewürze enthalten können. Hier eine Interpretation zum Thema, in Anlehnung an verschiedene Zutatenlisten:

4 EL schwarzer Pfeffer
4 EL Piment
2 EL Nelken
½ Muskatnuss, gemahlen
1 EL Kardamomsamen

Die Gewürze leicht rösten und fein mörsern.
Oft wird Baharat als Universalwürze eingesetzt, ich mag es besonders zu dunklem Fleisch, ob gegrillt oder geschmort, oder als würzige Paste gemischt mit Olivenöl, frischem Koriander und Minze.

Jamaican Jerk Paste

Diese herrlich aromatische und beherzt scharfe Fleischmarinade ist ein Klassiker der Jamaika-Küche und ein Favorit so mancher Grillparty. Weitere Gewürze, die hier verwendet werden können, sind Nelken, Zimt und Ingwer nach Geschmack. Ich lasse dem Piment den Vortritt.

2 Zwiebeln, grob gehackt
6 Knoblauchzehen, grob gehackt
3 Chilis (Scotch Bonnet)
2 EL Piment
1 EL schwarzer Pfeffer
1 EL Thymian, getrocknet
½ TL Muskatnuss, gerieben
1–2 TL Salz
2 EL Öl

Piment und Pfeffer fein mörsern. Die Chilis entkernen und in Stücke schneiden, dann alle Zutaten in einer Küchenmaschine fein mixen. Sie können damit Schweinefleisch, Huhn oder Lamm marinieren, am besten mindestens 4 Stunden. Eine kleine Variation: Mischen Sie vor dem Marinieren einen Esslöffel braunen Zucker oder Honig sowie einen Teelöffel Tomatenmark und einen Spritzer Rum in die Paste, das gibt beim Grillen einen leicht karamelligen Geschmack.

Dekorative Mischung für die Mühle

Eine fertige »bunte Pfeffermischung« in der Mühle aus dem Supermarktregal sieht hübsch aus und ist auch ganz praktisch, mehr Spaß macht es aber, diverse feine Pfeffersorten selbst zu mischen. So können Sie das eigenständige Aroma der verschiedenen Sorten besser erkunden, diese gezielt einzeln einsetzen oder für Ihren Bedarf optimal kombinieren. Hier ein paar Anregungen:

1 EL schwarzer Kampot Pfeffer
1 EL weißer Kampot Pfeffer
1 EL grüner Penja Pfeffer
1 TL Piment
1 EL rosa Beeren

Alle Pfeffersorten unzerkleinert in eine durchsichtige Mühle füllen (nur dann macht diese Mischung Sinn). Diesem Mix wird der Piment eine süßlich-herbe Note verleihen, ohne die anderen Pfeffersorten zu überlagern – außer den rosa Pfeffer, der geschmacklich in keiner Mischung mit anderen Pfeffersorten zur Geltung kommt, aber etwas für das Auge bietet.

Pfeffermischung für Steak

Für ein gutes Pfeffersteak können Sie entweder eine Pfeffersauce zubereiten oder den Pfeffer einfach direkt auf das Fleisch geben. Hier mein Rezept für eine Mischung, die das schnelle Steak (das Rezept gibt es auf S. 222) zum Hochgenuss macht:

2½ TL grüner Pfeffer, getrocknet
2 TL schwarzer Pfeffer
2 TL reifer Pfeffer (etwa Tellicherry oder Pondicherry)
2 TL Tasmanischer Pfeffer
1 TL langer Pfeffer

Alle Sorten sehr grob zerstoßen und mischen. Was Sie davon nicht gleich benötigen, können Sie bis zum nächsten Steak in einer verstellbaren Pfeffermühle oder in einer Gewürzdose aufbewahren.

Pfeffermischung für Wild

Zu Wild passen mineralische, warme und krautige Noten, die in dieser Pfeffermischung betont sind:

3 TL grüner Pfeffer, getrocknet
3 TL schwarzer Pfeffer
1 TL weißer Pfeffer (etwa Muntok oder Kampot)
1 TL Tasmanischer Pfeffer
2 TL langer Pfeffer
1½ TL Piment
1 TL Kubebenpfeffer

In Wildragouts können Sie einen Esslöffel dieser Mischung unzerkleinert mitkochen, für Pasteten oder Terrinen verwendet man die Gewürze fein gemahlen. Besonders in letzterem Fall: Vorsicht bei der Dosierung! Die Mischung ist ordentlich scharf.

Zitronenpfeffer

In Bezug auf Zitronenpfeffer gibt es zuweilen Verwirrungen, denn sowohl eine Mischung aus Pfeffer und Zitronenschale als auch eine Szechuanpfeffer-Sorte werden so genannt. Was die Mischung betrifft, so ist eine hausgemachte Variante die beste, die Sie finden können. Deshalb verkaufe ich in meiner Gewürzhandlung auch keinen fertig gemischten Zitronenpfeffer, sondern gebe lieber folgenden Tipp zur wirklich schnellen und einfachen Zubereitung im eigenen Mörser weiter:

abgeriebene Schale einer Bio-Zitrone
1 EL guter schwarzer Pfeffer

Den Pfeffer mit der Zitronenschale in den Mörser geben und grob oder feiner, wie Sie es brauchen, zerstoßen. Sie können die Zitronenschale auch vorher mit einem halben Teelöffel Salz sehr fein zerreiben, wenn Sie ohnehin vorhaben, Salz in Ihrer Speise zu verwenden. In gepfefferten Erdbeeren macht Zitronenpfeffer (nicht zu fein zerstoßen) wirklich gute Figur!

Kubeben-Thymian-Salz

Hier eine ganz einfache Variante für ein interessantes und sehr intensives Würzsalz. Es passt gut auf ein Butterbrot, in Olivenöl, in Topfen als Dip für Rohkost oder in eine Salatsauce. Wenn Sie einen Fisch in der Salzkruste zubereiten, können Sie dem groben Meersalz für die Kruste einige Esslöffel dieser Mischung beimengen (wie zum Beispiel beim Rezept S. 210).

1 gestrichener EL Kubebenpfeffer
1 gehäufter EL frische Zitronenthymianblätter
1 gestrichener TL grobes Meersalz

Zerreiben Sie zuerst in einem Mörser das Salz und den Thymian, bis das Salz grün, aber noch etwas körnig ist. Danach geben Sie die Kubeben dazu, die mittelfein gemörsert werden. Wenn Sie die Mischung nicht sofort aufbrauchen und in einem geschlossenen Behälter aufheben möchten, so lassen Sie sie vorher auf einem Teller einige Zeit antrocknen.

Pfeffersirup

Ein Grundrezept für die süße Küche, das Ihnen noch bei so manchem Dessert und Cocktail in diesem Buch begegnen wird. Machen Sie am besten eine größere Menge auf Vorrat, der Sirup hält sehr lange.

200 g Zucker
200 ml Wasser
3 cm einer Vanilleschote
1 EL Pfeffer (weiß oder schwarz), grob zerstoßen

Den Zucker und das Wasser in einem Topf verrühren, Vanilleschote beifügen, aufkochen und ca. 5 Minuten kochen lassen. Zum Schluss den Pfeffer zugeben, die Flamme abdrehen und zugedeckt etwa 1 Stunde ziehen lassen. Den Sirup in ein steriles Glas abseihen und gekühlt lagern. Wenn Sie es schärfer mögen, lassen Sie den Pfeffer etwas länger im Sirup ziehen.

Pfeffer-Ingwer-Honigsirup

Ein indisches Hausmittel gegen Husten und einen gereizten Hals (dreimal am Tag ein Löffel nehmen, so lautete die Empfehlung), das auch durchaus einen kulinarischen Wert hat.

4 EL frischer Ingwer, gerieben
2 EL schwarzer Pfeffer
3 EL Honig

Den Pfeffer rösten und grob zerstoßen. Alles in einem kleinen Topf vermischen, einmal aufkochen und auskühlen lassen. Wenn Sie eine gute, schnelle Marinade für Huhn oder Rind brauchen, strecken Sie diese Mischung nach Geschmack mit Limettensaft und Sojasauce.

Grüner Spargel und junge Karotten mit Pfeffersabayon

Für 4 Portionen:
1 Bund grüner Spargel
1 Bund junge Karotten
1 Glas Orangensaft
Zesten einer Zitrone
Thymian
etwas knuspriges Meersalz
einige Körner Szechuanpfeffer
Butterflocken
Olivenöl
1 Schuss trockener Weißwein

Sabayon:
4 Eigelb
Saft einer halben Orange
1/16 l trockener Weißwein
1 TL Szechuanpfeffer
Salz

Den Spargel waschen und das untere Viertel – falls holzig – abschneiden. Die Karotten von dem Grün befreien und schälen, größere Karotten längs halbieren. Danach zuerst die Karotten, dann den Spargel in reichlich Salzwasser mit dem Orangensaft 3 Minuten garen und sofort kalt abschrecken (für Karotten und Spargel dieselbe Kochflüssigkeit verwenden). Eine Auflaufform mit Olivenöl ausreiben, das Gemüse hineinlegen und die Butterflocken, Zitronenzesten und Thymian darauf verteilen. Mit etwas Salz und ein paar Körnern Szechuanpfeffer würzen, den Weißwein zugießen und die Form gut mit Klarsichtfolie zudecken. 20 Minuten bei 80 °C im Ofen ziehen lassen.
Für das Sabayon in der Zwischenzeit einen Topf, zur Hälfte mit Wasser gefüllt, zum Erhitzen auf den Herd stellen. Den Szechuanpfeffer in einer trockenen Pfanne anrösten, dann in einem Mörser recht fein zerstoßen und be-

reithalten. Eigelb, Orangensaft, Wein und Salz in einer Rührschüssel gut verquirlen, dann über den Topf mit dem siedenden Wasser gute 10 Minuten mit einem Schneebesen aufschlagen. Den Szechuanpfeffer dazugeben und etwa weitere 5 Minuten schlagen, bis der Schaum luftig, cremig und stabil ist.
Das Gemüse auf Teller verteilen (Sie können es heiß oder warm servieren, das Sabayon dazu sollte aber in jedem Fall sehr heiß sein), etwas Sabayon an das Gemüse geben und, was davon übrig ist, in einer Schüssel servieren.
Natürlich können Sie für dieses Rezept auch andere Pfeffersorten verwenden, etwa schwarzen Pfeffer oder Mönchspfeffer. Das Sabayon passt auch sehr gut zu einem sanft gedämpften Fischfilet.

Zucchini-Tarte-Tatin mit Kubebenpfeffer und gefüllter Blüte

Für 6 Portionen:
Mürbteig:
250 g Mehl
1 Ei
130 g Butter
5 EL Milch
1 Prise Salz

18 Baby-Zucchini mit Blüten
Mischung aus 3 EL Olivenöl und 1 EL Honig
1 TL Kubeben-Thymian-Salz (siehe S. 197)
2 Knoblauchzehen
1 Zweig frischer Thymian
Olivenöl

Die Blüten von den Zucchini entfernen und mit einem feuchten Tuch bedeckt bereithalten. Die Zucchini halbieren und auf beiden Seiten in einer Pfanne mit Olivenöl, Knoblauch und Thymian kurz anbraten. Ein Tarteform (oder 6 kleine) mit der Öl-Honig-Mischung bestreichen und die Zucchini hineinschlichten. Die Zucchini nochmals mit etwas Öl und Honig bestreichen, mit dem Kubeben-Thymian-Salz würzen und dann den dünn ausgewalkten Mürbteig darüberlegen. 20 bis 30 Minuten im 180 °C heißen Ofen backen (je nach Größe der Tarte, der Teig sollte knusprig sein).
In der Zwischenzeit die Blüten vorbereiten:

250 g Ricotta
2–3 EL gutes Olivenöl
Kräuter nach Wahl, fein gehackt oder getrocknet

Kubeben-Thymian-Salz nach Geschmack
evtl. ein paar frische Blätter Zitronenthymian

Den Ricotta mit dem Olivenöl glatt rühren, dann mit den Kräutern vermengen und mit der Salzmischung und Zitronenthymian abschmecken. Jede Blüte mit einem Löffel oder einem Spritzsack mit der Ricottacrème füllen und in eine Auflaufform mit etwas Olivenöl geben. Über die Tarte in den Ofen stellen und etwa 15 Minuten backen.
Die Tarte stürzen und die Portionen mit den Blüten und einem frischen Salat aus Gartenkräutern anrichten.

Melanzanikaviar mit langem Pfeffer

Schmeckt kalt oder warm, als Beilage zu Fisch und Fleisch oder als Dip mit gutem Brot.

Für 4–6 Portionen als Dip:
2 Melanzani
4–6 größere Knoblauchzehen
8 Stück langer Pfeffer
2 schwarze Oliven ohne Kern
4 Stängel frische Minze
Salz
Olivenöl
Zitronensaft
etwas geriebener langer Pfeffer
Pinienkerne zum Garnieren

Den Ofen auf 180 °C vorheizen. Die Knoblauchzehen schälen und längs halbieren. Die Melanzani waschen und mehrfach mit einem Messer einstechen und mit den Knoblauchstücken und dem langen Pfeffer spicken. Beide auf ein Backblech mit Alufolie legen, dann in den Ofen schieben und etwa 45 Minuten schmoren, bis sie ganz weich sind. Herausnehmen und etwas auskühlen lassen. Danach werden die Melanzani längs halbiert, das Fruchtfleisch und die Knoblauchzehen (nicht die Stücke vom langen Pfeffer!) grob gehackt und mit den Oliven in den Mixer gegeben. Sie können auch die Schale verwenden, die Farbe wird dann aber weniger appetitlich. Nun mixen Sie das Fleisch zu einem Püree und würzen dieses nach Ihrem Geschmack mit Salz, Zitronensaft, Olivenöl, fein gehackter Minze und geriebenem Pfeffer (mit der Muskatreibe geht's am einfachsten). Mit Pinienkernen und einem Minzeblatt garniert servieren.

Rosa Flammkuchen mit Ziegenkäse, frischen Feigen und Rohschinken

Hier machen wir uns nicht nur den Geschmack, sondern auch die färbende Wirkung des Tasmanischen Pfeffers zu Nutzen. Der Flammkuchen sieht hübsch aus, schmeckt kalt oder warm hervorragend und reicht auch für eine größere Gästeschar.

Für 2 Backbleche:
Brotteig:
500 g Weizenmehl
25 g frische Germ (oder eine Packung Trockengerm)
1 Prise Zucker (für frische Germ!)
300 ml handwarmes Wasser
1 EL Salz
1 Schuss Rapsöl für das Blech

Die Germ in einem Viertelliter Wasser mit dem Zucker auflösen und mit etwas von dem Mehl in einer Schüssel zähflüssig verrühren. Zugedeckt bei Raumtemperatur etwa 15 Minuten gehen lassen. Nun das restliche Wasser mit dem Salz nach und nach zu dieser Masse gießen und dabei mit dem Knethaken sanft rühren. Danach das Mehl einrieseln lassen und weiter rühren, bis ein schöner, geschmeidiger Teig entsteht. Diesen einige Minuten gut durchkneten, bis er sich etwas weniger klebrig anfühlt, und dann weitere 10 Minuten mit dem Knethaken bearbeiten. Er darf noch ganz leicht klebrig, aber nicht zu weich sein. Kurz mit den Händen durchkneten und mit einem Küchentuch bedeckt etwa 45 Minuten gehen lassen.
In der Zwischenzeit können Sie sich dem Belag widmen:

4 große Zwiebeln, geschält und in dünne Scheiben geschnitten
etwas Rapsöl
1 EL Tasmanischer Pfeffer, gemörsert oder gehackt
Salz nach Geschmack
500 g Ziegenfrischkäse
150 g Crème fraîche
4 Eigelb
16 schöne, frische Feigen, geviertelt
16 Blätter dünn geschnittener Rohschinken, in fingerdicke Streifen geschnitten
1 Bund Rucola

Die Zwiebelringe in dem Rapsöl weich dünsten, ohne dass sie Farbe bekommen, dabei etwas Salz und den Tasmanischen Pfeffer zugeben. Den Käse mit der Crème fraîche und dem Eigelb gut verrühren, dann die Zwiebeln untermengen und etwas ziehen lassen. Dabei wird sich die Farbe des Pfeffers entfalten. Nun den Ofen auf 230 °C Ober- und Unterhitze stellen.
Den Teig nochmals kurz durchkneten, dann in zwei Kugeln teilen. Zwei Backbleche gut mit Rapsöl bestreichen. Die Teigkugeln auf einer bemehlten Arbeitsfläche zu sehr dünnen rechteckigen Platten auswalken und auf die Bleche geben. Die Ziegenkäsecrème gleichmäßig auf beiden Teigplatten verstreichen, dann die Feigen und den Rohschinken darauf verteilen. Die Bleche nacheinander auf der zweiten Schiene von unten etwa 10 Minuten backen. Der Teig sollte schön knusprig sein. Danach etwas von dem frischen Rucola auf dem Flammkuchen verteilen und servieren.

Burmesische Pfeffersuppe – Ngayokekaung Chinye

Der burmesische Name für diese Suppe bedeutet »Pfefferwasser« – so wie der indische Name Mulligatawny für die bei den Engländern so beliebte Suppe. Die Basis beider Rezepte ist recht ähnlich. Sie können dieses Rezept auch mit Huhn oder Fisch kochen, wobei der Fisch erst in den letzten 10 Minuten der Garzeit hinzukommt.

Für 4 Portionen:
1 Zwiebel, fein gehackt
3 Knoblauchzehen, fein gehackt
1 daumenlanges Stück Ingwer, gerieben
1 EL Kreuzkümmelsamen
3 EL Sonnenblumen- oder Maiskeimöl
1 TL Zucker
200 ml Tamarindenwasser
Saft von 1 Limette
750 ml Gemüse- oder Hühnerfond
½ TL schwarzer Pfeffer, grob zerstoßen
Salz

Zwiebel, Knoblauch und Ingwer mit dem Kreuzkümmel in dem Öl andünsten. Wenn Sie die Suppe mit Fleisch machen, geben Sie die Stücke nun dazu und braten Sie sie kurz an. Den Zucker dazugeben und mit Limettensaft und Tamarindenwasser aufgießen. Den Zucker auflösen, dann den Fond dazugeben, mit Salz und Pfeffer würzen und etwa 40 Minuten kochen.

Herbstliches Ofengemüse mit Ahornsirup und Piment

Dieses Gemüse schmeckt heiß oder lauwarm, solo oder als Beilage zu einem großen Braten, etwa einem Thanksgiving Turkey. Salzen Sie nicht zu knapp, denn das Gemüse selbst ist süßlich, was durch den Ahornsirup noch unterstrichen wird.

Für 4 Personen als Hauptgericht oder für mehr Esser als Beilage:
je 200 g Pastinaken, gelbe Rüben, Karotten, Hokkaidokürbis, Petersilienwurzeln, Knollensellerie (bei den Gemüsesorten können Sie natürlich nach Geschmack, Laune und Angebot frei variieren)
100 ml Erdnussöl
100 ml Ahornsirup
1 Spritzer Apfelessig
2 EL Piment, fein gemahlen
1 EL schwarzer Pfeffer, grob zerstoßen
1 TL Fenchelsamen
6 Knoblauchzehen in der Schale
Salz

Das Gemüse in mundgerechte Würfel oder fingerdicke Streifen schneiden. Mit den restlichen Zutaten in einer großen Schüssel gut vermengen, dann auf zwei Backbleche mit Backpapier verteilen (das Gemüse sollte nicht gehäuft sein) und bei 200 °C im Ofen etwa 30 Minuten rösten. Es sollte etwas karamellisiert sein.

Pilze aus dem Wok mit grünem Pfeffer

Für 4 Hauptspeisenportionen:
750 g gemischte Pilze (Austernpilze, Shiitakepilze, Enoki, Champignons, Kräuterseitlinge …)
10 EL Zucker
150 ml Lauchöl (250 ml Erdnussöl mit dem geschnittenen Grün von einer Stange Lauch etwa 10 Minuten auf mittlerer Flamme erhitzen, dann den Lauch abseihen; ersatzweise auch Erdnussöl natur)
6 Knoblauchzehen, fein gehackt
4 EL frische, grüne Pfefferkörner (oder getrocknete, einige Stunden in Wasser eingeweicht)
2 TL weißer Pfeffer, frisch gemahlen
je 6 EL helle und dunkle Sojasauce
Salz nach Geschmack
2 TL Maisstärke, in ein wenig Wasser aufgelöst

Die Pilze in nicht zu kleine Stücke schneiden und bereitstellen. Den Zucker in einem Topf schmelzen und goldgelb karamellisieren. Von der Flamme nehmen und ein Glas warmes Wasser einrühren, bis das Karamell eine dickliche Konsistenz hat.
In einem Wok das Öl erhitzen und die grünen Pfefferkörner und den Knoblauch kurz darin sautieren. Die Pilze nach und nach zugeben und unter Rühren gut anbraten, dann die beiden Sojasaucen und die Karamellsauce sowie den weißen Pfeffer und etwas Salz dazugeben. Die Sauce nach Geschmack mit der gelösten Stärke eindicken und mit Salz abschmecken. Zu Reis eine köstliche vegetarische Hauptspeise!

Artischocke mit verschiedenen Pfeffern, gekocht nach Alain Passard[1]

Diese Art, Artischocken zu kochen, ist schlichtweg genial. Gefunden habe ich das Rezept in dem Kochbuch eines französischen Haubenkochs, der eine besondere Schwäche für Gemüse – so natur wie möglich – hat. Wir haben den Limetten-Olivenöl-Dip mit verschiedenen Pfeffersorten gekostet, alle recht grob gestoßen. Mönchspfeffer hat die bittere Note der Artischocke und des Öls gut ergänzt, Szechuanpfeffer das zitronige der Limette, und am besten fanden wir es mit dem grünem Pfeffer aus Penja. Kosten Sie sich durch!

Pro Person:
1 große Artischocke
4 Lorbeerblätter

Die Lorbeerblätter quer halbieren und in den Blättern der Artischocke verstecken. Diese nun sehr fest und mehrfach in Klarsichtfolie einwickeln und in einem großen Topf mit Wasser zugedeckt etwa eine Stunde kochen. Beschweren Sie dabei den Deckel mit einem Gewicht, damit die Artischocken nicht an der Oberfläche schwimmen. Danach nehmen Sie die Artischocken aus dem Wasser und lassen sie noch etwa 20 bis 30 Minuten in der Folie nachziehen, bevor Sie sie auswickeln.

Als Dip (diese Menge reicht für 4 Artischocken) verrühren Sie 125 ml feinstes Olivenöl und den Saft einer Limette. Streuen Sie etwas Fleur de sel auf diese Sauce und den Pfeffer Ihrer Wahl.

Anleitung zum Genießen von Artischocken: Die Blätter der Artischocke abzupfen, ihr fleischiges, unteres Ende in den Dip tauchen und mit den Zähnen abknabbern. Je mehr Sie zum Inneren der Artischocke vordringen, umso zarter werden die Blattansätze. Unter dem Stroh im Innersten der Artischocke befindet sich das fleischige, saftige Herz: Das Stroh vorsichtig abrupfen, die restliche Sauce auf dem Herz verteilen und dieses freudig genießen!

» 1 Alain Passard ist einer der wenigen Köche, der es in Frankreich mit einer gemüsebetonten Küche zu großen Ehren gebracht hat. Sein Restaurant L'Arpège in Paris hat 3 Michelin-Sterne, er kocht ausschließlich mit Bioprodukten und fast gänzlich ohne Fleisch.

Jakobsmuscheln »Waldorf« mit grünem Pfeffer

Für 4 Portionen:
10 Jakobsmuscheln
4 Stangen Sellerie
1 leicht säuerlicher, saftiger Apfel
Saft einer Limette
4 gehäufte EL Walnüsse, gehackt
2 EL frischer oder sonnengetrockneter grüner Pfeffer
6 EL Olivenöl
knuspriges Meersalz (Fleur de sel)

Falls Sie getrockneten Pfeffer verwenden, weichen Sie diesen in lauwarmem Wasser etwa 2 bis 3 Stunden vor der Verwendung ein. So geht er auf und wird wieder fast so saftig und weich wie frischer Pfeffer! Das funktioniert sowohl mit sonnengetrocknetem als auch mit schockgetrocknetem Pfeffer, wobei Letzterer beim Einweichen manchmal seine Schale verliert.

Eine flache Auflaufform mit etwas Olivenöl ausgießen und bei 50 °C im Ofen erwärmen.

Die Fasern der Selleriestangen mit einem Sparschäler entfernen und die Stangen in Würfel von etwa 0,5 cm Seitenlänge schneiden. Den Apfel ebenfalls schälen und in Würfel schneiden, die Apfelwürfel mit etwas Limettensaft beträufeln und beiseitestellen. 3 Esslöffel Olivenöl in einer Pfanne leicht erhitzen und die Selleriewürfel darin kurz glasig dünsten, dann die Apfelwürfel und den abgetropften oder frischen Pfeffer dazugeben (einige Körner zum Garnieren aufheben), gut durchschwenken und sofort von der Flamme nehmen. Mit etwas Salz und nach Bedarf mit Limettensaft und Olivenöl abschmecken und zugedeckt beiseitestellen.

Die Jakobsmuscheln quer in je drei Scheiben schneiden und mit wenig Limettensaft würzen. In die warme Auflaufform geben und für etwa 10 Minuten in den Ofen stellen.

Auf zwei Teller jeweils einen Esslöffel Walnüsse als flache Schicht verteilen. Auf die Walnüsse kommt eine dünne Schicht (etwa je 4 Esslöffel) von der Ap-

fel-Sellerie-Mischung, dann die lauwarmen Jakobsmuschel-Scheiben fächerförmig darauf anrichten. Das Muschelfleisch vor dem Servieren mit dem Öl aus der Form bepinseln, mit etwas Fleur de sel würzen und mit einigen Pfefferkörnern garnieren.
Tipp: Verwenden Sie beim Anrichten einen Ausstechring (etwa 6–8 cm Durchmesser), dann können Sie die Schichten schön übereinanderstapeln und den Ring danach vorsichtig abziehen.

Fischtartar mit kambodschanischer Pfeffersauce

Hier würzt die Kampot Pfeffersauce, ergänzt durch Zitronengras und Ingwer, den fein geschnittenen rohen Fisch. Scheuen Sie sich nicht, nach Belieben einen Salat mit weiteren Zutaten aus diesem Rezept zu kreieren, etwa mit fein gehackten Frühlingszwiebeln und Gurkenstückchen oder mit Mangowürfeln und grob gehackten Erdnüssen. Wenn Sie es schärfer mögen, können Sie eine fein gehackte Chilischote dazugeben.

Für etwa 15 bis 20 Häppchen:
Saft von 1–2 Limetten
1 EL brauner Zucker
2 EL Fischsauce
1 daumenlanges Stück Ingwer
1 Stängel Zitronengras, fein gehackt
1 TL roter Kampot Pfeffer, grob zerstoßen, oder frische grüne Pfefferkörner
500 g Saiblingsfilet, in Würfel von etwa 0,5 cm Seitenlänge geschnitten
2 EL frischer Koriander, fein gehackt
Zum Anrichten: 2 große Gurken, geschält und in 3 cm breite Scheiben geschnitten

Den braunen Zucker in dem Limettensaft auflösen, dann die Fischsauce einrühren. Den Ingwer fein reiben (auf der feinen Seite einer Käsereibe), die Raspeln mit der Hand ausdrücken und den Saft zu der Marinade geben. Vom Zitronengras die fleischige, untere Hälfte sehr fein schneiden und so wie den Pfeffer in die Marinade einrühren. Den Fisch vorsichtig mit dieser Marinade vermengen und etwa 10 Minuten im Kühlschrank ziehen lassen.
Die Kerne aus den Gurkenstücken mit einem kleinen spitzen Messer entfernen. Das Fischtartar noch einmal abschmecken (wenn es an Salz fehlt, würzen Sie original kambodschanisch mit Fischsauce nach!) und in die Gurkenstücke füllen. Mit Koriander garnieren und servieren.

Süß-sauer marinierte Sardinen mit rosa Pfeffer

Für 6 Vorspeisenportionen:
500 g schöne Sardinenfilets, geputzt
½ TL Szechuanpfeffer, grob zerstoßen
1 TL Anissamen, ganz
200 ml Apfelessig
100 ml Wasser
6 Schalotten
1 TL Zucker
Olivenöl
Salz
50 ml sehr guter weißer Balsamessig
1 kleiner Apfel
1 EL rosa Beeren (rosa Pfeffer), ganz

Die Sardinenfilets in eine Auflaufform schlichten, mit dem Szechuanpfeffer und dem Anis würzen und mit Apfelessig und Wasser begießen. Etwa 2 Stunden im Kühlschrank ziehen lassen. In der Zwischenzeit die Schalotten in sehr feine Scheiben schneiden und mit dem Zucker und etwas Salz in Olivenöl glasig dünsten, dann mit dem Balsamessig ablöschen und etwas einreduzieren. Den Apfel schälen, entkernen, in kleine Würfel schneiden und kurz in den Schalotten anbraten, dann den rosa Pfeffer einrühren.
Die Sardinen aus der Marinade nehmen, etwas abtropfen lassen, leicht salzen, dann die Schalotten und die Apfelstücke darauf verteilen, mit etwas Olivenöl beträufeln und zu knusprigem Weißbrot oder auf Salat servieren.

Garnelen im Tempurateig mit Paradieskörnern

Bei dieser Tempuravariante verstärken die Paradieskörner die knusprige Textur des gebackenen Teiges und sorgen für eine angenehme, unaufdringliche Schärfe. Sie können auch jedes beliebige Gemüse, in dünne Scheiben geschnitten, in diesem Teig frittieren.

Für 6 Vorspeisen- oder 2–3 Hauptspeisenportionen:
Tempurateig:
110 g glattes Mehl
1 Ei
125 ml eiskaltes Sodawasser
1 EL grob zerstoßene Paradieskörner

Alle Zutaten zu einem glatten, flüssigen Teig verrühren und 1 Stunde ziehen lassen.

12 Garnelen, bis zur Schwanzflosse geschält und entdarmt
etwas Stärkemehl
500 ml Erdnussöl
Sojasauce und geriebener Bierrettich zum Dippen

Schneiden Sie die Garnelen auf der Bauchseite einige Male quer ein, so bleiben sie beim Frittieren gerade. Erhitzen Sie das Öl in einem Wok und machen Sie eine Temperaturprobe: Wenn einige Tropfen des Teiges sofort zur Oberfläche steigen, aber hell bleiben, ist es heiß genug. Dann die Garnelen rundherum mit etwas Stärkemehl bestäuben, abklopfen und durch den Teig ziehen. Sofort in das heiße Öl geben und hellgelb frittieren. Auf Küchenkrepp abtropfen lassen und mit Sojasauce und etwas von dem Rettich servieren.

Goldbrasse mit Mönchspfeffer und Thymian im Salzmantel

Für 4 Portionen:
1 ausgenommene Goldbrasse von etwa 1,5 kg
2 Knoblauchzehen
4 unbehandelte Zitronen
1 EL Mönchspfeffer
2 Bund Thymian
3 kg grobes Meersalz
3 EL Kubeben-Thymian-Salz (optional, siehe S. 197)
4 Eiweiß

Stellen Sie den Backofen auf 240 °C. Schneiden Sie die Zitronen und die Knoblauchzehen in dünne Scheiben. In die Bauchhöhle der Goldbrasse kommen 3 oder 4 Scheiben Zitrone, der Knoblauch, der Mönchspfeffer und einige Zweige vom Thymian. Dann das Salz mit der Kubeben-Thymian-Mischung und dem Eiweiß in einer großen Schüssel gut vermengen und ein Blech oder eine feuerfeste Form etwa 2 cm dick mit dieser Mischung bedecken. In die Mitte (dort, wo der Fisch liegen wird) kommen Zitronenscheiben und auf diese wiederum Thymianzweige, darauf dann der Fisch. Decken Sie diesen ebenfalls zuerst mit Thymian, dann mit Zitronenscheiben zu und danach mit dem restlichen Salz, sodass er vollständig bedeckt ist. Nach 35 bis 40 Minuten im Ofen ist die Salzkruste fest und leicht braun und der Fisch gar und saftig. Schlagen Sie die Kruste sehr vorsichtig auf, damit die Goldbrasse keinen Schaden nimmt. Nun die Kräuter und die Haut entfernen, den Fisch bei Tisch filetieren und mit kleinen Ofenkartoffeln und einer feinen Zitronenmayonnaise servieren.

Geschmorter Pulpo mit Piment

Das ist eine Variation zum Thema »Stifado«. Langer Pfeffer und Piment passen zu Pulpo ganz hervorragend, stellen Sie also beides auch zum Nachwürzen bei Tisch bereit.

Für 6 Personen:
1 ganzer Pulpo (ca. 1,5 kg)
1 große Zwiebel
2 Knoblauchzehen
1 EL Tomatenmark
je 1 großer Zweig Rosmarin und Thymian
2 Lorbeerblätter
2 EL Piment
6 Stück langer Pfeffer
1 Spritzer weißer Balsamessig
¼ l Weißwein
Wasser
1 Chilischote
Salz
Olivenöl

Die Zwiebel und den Knoblauch grob schneiden, beides in Olivenöl anschwitzen. Das Tomatenmark und die Kräuter und Gewürze (bis auf den Chili) – alle unzerkleinert – dazugeben, etwas rösten, dann mit dem Essig ablöschen. Nun den Pulpo einlegen, den Wein dazugeben und mit so viel Wasser auffüllen, dass der Pulpo nicht ganz bedeckt ist. Etwas Salz und die ganze Chilischote zufügen und alles zugedeckt etwa eineinhalb bis zwei Stunden leise köcheln, bis der Pulpo weich ist. Danach den Pulpo herausnehmen, die Fangarme abtrennen, in einer Pfanne ganz kurz anbraten und dabei mit etwas gemahlenem Piment würzen. Mit etwas von dem Schmorsaft auf cremiger Polenta oder zu Selleriepüree servieren.
Tipp: Sie können den Pulpo auch kalt weiterverarbeiten, entweder würfelig geschnitten als Salat mit Avocados und Tomaten oder in dünnen Scheiben als eine Art Carpaccio mit einer leichten Zitronenvinaigrette und etwas gemahlenem Piment.

Seeteufel auf Zwiebeln und langem Pfeffer geschmort

Seeteufel verträgt starke Aromen und einiges an Schärfe. In diesem Rezept bleibt die Schärfe am Fisch trotz der Menge an Pfeffer recht zurückhaltend – dafür ist der Pfeffer das perfekte Bindeglied zwischen dem intensiven Fisch und den süßlichen Zwiebeln.

Für 2 Portionen:
2 EL Olivenöl
1 EL Butter
4 Zwiebeln, fein geschnitten
2 EL langer Pfeffer (etwa 12 Stück)
1 Seeuteufelschwanz ohne Haut (etwa 600 g)
Meersalz
Saft und Zeste einer Zitrone
1 guter Schuss Cognac

Das Olivenöl und die Butter in einem länglichen Schmortopf oder einem Bräter erhitzen, dann die Zwiebeln darin unter regelmäßigem (um nicht zu sagen: ständigem) Rühren karamellfarben und weich dünsten. Den Fisch mit Salz und Zitronensaft würzen. Den langen Pfeffer in die Zwiebeln rühren, den Fisch darauflegen und mit dem Cognac ablöschen. Zugedeckt auf mittlerer Flamme oder bei 160 °C im Ofen etwa 25 Minuten schmoren. Dabei sollten Sie ein- oder zweimal prüfen, dass nichts ansetzt – gegebenenfalls können Sie etwas Wasser oder Weißwein dazugeben. Danach den Seeteufel herausheben und warm halten, während Sie den langen Pfeffer aus den Zwiebeln fischen. Den Fisch entlang des Mittelknochens in zwei Filets zerteilen und dann in so viele Medaillons schneiden, wie Sie brauchen. Diese auf Tellern anrichten und mit den geschmorten Zwiebeln servieren. Dazu passen kleine sautierte Artischocken oder leicht karamellisierter Fenchel.

Linguine mit Calamares, Zitronenpfeffer und Kapern

Das ist eine Erweiterung von Calamares a la Plancha, die Sie nach Belieben auch ohne Nudeln und mit Chiliflocken statt Pfeffer genießen können.

Für 4 Portionen:
250 g getrocknete oder 750 g frische Linguine
500 g Calamares
Saft von einer Zitrone
4 EL Petersilie, fein gehackt
3 Knoblauchzehen, fein gehackt
2 EL Kapern
Olivenöl
Salz
Zitronenpfeffer (siehe S. 196)

Die küchenfertigen Calamare kalt abspülen, auf Küchenpapier gut trocknen lassen und danach in Ringe schneiden, die Tentakel dabei aufheben. Die Linguine in reichlich Salzwasser bissfest garen, abseihen und mit etwas Olivenöl begießen, damit sie nicht zusammenkleben. Verrühren Sie den Zitronensaft mit etwas Salz, dem Knoblauch, 4 Esslöffeln Olivenöl (oder mehr, je nach Geschmack) sowie der Petersilie und den Kapern in einer großen Schüssel. Nun eine große gusseiserne Pfanne ohne Öl stark erhitzen, die Calamares portionsweise grillen, bis sie schön gebräunt sind, und danach gleich in die Schüssel mit dem Dressing geben. Zum Schluss die Linguine zu den Calamares geben und alles gut durchmischen. Sollten die Linguine zu sehr abgekühlt sein, so können Sie alles in der warmen Pfanne nochmals kurz durchschwenken. Mit Salz abschmecken und vor dem Servieren mit dem Zitronenpfeffer bestreuen.

Gedämpfter Red Snapper mit gemischten Pfeffern, Zimtblüten und Orange

Falls Sie keinen langen Topf mit Dämpfeinsatz haben, bereiten Sie den Fisch einfach im Ofen bei 180 °C zu. Geben Sie nicht die ganze Flüssigkeit auf einmal in die Auflaufform, sondern begießen Sie den Fisch alle 5 Minuten, bis er gar ist (etwa 30 bis 35 Minuten)

Für 4 Portionen:
1 Red Snapper (etwa 1,5 kg)
1 Stängel Zitronengras
100 ml trockener Sherry, Noilly Prat oder Weißwein
Pfeffermischung aus ½ TL vollreifem Pfeffer, ½ TL weißem Pfeffer, ½ TL Szechuanpfeffer, ½ TL Paradieskörnern, grob zerstoßen

Marinade:
2 unbehandelte Orangen
1 kleines Stück Ingwer, gerieben
2 Knoblauchzehen, fein gehackt
2 EL Honig, 100 ml Sojasauce
1 TL Zimtblüten, 1 Prise Meersalz

Zuerst die Marinade zubereiten: Die Orangen mit einem Zestenreißer oder auf einer feinen Reibe abreiben und den Saft auspressen, dann mit der Hälfte der Pfeffermischung, dem Honig, Ingwer und der Sojasauce sowie dem Knoblauch und Salz verrühren. Die Zimtblüten grob mörsern und ebenfalls zur Marinade geben. Jetzt den Fisch, gewaschen und trocken getupft, auf beiden Seiten drei- bis viermal einschneiden und das angedrückte Zitronengras in seine Bauchhöhle geben. Legen Sie den Fisch in eine Auflaufform und begießen Sie ihn mit der Marinade. Etwa 4 Stunden zugedeckt im Kühlschrank ziehen lassen, dazwischen einmal wenden.
Der Fisch kommt nun in den Dämpfeinsatz eines länglichen Topfs, in den unteren Teil des Topfs geben Sie die Marinade, den Sherry und ein kleines Glas Wasser. Den Fisch mit Salz und etwas mehr von der Pfeffermischung sowie den restlichen Orangenzesten bestreuen und zugedeckt etwa 35 Minuten dämpfen. Achten Sie darauf, dass genug Dampf entsteht, die Flüssigkeit aber nicht vollständig einkocht. Gießen Sie gegebenenfalls einfach etwas Wasser nach. Servieren Sie den Fisch im Ganzen auf einer Platte, mit etwas von der eingekochten Marinade begossen, und filetieren Sie ihn bei Tisch. Dazu passen frischer Spinat, mit einer gehackten Zwiebel und etwas geriebenem Ingwer kurz gekocht, und Reis.

Wachteln mit Kubeben-Honig-Glaze, Thymian und Trauben

Wenn Sie gerne Taube essen, können Sie dieses Rezept ebenso mit einer ganzen Taube zubereiten. Die Garzeit ist entsprechend der Größe der Vögel um etwa 20 Minuten länger.

Für 4 Portionen:
4 küchenfertige Wachteln
4 große Knoblauchzehen
4 EL weiche Butter
2 EL Kubebenpfeffer, grob zerstoßen
1 Bund Thymian
4 EL Honig
2 EL Olivenöl
4 kleine Schalotten, geschält und in Scheiben geschnitten
2 Handvoll reife, grüne Trauben, halbiert und entkernt
ein wenig Weißwein oder Hühnerbrühe
Salz

Den Ofen auf 180 °C vorheizen. Die Knoblauchzehen schälen und mit der flachen Messerklinge etwas andrücken, dann die Wachteln rundherum mit dem Knoblauch einreiben. Die Wachteln innen und außen etwas salzen und mit den angedrückten Knoblauchzehen, je einem halben Esslöffel weicher Butter, etwas Kubebenpfeffer und reichlich Thymian füllen und mit einem Zahnstocher die Öffnung verschließen. Die Wachteln mit der restlichen Butter einreiben und bereithalten.
Das Öl mit dem Honig und dem restlichen Kubebenpfeffer verrühren und ebenfalls bereithalten. Nun einen schweren, eher flachen Schmortopf oder eine Bratpfanne erhitzen und die Wachteln rundherum etwa 1 bis 2 Minuten anbraten, dann wieder herausnehmen. Die Schalottenstreifen in der Pfanne etwas andünsten (nicht zu heiß!), mit einem Spritzer Weißwein ablöschen und dann die Trauben dazugeben. Alles leicht salzen, durchschwenken und die Flamme abdrehen. Nun die Wachteln mit der Honig-Pfeffer-Mischung

bestreichen, mit der Brustseite nach oben auf die Trauben setzen und in den Ofen geben. Nach 5 Minuten mit wenig Flüssigkeit (Wasser oder Brühe oder die Flüssigkeit aus dem Schmortopf) übergießen, erneut einpinseln und weiter braten. Diesen Vorgang noch einmal wiederholen. Die Wachteln sind nach 12 bis 15 Minuten gar und saftig. Jede Wachtel mit ein paar Trauben anrichten und mit knusprigem Weißbrot servieren.

Dieses Gericht hätte den alten Römern sicherlich auch sehr geschmeckt, denn Pfeffer, diverse Kräuter, Honig und Früchte wie Datteln, Rosinen oder Pflaumen werden in zahlreichen Rezepten des Apicius für Geflügelgerichte verwendet. Für eine Sauce zu gegrillten Ringeltauben oder Flamingos empfiehlt er etwa: Pfeffer, Liebstöckel, Koriander, Wiesenkümmel, getrocknete Zwiebel, Minze, Eigelb, Datteln, Honig, Essig, Liquamen,[1] Öl und Wein.

Südindisches Pfefferhuhn

In Indien wird nicht nur Pfeffer, sondern auch Hühnerfleisch als Hausmittel gegen Erkältungen gehandelt. Warten Sie aber nicht erst auf den nächsten Schnupfen, um dieses köstliche Chicken Curry zu probieren!

Für 4 Portionen:
4 Hühnerkeulen
1 TL Cayennepfeffer
1 TL Kurkuma
1 EL Koriandersamen, gemahlen
4 Knoblauchzehen und 2 EL geriebener Ingwer, zusammen zu einer Paste püriert (am besten im Mörser)
2 große Zwiebeln
2 große, reife Tomaten
3 Zimtstangen
3 Kardamomkapseln
3 Nelken
1 Lorbeerblatt
1 TL Fenchelsamen
2 EL schwarzer Pfeffer, grob zerstoßen
Saft einer halben Zitrone
Salz, Öl oder Ghee (indisches Butterschmalz)
etwas frischer Koriander zum Garnieren

» 1 Eine salzige Würzsauce, die im alten Rom verwendet wurde und der asiatischen Fischsauce vermutlich nicht unähnlich ist.

Das Huhn mit Cayennepfeffer, Kurkuma, Koriander, Salz und etwas von der Ingwer-Knoblauch-Paste einreiben und 30 Minuten marinieren. In der Zwischenzeit die Zwiebeln fein hacken und die Tomaten würfeln.
Das Öl oder das Schmalz in einem schweren Topf erhitzen und die ganzen Gewürze (Zimt, Kardamom, Nelken, Lorbeer und Fenchel) kurz anbraten, bis alles duftet. Dann werden die Zwiebeln unter Rühren angebraten, bis sie etwas geschmort, aber nicht gebräunt sind. Danach zuerst die restliche Ingwer-Knoblauch-Paste (dabei ständig rühren!) und dann die Tomaten und den gemahlenen Koriander beifügen. Alles gut durchmischen, ein kleines Glas Wasser dazugeben und zugedeckt etwa 5 Minuten köcheln lassen. Die Tomaten sollten dabei zerkochen. Nun kommen die Hühnerkeulen dazu: Diese einige Male gut in der Tomatensauce wenden, dann zugedeckt mit etwas mehr Salz auf mittlerer Flamme garen, bis das Huhn fertig ist (etwa 15 Minuten). Zum Schluss den Pfeffer einrühren und mit etwas Zitronensaft abschmecken. Mit Korianderblättern garnieren und mit Reis servieren.

Entenbrust mit Szechuanpfeffer, Honig und Soja

Auch in diesem Rezept sorgt Honig für eine karamellige, vollmundige Süße, die den intensiven Geschmack der Sojasauce und die prickelnde Schärfe des Szechuanpfeffers gut ergänzt. Zu Ente ein Traum, aber auch als Marinade für Rinderfiletspieße vom Grill perfekt.

Für 4 Portionen:
2 Entenbrüste à ca. 400 g
Salz

Für die Sauce:
je 2 EL Honig und dunkle Sojasauce
1 TL Tomatenmark
1 EL Szechuanpfeffer, nicht zu fein gemahlen
1 EL Sherry oder Reiswein

Den Ofen auf 80 °C vorheizen. Die Zutaten für die Sauce in einem kleinen Topf einmal aufkochen und bereitstellen.
Die Entenbrüste auf der Hautseite vorsichtig in Abständen von 1 cm einritzen, ohne das Fleisch selbst dabei anzuschneiden und rundherum mit wenig Salz einreiben. In einer heißen Pfanne auf der Hautseite etwa 5 bis 7 Minuten goldgelb und knusprig braten, auf der Fleischseite etwa 2 bis 3 Minuten. Dabei läuft das Fett aus, daher ist die Zugabe von Öl nicht nötig. Die Entenbrüste mit der Hautseite nach oben in eine Bratwanne mit Rosteinsatz legen

und die Sauce auf der Hautseite verteilen, ohne dass zu viel von der Sauce in die Bratwanne rinnt. Nun im Ofen etwa 40 Minuten weiter garen, dabei ab und zu mit der restlichen Sauce bepinseln. In den letzten Minuten der Garzeit die Grillfunktion einschalten, damit die Ente knusprig karamellisiert. Halten Sie währenddessen ein waches Auge auf die Entenbrüste, damit sie nicht zu dunkel werden – der Honig kann leicht verbrennen. Lassen Sie die Brüste danach einige Minuten rasten, bevor Sie sie in fingerdicke Scheiben schneiden und servieren. Passen würde etwa kurz gebratener Pak Choi oder Reis – am besten beides!

Stifado vom Kaninchen

Von einer jungen Dame wurde ich bei einem meiner Kochkurse – zu einem Zeitpunkt, als ich Stifado noch mit vielen anderen Gewürzen, aber nicht mit Piment würzte – darauf hingewiesen, dass ein Stifado ohne Piment wie ein Gulasch ohne Paprika sei. Küchengeheimnis ihrer griechischen Mutter! Diese Behauptung stellte ich keinesfalls infrage und ließ mich willig auf das Experiment ein, allerdings wurde mir der Kochlöffel eine knappe halbe Stunde später von der telefonisch alarmierten Mutter abgenommen. Da wanderten gut 2 Esslöffel Pimentkörner in den Schmortopf, und alle Gäste kamen in den Genuss des besten Stifado, das je in meiner Küche zubereitet wurde.

Für 4 Portionen:
4 Kaninchenkeulen
40 ml Olivenöl, 50 g Butter
3 Lorbeerblätter, 1 TL Kreuzkümmelpulver, 1 TL Pfefferkörner
1–2 EL Pimentkörner
2 Knoblauchzehen, geschält und fein gehackt
2 EL Tomatenmark
40 ml guter Balsamessig
300 g reife Tomaten, geschält und entkernt
½ Glas Rotwein
1 kg geschälte Schalotten
½ Bund Petersilie, fein gehackt
Salz

Das Olivenöl in einem Schmortopf erhitzen und die leicht gesalzenen Keulen rundherum mit etwas Farbe anbraten, dann wieder herausnehmen und bereithalten. Die Gewürze und den Knoblauch kurz in dem Topf anrösten, das Tomatenmark und die Butter einrühren, dann den Essig zugießen und etwas einkochen lassen. Die Keulen wieder in den Topf geben und in dem Saucenansatz wenden, dann mit dem Rotwein aufgießen, die Tomaten zufügen und mit heißem Wasser angießen, bis das Fleisch knapp bedeckt ist. Die Schalotten darauf verteilen, den Topf rütteln und zugedeckt etwa eine bis eineinhalb Stunden (am Herd oder im Ofen bei 160 °C) schmoren, bis das Fleisch zart und die Sauce schillernd und eingedickt ist. Dann die Petersilie einrühren und die Sauce abschmecken.

Mit Nudeln, Weißbrot oder Reis servieren.

Mit Rind oder Lamm (verlangen Sie beim Metzger Ihres Vertrauens nach Gulasch- bzw. Ragoutfleisch) schmeckt dieser griechische Klassiker ebenfalls hervorragend: Passen Sie die Garzeit der Fleischsorte an: Wenn es weich ist, ist es fertig!

Hase im Pfeffer

Wenn der Hase im Pfeffer liegt, hat er ein unlösbares Problem und jene, die ihn verspeisen, haben eine ziemlich gute Mahlzeit. Rezepte für Hasenpfeffer lassen sich bis in das Mittelalter nachverfolgen, und obwohl es allgemein als deutsches Gericht bekannt ist, habe ich auch in alten französischen Kochbüchern wie »La cuisinière bourgeoise« sehr ähnliche Rezepte gefunden. Klassisch werden die Innereien und zerkleinerten Fleischstücke vom Hasen vorerst in Essig eingelegt (ursprünglich sicher auch zur besseren Konservierung des Fleisches) und in einer Sauce mit Wein, Essig, etwas Mehl, zuweilen auch Speck und Brot, verschiedenen Gewürzen (Pfeffer, Nelken, Lorbeer) und ein wenig Butter gekocht. Die Sauce wird zum Schluss mit Blut gebunden. Hier die französische Variante des Hasenpfeffers (»Häschen mit Blut«) aus der »cuisinière bourgeoise«, frei übersetzt:

Achten Sie beim Zerlegen und Ausnehmen des Hasen darauf, dass Sie sein Blut auffangen, Sie können es dann zur Bindung der Sauce verwenden. Zerschneiden Sie den Hasen in seine Teile und spicken Sie diese, falls gewünscht, mit Speck. Legen Sie die Teile mit der Leber und einem Stück Butter, groß wie ein Ei, in eine Kasserolle, weiters einen Bund Petersilie, Schnittlauch, eine Knoblauchzehe, zwei Schalotten, drei Nelken, ein Lorbeerblatt, Thymian, Basilikum, das alles auf das Feuer stellen und eine gute Prise Mehl dazugeben. Mit drei Gläsern Brühe, einem Achtel Rotwein, einem guten Löffel Essig, Salz und grob zerstoßenem Pfeffer begießen, dann kochen, bis der Hase gar und die Sauce gut einreduziert ist. Nehmen Sie die gekochte Leber heraus, die zer-

drückt und mit dem Hasenblut, das Sie aufgehoben haben, gemischt wird. Wenn Sie zum Servieren bereit sind, binden Sie die Sauce über kleiner Flamme – es darf nicht kochen! – mit dem Blut ab. Danach geben Sie eine halbe Handvoll kleine ganze Kapern dazu und servieren es heiß.[2]
Mein Tipp für eine Variation zum Thema Hasenpfeffer: Kochen Sie schwarzen und langen Pfeffer sowie Piment, je einen Esslöffel, unzerkleinert in der Sauce mit. Eine schöne Bindung (auch ohne Blut) und gleichzeitig eine gefällige süße Note bekommt das Schmorgericht, wenn Sie während der gesamten Garzeit eine Handvoll getrocknete Zwetschken mitkochen, die Sie vorab in dem Rotwein – gerne ein Viertelliter oder auch etwas mehr davon – eingeweicht haben. Falls Sie die Innereien des Hasen haben, kochen Sie diese ebenfalls mit! Dazu passen cremige Polenta oder hausgemachte Spätzle.

Balinesische Spieße vom Schwein

Das faschierte Schweinefleisch kann als Fleischlaberl oder wurstförmig auf Spießen am Grill oder in der Pfanne gebraten werden.

Für 6 Portionen:
750 g faschierter Schweinsschopf
Saft einer Limette
1 Portion balinesisches Bumbu (siehe S. 192)
1 TL Salz
Erdnussöl zum Bestreichen
Für Spieße: 20–25 Stangen Zitronengras oder gewöhnliche Holzspieße, einige Stunden in Wasser eingeweicht

Das Faschierte mit dem Limettensaft und dem Bumbu gut vermengen. Kneten Sie die Fleischmasse dabei einige Zeit, damit die geformten Portionen später beim Braten besser in Form bleiben. Die Masse zugedeckt im Kühlschrank etwa 4 Stunden ziehen lassen.
Nun können Sie die Masse portionieren und entweder Fleischlaberl oder – für Spieße – längliche Würste formen. Wenn Sie Zitronengras als Spieße verwenden möchten, formen Sie das Fleisch um das Zitronengras herum, beim Aufspießen würde die Fleischmasse sonst aufbrechen.
Grillen oder Braten Sie die Spieße etwa 6 bis 8 Minuten, nach der halben Bratzeit mit etwas Öl bepinseln.

» 2 Vgl. La cuisinière bourgeoise, S. 230.

Geschmorte Lammhaxen mit Zwiebeln, Melanzani und Berbere

Für 4 Portionen:
4 Lammhaxen
1 große Melanzani, in 1–2 cm große Würfel geschnitten
4 Zwiebeln, in Ringe geschnitten
4 Knoblauchzehen, fein gehackt
2 EL Berbere (oder nach Geschmack)
Olivenöl, Butter, Salz

Die Melanzaniwürfel mit einem Teelöffel Salz vermengen und in einem Sieb etwa 30 Minuten ziehen lassen, danach kurz abspülen und auf einem Küchentuch trocknen. Die Lammhaxen mit etwas Salz einreiben. In einem großen Bräter etwas Öl erhitzen und die Haxen von allen Seiten gut anbraten, bis sie etwas Farbe haben. Danach herausnehmen und beiseitestellen. Die Hitze etwas reduzieren, die Butter in den Topf geben und die Zwiebeln gut anschmoren. Dann die Knoblauchzehen, die Melanzaniwürfel und das Berbere dazugeben, alles gut durchmischen, die Lammhaxen in den Topf schlichten und mit 2 Tassen Wasser angießen. Zugedeckt etwa 1½ Stunden auf mittlerer Hitze oder im Ofen bei 170 °C garen lassen, bis das Fleisch sich leicht vom Knochen lösen lässt. Zwischendurch immer wieder umrühren und prüfen, dass sich nichts ansetzt. Bei Bedarf können Sie etwas mehr Wasser zugießen. Zum Schluss mit Salz abschmecken. Sie können das geschmorte Lamm mit frisch gehackten Kräutern wie Minze, Petersilie oder Koriander garniert servieren.

Rinderfilet im Wok mit grünen Paprika, Zwiebel und zweierlei Pfeffer

Für dieses Wokgericht können Sie auch Hühnerfilets, grob gewürfelt, oder Riesengarnelen verwenden. Wenn Sie die Paprika ersetzen möchten, nehmen Sie Mangold oder Pak Choi – das Gemüse sollte jedenfalls die leicht bittere Note haben, die dieses Gericht neben den beiden Pfeffersorten so speziell macht.

Für 4 Portionen:
3–4 EL Lauchöl (250 ml Erdnussöl mit dem geschnittenen Grün von einer Stange Lauch etwa 10 Minuten auf mittlerer Flamme erhitzen, dann den Lauch abseihen; ersatzweise Erdnussöl natur)
600 g Rinderfilet, gewürfelt
2 weiße Zwiebeln, in Ringe geschnitten
2 grüne Paprika, entkernt und gewürfelt
3 Knoblauchzehen, fein blättrig geschnitten
1 daumenlanges Stück Ingwer, gerieben
1 TL brauner Zucker
3 EL Sojasauce
200 ml Hühnerfond
1 EL Maisstärke
Salz
je 1 EL schwarzer Pfeffer und Szechuanpfeffer, grob zerstoßen

Den Zucker mit der Sojasauce und dem Hühnerfond und einem Teelöffel Maisstärke vermischen, den geriebenen Ingwer einrühren. Die Rinderfiletstücke mit der restlichen Maisstärke bestäuben und gut durchmischen. Das Öl im Wok erhitzen und das Fleisch portionsweise unter Rühren 2 bis 3 Minuten anbraten, dann aus dem Wok nehmen. Die Zwiebeln, Paprika und den Knoblauch gut scharf anbraten. Die Filetstücke und die vorbereitete Flüssigkeit dazugeben, etwa 3 Minuten weiter garen, bis die Sauce etwas eindickt. Die Pfeffersorten beigeben und mit Salz oder Sojasauce abschmecken. Dazu passt gedämpfter Reis.

Pfeffersteak

Für ein gutes Steak braucht man in erster Linie ausgezeichnetes Fleisch, das leicht marmoriert (mit etwas Fett durchzogen) ist. Es eignet sich am besten das Filetstück oder der Lungenbraten, die Stücke sollten mindestens 2 cm dick sein. Auch Rostbraten ist geeignet, dieser aber etwas dünner geschnitten.

Des Weiteren braucht man:
etwas Olivenöl, etwas Butter, Salz und Pfeffer
1 schwere Pfanne
Rosmarin, Thymian und Knoblauch nach Geschmack

Nehmen Sie die Fleischstücke mindestens 2 Stunden vor dem Braten aus dem Kühlschrank. Ich mariniere sie während dieser Akklimatisierungsphase wie folgt: mit etwas Olivenöl einpinseln, mit Rotweinsalz einreiben, grob geschro-

teten Pfeffer auf das Fleisch streuen und ein paar Kräuterzweige darauflegen. (Wenn ich es dann mit Klarsichtfolie abdecke, stelle mir jedes Mal die Frage, ob ich mich nicht doch an die Regel halten sollte, das Fleisch erst später zu salzen, aber so schmeckt es einfach irgendwie besser.)
Wenn es ans Braten geht, erhitzen Sie eine schwere Pfanne ohne Öl 2 bis 3 Minuten. Nehmen Sie die Kräuter und etwas vom Pfeffer vom Fleisch und braten Sie dieses bei großer Hitze auf beiden Seiten gut an. Dann wird die Hitze recht drastisch reduziert, etwas Butter, eine Knoblauchzehe und die Kräuter kommen zum Fleisch in die Pfanne und dieses wird wieder von beiden Seiten gebraten. Danach die Steaks nochmals pfeffern und im warmen Ofen (bei etwa 160 °C) 2 bis 3 Minuten nachgaren lassen, herausnehmen und in Alufolie gewickelt noch einige Minuten ziehen lassen.
Der gewünschte Garpunkt hängt von der Dauer des Bratens in der Pfanne ab, es kommt aber auch auf die Stärke des Fleischstücks an. Besser ist es, den Garpunkt mit Fingerdruck zu ertasten: Je weniger das Fleisch nachgibt, umso mehr ist es gegart. Das hat man nach dem dritten Steak prinzipiell im Fingerspitzengefühl, aber es ist hilfreich, sich an einer Gartabelle zu orientieren:

Bratzeit für verschiedene Garpunkte	rare	medium rare	medium	à point	well done
starke Hitze	1 Min. pro Seite	2 Min. pro Seite	2 Min. pro Seite	2 Min. pro Seite	2 Min. pro Seite
kleine Hitze	1/2 Min. pro Seite	1 Min. pro Seite	2 Min. pro Seite	3 Min. pro Seite	3 Min. pro Seite
Nachgaren bei 160 °C	2 Min.	2–3 Min.	3–4 Min.	3–4 Min.	5 Min. bei 150 °C

Tipp: Flambieren Sie das Fleisch vor dem Rasten mit einem Spritzer Cognac, das gibt guten Geschmack.

Filet im Pfeffermantel

Dieses Rezept funktioniert mit vielen größeren Filetstücken, etwa Kalbsfilet oder Hirschfilet. Für Kalb benötigen Sie 6 Esslöffel grünen Pfeffer, grob zerstoßen, und für Hirsch 6 Esslöffel der Pfeffermischung für Wild im Rezeptkapitel »Aus dem Mörser« (siehe S. 196).

Für 4 Portionen:
600 g Filet (Zimmertemperatur)
6 EL Pfeffer
1 TL Salz
1 Knoblauchzehe, zerdrückt
2 Zweige Thymian
1 guter EL Butter
Klarsichtfolie und Alufolie

Den Pfeffer und das Salz mischen und auf ein großes Brett streuen. Das Filet darin wälzen und dann sehr straff in Klarsichtfolie einwickeln. Wickeln Sie die Folie etwa dreimal um das Filet. Drehen Sie die überstehenden Enden der Folie so lange, bis sich eine kompakte Fleischwurst geformt hat. Diese nun nochmals fest in Alufolie einwickeln. Erhitzen Sie einen großen Topf mit Wasser, bis es siedet (es darf nicht kochen) und geben Sie die eingewickelten Fleischstücke für 18 Minuten hinein. Achten Sie laufend darauf, dass das Wasser nicht zu kochen beginnt, sondern nur kleine Bläschen aufsteigen. Danach die Fleischstücke aus dem Wasser nehmen, kurz rasten lassen und auswickeln. Den Fleischsaft in der Folie möglichst in einer Schüssel auffangen. In einer großen Pfanne die Butter erhitzen, Knoblauch und Thymian hineingeben und das Fleisch kurz auf allen Seiten anbraten, dann den Fleischsaft in die Pfanne gießen. Die Filets aufschneiden und servieren.
Zum Kalb mit grünem Pfeffer passen Süßkartoffelpüree und sautierte Zucchini, zum Hirsch ein Selleriepüree und Rotweinfeigen.

Pfeffernüsse (nicht die weihnachtlichen!)

300 g gemischte Nüsse (Mandeln, Cashewnüsse, Erdnüsse)
Erdnussöl zum Braten
1 TL schwarzer Pfeffer, griesig zerstoßen
2 TL Garam Masala
Salz nach Geschmack

Die Nüsse in einer Pfanne in reichlich heißem Öl braten, bis sie goldgelb sind, dann auf Küchenkrepp abtropfen. Die Gewürze und das Salz auf die warmen Nüsse geben und gut vermischen.

Pfefferstangerl

Das ist ein Rezept für bequeme Gastgeber, denn es geht schnell und verfehlt als Knabberei zu Aperitif und Wein oder als Beilage zu einer Suppe geschmacklich wie optisch nie seine Wirkung.

1 Lage Blätterteig (aus dem Kühlregal)
1 Ei
2 EL gemischte Pfefferkörner, grob zerstoßen (hier können Sie nach Laune und Vorrat variieren: *Piper nigrum*-Sorten, Piment, Tasmanischer Pfeffer, gemischt oder pur)
Meersalz (Fleur de sel)

Ein Backblech mit Backpapier auslegen und bereitstellen. Den Ofen auf 200 °C vorheizen.
Den Blätterteig auf eine Arbeitsfläche legen und zur Hälfte mit Ei bestreichen, dann diese Hälfte mit einem Esslöffel des zerstoßenen Pfeffers bestreuen. Die unbestrichene Hälfte darüberlegen und mit dem Nudelholz gut andrücken. Diese Fläche nun auch dünn mit Ei bestreichen und mit dem restlichen Pfeffer und etwas Fleur de sel bestreuen und die Teigplatte dann in etwa 1,5 cm breite Streifen schneiden. Jeden Streifen an beiden Enden nehmen, einige Ma-

le um die eigene Achse drehen und auf das Backblech legen. Etwa 8 bis 10 Minuten backen, bis die Stangerl goldgelb und knusprig sind.
Tipp: Variieren Sie dieses Rezept je nach Geschmack und Bedarf: Füllen Sie die Blätterteiglagen mit dünnen Prosciuttoscheiben, Käsesorten wie geriebenem Parmesan, Emmentaler oder cremigem Blauschimmelkäse, mit Pesto – oder auch süß mit Zucker und geriebenen Mandeln.

Knusprige Puris mit schwarzem Pfeffer

Diese indische Brotsorte wird nicht im Tandoor oder auf Kohlen gebacken, sondern in heißem Öl frittiert. In Indien bekommt man Puri in verschiedenen Varianten zu Currys oder Tandoor-Gerichten mit wenig Sauce. Gut möglich, dass Sie dieses knusprige Gebäck auch einfach so knabbern werden.

Für 16–20 Brote:
275 g Mehl
½ TL Salz
½ TL Zucker
1 TL Kreuzkümmel, ganz
1 EL schwarzer Pfeffer, grob zerstoßen
1 EL weiche Butter oder Butterschmalz
etwa 175 ml handwarmes Wasser
1 l Sonnenblumenöl zum Frittieren

Das Mehl in eine Schüssel sieben und mit Salz, Zucker, Kreuzkümmel und Pfeffer vermischen. Die weiche Butter dazugeben und abbröseln, dann das Wasser nach und nach zufügen, bis eine zähe Masse entsteht. Diese auf der Arbeitsfläche etwa 5 Minuten gut durchkneten. Der Teig soll nicht klebrig, sondern geschmeidig und elastisch sein. Bei Bedarf also noch etwas mehr Mehl oder Wasser beigeben und mit den Handballen kneten, bis der Teig einen seidigen Glanz hat. Den Teig mit einem feuchten Tuch bedecken und etwa 30 Minuten rasten lassen.
Danach werden die Puri geformt: Teilen Sie den Teig in 16–20 kleine Portionen, die Sie zu Kugeln formen und dann recht dünn auswalken. Legen Sie die fertigen Teigkreise auf ein Blech zwischen zwei Lagen Backpapier oder unter ein Geschirrtuch, damit sie nicht austrocknen. Nun eine große, tiefe Pfanne oder einen Wok mit dem Öl erhitzen. Es ist heiß genug zum Frittieren, wenn an einem Holzlöffelstiel, den Sie in das Öl tauchen, kleine Blasen entstehen. Frittieren Sie maximal zwei Puri auf einmal – sie gehen dabei etwas auf –, bis sie knusprig und leicht gebräunt sind. Die fertig gebackenen Stücke auf Küchenkrepp abtropfen lassen und nacheinander alle Teigkreise ausbacken. Sie

können die Puri aufheben und einige Minuten im Ofen bei 150 °C wieder aufwärmen.

Gewürzreis mit Minze – Pudina Pulau

Für 4 Hauptspeisen- oder 6 Beilagenportionen:
2 Tassen Basmatireis
4 Stück grüner Kardamom
3 Stück schwarzer Kardamom (optional)
6 Nelken
1 TL schwarzer Pfeffer
2 Zimt- oder Lorbeerblätter
1 daumenlanges Stück Ingwer, gerieben
4 EL Topfen
1 Bund Minze, in feine Streifen geschnitten
4 EL Butter oder Ghee (Butterschmalz)
Salz
2½ Tassen Wasser

Den Reis 15 Minuten in kaltem Wasser einweichen, dann abseihen und gut abtropfen lassen. Die Butter oder das Schmalz in einem Topf schmelzen, die ganzen Gewürze darin anbraten, bis sie duften, und dann den Ingwer und den Topfen dazugeben. Alles gut verrühren, 3 bis 4 Minuten köcheln, dann den Reis einrühren, etwas salzen und mit dem Wasser aufgießen. Einmal aufkochen, dann die Hitze stark reduzieren und die Hälfte der Minze dazugeben. Den Reis zugedeckt etwa 15 Minuten garen und danach noch 10 Minuten zugedeckt ohne Hitze quellen lassen. Vor dem Servieren mit der restlichen Minze garnieren.

Süß-sauer eingelegte Melanzani – Brinjal Achar

Hier ist eine Variante der vielen Achar-Rezepte des indischen Subkontinents. Die Melanzani passen zu Currys, zu gegrilltem Fleisch oder als kleine Vorspeise mit dem knusprigen Puri oder dem Gewürzreis in diesem Kapitel (siehe vorhergehende Seite).

Für 2 große Einmachgläser:
1 kg kleine Melanzani
8 Knoblauchzehen
50 g Ingwer, fein gewürfelt
1 EL Kurkuma
1 l Essig (Weißwein oder Apfel)
100 g Sesamöl
1 TL Kreuzkümmelsamen
1 TL Senfsamen
1 TL Bockshornklee
1 EL langer Pfeffer
300 g Palmzucker
3 rote und 3 grüne Chilis
1 TL Salz oder mehr nach Geschmack

Die kleinen Melanzani vom Stielansatz befreien und der Länge nach vierteln. 4 Knoblauchzehen mit der Hälfte des Ingwers, der Kurkuma und 100 ml Essig zu einer Paste mixen. Die restlichen Knoblauchzehen in dünne Scheiben schneiden. Nun in einem großen Topf das Öl erhitzen und darin Kreuzkümmel, Senfsamen, Bockshornklee, den langen Pfeffer, den geschnittenen Knoblauch und die Ingwerwürfel gut anbraten, bis alles intensiv duftet. Die Paste dazugeben und weiter braten, bis alle Flüssigkeit verdampft ist. Danach werden die Melanzani und die Chilis zugefügt, alles gut gemischt, und mit dem Zucker und Essig aufgegossen. Das Salz ebenfalls beifügen und alles köcheln, bis der Zucker zur Gänze aufgelöst ist und die Melanzani weich sind. Mit Salz abschmecken. Zwei große sterile Einmachgläser mit dem heißen Achar anfüllen, sofort verschließen und auf den Kopf stellen. Kühl gelagert halten die Melanzani etwa 6 Monate.

Essiggurkerl mit Estragon und Mönchspfeffer

Bei diesen klassisch eingelegten Gurken kommt das spezielle Aroma von Mönchspfeffer gut zur Geltung.

Für 1 wirklich großes Einmachglas:
1 kg kleine Gurken (etwa 5 bis 7 cm lang, oder große Gurken, längs halbiert, entkernt und in Stücke geschnitten)
12 Stängel Estragon
2 Knoblauchzehen, in feine Scheiben geschnitten
2 Lorbeerblätter
250 ml Weißweinessig
750 ml Wasser
3 EL Zucker
2 EL Salz
2 EL Mönchspfeffer
1 EL schwarzer Pfeffer

Sterilisieren Sie ein großes Rexglas (1,5 l Fassungsvermögen oder mehrere kleine) mit kochendem Wasser und lassen Sie dieses 10 Minuten im Ofen bei 180 °C trocknen. Nachdem das Glas etwas ausgekühlt, aber noch warm ist, füllen Sie die Gurken, den Estragon, Knoblauch und Lorbeerblätter hinein. Stellen Sie einen Topf mit den restlichen Zutaten zum Kochen auf. Sobald sich der Zucker ganz aufgelöst hat, lassen Sie die Flüssigkeit 10 Minuten auskühlen, bevor Sie sie über die Gurken gießen. Gut verschließen und an einem kühlen, dunklen Ort aufbewahren. Die Gurken sollten 2 bis 3 Wochen durchziehen, bevor Sie das Glas öffnen und die Gurken genießen.

Frittierte Bananen im Pfeffermantel

Frittierte Bananen sind ein beliebter asiatischer Snack, der schon lange den Weg von der Garküche in trendige Restaurants gefunden hat. In Kambodscha heißen sie *jayk jien* – wir haben sie vor einem viel besuchten Tempel gekostet und danach für eine längere Autofahrt zurück nach Siem Reap gleich ein ganzes Dutzend mitgenommen. Die Zubereitung konnten wir beobachten, die Zutaten in diesem Rezept sind nachempfunden – beim Original war kein Pfeffer, sondern schwarzer Sesam im Teigmantel. Diese Variante mit grob gemörsertem Pfeffer hat als Beilage zu einem saftigen Schweinefilet vom Grill mit scharfer Limettensauce besonders gut geschmeckt.

Für 4 Portionen:
100 g Mehl
1 Ei
30 g Zucker
etwas Salz
60 ml kaltes Wasser (vorzugsweise Sodawasser)
4 reife, aber feste Bananen oder 2 Kochbananen
1 TL schwarzer Pfeffer, grob zerstoßen
reichlich neutrales Öl zum Frittieren

Mehl, Ei, Zucker und Salz vermengen, dann Wasser zufügen und zu einem glatten Teig verrühren. Etwa eine Stunde im Kühlschrank rasten lassen. Die Bananen schälen und halbieren oder flachdrücken. In der kambodschanischen Garküche wurden die Bananen in Alufolie gewickelt und mit einer eisernen Presse vorsichtig flachgedrückt. Das können Sie auch mit einem Fleischklopfer oder einer Pfanne erledigen – wichtig ist nur, dass Sie die Bananen sanft flachdrücken und nicht klopfen.

Danach werden die ausgewickelten Bananen durch den Teig gezogen und in reichlich Öl goldbraun frittiert. Auf Küchenkrepp abtropfen lassen und vorzugsweise warm genießen (kalt haben die Bananen aber auch sehr gut geschmeckt). Wenn Sie die Bananen als Dessert servieren, passen – klassisch mitteleuropäisch – etwas Staubzucker und Zimt sowie eine Kugel Vanilleeis dazu.

Pfeffersaucen

Saucenideen nach alten Vorbildern

»Man nehme Brot, röste es in Butter, gieße es auf mit Brühe und Wein oder Essig, gebe Salz und Pfeffer dazu und koche es, danach passieren und servieren.«[1]

Diese Art der Saucenzubereitung ist in Kochbüchern des Mittelalters und auch noch etwas später in zahlreichen Varianten zu finden: Das eingeweichte Brot verleiht eine sämige Textur, Kräuter und Gewürze bringen Geschmack und Farbe, Essig, Wein oder Verjus (der Saft aus unreifen Trauben) verleihen eine Säurespitze. Die Mengenverhältnisse werden in den alten Kochanleitungen nicht verraten, hier ist die Kompetenz des Saucenmeisters gefragt! Einige Anregungen aus alten Kochbüchern:

»Poivre noir« nach Taillevent

»Reibe Ingwer und Brot, gebe sauren Wein und Verjus dazu, vermische und koche es. Manche tun Paradieskörner und Galgant dazu.«

Gelbe Sauce

Taillevents »Poivre Jaunet« folgt derselben Machart, jedoch fügt er noch Safran und Pfeffer hinzu.

» 1 »Pevorat« aus Pegge, S.: The Forme of Cury, S. 79.

Sauce Cameline

Die ausführlichste Gewürzliste für eine von Taillevents Saucen finden wir bei der Sauce Cameline, ebenfalls auf Basis von Brot und Essig gekocht. Sie wird mit Ingwer, Zimt, Nelken, Paradieskörnern, Mastix (harzige Substanz zur Bindung), langem Pfeffer und reichlich Salz gewürzt.
Mein Tipp für mit Brot gebundene Saucen: etwa 100 g Schwarz- oder Weißbrot auf 500 ml Flüssigkeit genügen für eine sämige, nicht zu flüssige Bindung.

Grüne Sauce nach Bartolomeo Scappi

An der schönen Farbe einer Sauce erfreute man sich früher genauso wie heute. Mit Zugabe von Früchten, Nüssen, Gewürzen und Kräutern machte man eine Sauce rot, weiß, gelb, schwarz oder grün. Für grüne Saucen kamen verschiedene Kräuter wie Sauerampfer, Petersilie, Basilikum und Spinat infrage. Aus einer mittelalterlichen Handschrift erfahren wir, dass eine »Gute Sauce« aus Petersilie, Honig, Essig und Pfeffer zubereitet wird.[2] Ein Beispiel für eine grüne Sauce, die sich des reichen Angebots aus dem Kräutergarten bedient, finden wir bei Bartolomeo Scappi:
»Nimm Petersilie, junge Spinatblätter, Sauerampfer, Pimpinelle, Rucola und etwas Minze, hacke sie klein und mörsere sie sehr fein mit etwas Brot. Gib Mandeln oder Haselnüsse dazu nach Belieben, aber die Sauce wird ohne derselben grüner sein. Zur fein zerriebenen Sauce gib Salz und Pfeffer und mache sie mit etwas Essig flüssiger. Wenn sie ordentlich zerrieben wurde, braucht man sie nicht passieren.«[3]
Eine Sauce nach diesem Vorbild findet man noch 100 Jahre später in dem Kochbuchklassiker von La Varenne zu einer Zeit, wo neben eingeweichtem Brot auch schon vermehrt mit Mehl, Eiern und Obers an einer sämigen Textur gearbeitet wurde. Viele Saucenrezepte, die im Rahmen dieser »modernen« Kochkunst im Laufe der Zeit entstanden sind, gelten heute noch als Klassiker. Hier einige Beispiele:

» 2 Sammlung der Universitätsbibliothek Graz, Handschrift 1609 aus der 2. Hälfte des 15. Jhdts., Rezept 271.
http://www-classic.uni-graz.at/ubwww/sosa/druckschriften/dergedeckteTisch/index.html [15.08.2011].

» 3 Scappi, B.: Opera, Buch 2, Cap. CCLXXII.

Grüne Pfeffersauce für Steaks

Für 4 Steaks à 200 g:
100 g Speck
3 Schalotten
5 cl Cognac
100 ml dunkle Fleischsauce oder Brühe (falls vorhanden, ansonsten 50 ml Wasser)
250 g Crème fraîche
1–2 EL frischer grüner Pfeffer
Olivenöl, Salz

Den Speck würfeln und die Schalotten schälen und in Scheiben schneiden. Beides in einem Topf mit etwas Öl anbraten, bis der Speck ausgelassen ist und das Fett dann abgießen. Den Topf mit den Speckwürfeln und die Schalotten wieder auf den Herd stellen, mit Cognac aufgießen und einkochen lassen. Nun die Fleischsauce oder Brühe und die Crème fraîche zugießen und alles 5 Minuten leicht köcheln lassen. Durch ein Sieb in einen weiteren Topf seihen, die grünen Pfefferkörner einrühren und mit Salz abschmecken.

Weiße Pfeffersauce zu Fisch

Dies ist eine einfache Variation des oben angeführten Rezeptes, die gut zu gebratenem Fisch passt.

Für 4 Portionen:
4 Schalotten
5 cl Noilly Prat
100 ml Fischfond (falls vorhanden, ansonsten 50 ml Wasser)
250 g Crème fraîche
3 EL weißer oder schwarzer Pfeffer (oder gemischt)
Butter, Olivenöl, Salz

Die geschnittenen Schalotten mit dem Pfeffer in Butter und Öl anbraten, mit Noilly Prat ablöschen und mit Fischfond und Crème fraîche aufkochen. 5 Minuten köcheln lassen, abseihen und mit Salz würzen.
Wenn Sie Ihre Sauce mit »Biss« mögen, seihen Sie sie nicht ab, sondern mixen alles zum Schluss kurz auf. In dem Fall genügt 1 Esslöffel Pfefferkörner!

Sauce Poivrade für Braten vom Wild

Für 1 ganzen Braten (6–8 Portionen):
500 g Fleischabschnitte oder Knochen vom Wild (falls vorhanden)
Sonnenblumen- oder Maiskeimöl
je 100 g Zwiebeln, Karotten und Selleriewurzel, fein gewürfelt
je 1 Zweig Rosmarin und Thymian
2 Lorbeerblätter
1 TL Mehl
1 Spritzer Rotweinessig
¼ l Wein (rot oder weiß)
500 ml Kalbsjus (oder Rindsuppe)
4 Pimentkörner
1 EL Pfefferkörner
1 EL eingemachte Preiselbeeren
50 g Butter

In einem schweren Topf die Fleischabschnitte in Sonnenblumen- oder Maiskeimöl stark anrösten, dann die Hitze reduzieren und überschüssiges Fett abgießen. Nun das Gemüse und die Kräuter dazugeben und bei mittlerer Hitze einige Minuten andünsten. Mit dem Mehl bestäuben, gut durchrühren und mit Essig und Wein aufgießen. Etwa 5 Minuten nicht zu stark kochen lassen, dann Kalbsjus und Pimentkörner dazugeben und etwa 30 Minuten sanft einkochen. Den Pfeffer und die Preiselbeeren zugeben, weitere 10 Minuten kochen lassen und danach alles durch ein Sieb abseihen, den Inhalt des Siebes dabei gut ausdrücken. Die Sauce vor dem Servieren aufwärmen, die eiskalte Butter in Flocken mit einem Schneebesen einrühren (die Sauce nicht mehr aufkochen) und mit Salz abschmecken. Zu einem schönen Wildbraten reichen.

Mayonnaise mit Varianten

Eine hausgemachte Mayonnaise können Sie nach Belieben und Bedarf mit verschiedenen Pfeffer- oder Chilisorten würzen.

Das Grundrezept (für etwa 400 ml):
2 sehr frische Eigelb
½ TL Salz
1 TL Senf
50 ml Essig oder Zitronensaft
250 g gutes Öl (Oliven-, Sonnenblumen-, Rapsöl …)
Pfeffer oder Chili nach Geschmack

Alle Zutaten bis auf Öl und Pfeffer in einer Schüssel mit einem Schneebesen oder einem Mixer gut verrühren. Dann das Öl in einem sehr dünnen Faden einlaufen lassen, dabei ständig weiterrühren, damit sich alles gut verbindet und sehr dicklich und kompakt wird. Sie können die fertige Mayonnaise nach Belieben mit Sauerrahm oder Joghurt verfeinern.

Zitronenmayonnaise: mit Zitronensaft und Olivenöl zubereiten, dann mit Zitronenpfeffer würzen.
Scharfe Mayonnaise: mit einer kleinen zerdrückten Knoblauchzehe, Weißweinessig und Öl nach Belieben zubereiten und mit Cayennepfeffer würzen.
Kubebenmayonnaise: mit Zitronensaft und Distelöl zubereiten und mit Kubebensalz würzen (vorher nicht salzen).
Rosa Mayonnaise: ½ TL fein zerstoßenen Tasmanischen Pfeffer gleich zu Beginn beigeben, mit weißem Balsamessig, 200 ml Sonnenblumenöl und 50 ml Macadamianussöl zubereiten.
Asiatische Mayonnaise: mit Limettensaft, etwas geriebenem Ingwer und Erdnussöl zubereiten, mit etwas Szechuanpfeffer würzen.
Mayonnaise mit rosa Pfeffer: mit Zitronensaft und Sonnenblumenöl zubereiten, ganze rosa Pfefferbeeren beimischen.

Klassische Saucen aus anderen Ländern

Indische Pfeffersauce

Ein gute Sauce zu Reis, die man auch als Suppe essen kann.

Für bis zu 4 Portionen (als Suppe):
je 1 TL Kreuzkümmel und schwarzer Pfeffer
1 TL Senfkörner, 1 Kardamomkapsel
100 g geraspelte Kokosnuss (möglichst frische)
4 Knoblauchzehen
2 EL Tamarindenwasser oder Limettensaft
Öl, Wasser, Salz

Einen Topf erhitzen und den Kreuzkümmel sowie die Senfkörner in ein wenig Öl anrösten, bis sie in dem Topf zu springen beginnen. Die anderen Gewürze und die Knoblauchzehen dazugeben und kurz anbraten, dann die Kokosraspeln einrühren und goldgelb rösten. Diese Mischung im Mixer oder im Mörser sehr fein pürieren, geben Sie dabei den Tamarinden- oder Limettensaft und Wasser nach Bedarf hinzu. Nun die Mischung erneut erhitzen. Für Suppe geben Sie Wasser dazu, bis die gewünschte Konsistenz erreicht ist. Würzen Sie nach Geschmack mit den anderen Zutaten nach, mit Salz abschmecken. Wenn Sie es noch schärfer mögen, geben Sie eine Chilischote dazu.

Chinesische Mastersauce

Diese Sauce wird nicht zu Speisen gereicht, sondern ist eine Brühe, in der man Fleisch, etwa Ente, Schweinebauch oder Huhn gar ziehen lässt. Danach werden die Fleischstücke meist noch gebraten, durch die Sauce bekommen sie eine rote Färbung. Das Geheimnis einer guten Mastersauce: Je öfter man sie verwendet, desto besser wird sie.

2 l Hühnerbrühe
je 150 ml helle und dunkle Sojasauce
50 ml Reiswein
2 EL brauner Zucker
2 Stück Sternanis
2 Zimtstangen
1 TL Fenchelsamen
1 TL Szechuanpfeffer
1 TL Süßholz, geraspelt
je 3 Scheiben Ingwer und Galgant
1 EL chinesische Mandarinenschale, getrocknet
1 rote Chilischote

Alle Zutaten in einem großen Topf aufkochen und mindestens eine Stunde leicht kochen lassen, danach abseihen. Wenn Sie Fleisch in der Brühe kochen, überbrühen Sie dieses vorher mit kochendem Wasser, dann wird die Mastersauce nicht trüb.

Kampot Pfeffersauce

Diese einfache, schnelle Sauce passt zu jedem gegrillten Fisch oder Fleisch oder als Marinade für rohen Fisch (siehe S. 208).

Für 4 gegrillte Fische:
Saft von 3 Limetten, 1–2 EL Palmzucker, 4 EL Fischsauce
4 EL frische grüne Pfefferkörner (oder 2 EL getrocknete, in Wasser eingeweicht)

Alle Zutaten verrühren, so einfach geht das.

Ziegenfrischkäse mit Tasmanischem Pfeffer und Rotweinfeigen

Diese Rotweinfeigen aus Richard Olneys »Simple French Food« begleiten mich schon eine ganze Weile[1] – sie sind fantastisch, unkompliziert in der Zubereitung und zu mildem, cremigem Käse eine perfekte Begleitung. Hier wird feiner Ziegenfrischkäse mit etwas Tasmanischem Pfeffer und aromatischem Öl gewürzt, der Pfeffer verleiht ein beeriges Aroma und eine hübsche Farbe – beides sehr passend zu den Feigen. Servieren Sie diese Kombination als Käsedessert mit einem Stück Pain d'Épices (siehe S. 253) oder einfach zu einem guten Glas Rotwein.

16 Feigen
einige Zweige Thymian
Rotwein
1 EL Honig

Die Feigen und den Thymian in einen Topf geben und mit Rotwein bedecken. Auf mittlerer Flamme köcheln lassen, bis der Rotwein fast zur Gänze einreduziert ist. Dabei genügt es, zwei- bis dreimal umzurühren. Zum Schluss einen Esslöffel Honig in den warmen Rotweinsirup einrühren und auskühlen lassen. Gut verschlossen halten die Feigen im Kühlschrank mehrere Wochen.

Pro Person:
2 EL Ziegenfrischkäse
1 bis 2 Beeren vom Tasmanischen Pfeffer, gemörsert oder fein gehackt
nach Geschmack 1 TL feines Öl (z.B. Macadamianussöl – um in Australien zu bleiben)

» 1 Mit seinen Büchern über die französische Küche schuf der amerikanische Journalist und Schriftsteller Richard Olney in den 1970er Jahren Werke, die heute noch als Standard gelten und nach wie vor aufgelegt werden.

Die Zutaten gut verrühren und etwas ziehen lassen, damit sich die Farbe gut entfalten kann. Nockerl formen, mit den Feigen auf Tellern anrichten und servieren.

Zitronen-Topfen-Crème mit Gin und schwarzem Pfeffer

Für 4–6 Portionen:
1 kg Topfen (20 %)
Saft und fein geriebene Schale von 2 Zitronen und 2 Limetten
200 ml Pfeffersirup (siehe S. 197)
1 Stamperl guter Gin
2 Eigelb
nach Belieben zusätzlich 1 TL schwarze Pfefferkörner, sanft geröstet, grob zerstoßen

Alle Zutaten gut vermengen, mit mehr Zitronensaft, Sirup oder Gin nach Geschmack justieren und kalt stellen. Vor dem Servieren mit frischen Minzeblättern und ein paar schönen Zitronenzesten garnieren.

Süße Avocadocrème mit rosa Pfeffer – Creme de abacate

Eine Sorte der rosa Beeren stammt aus Brasilien – so wie diese Dessertidee, die insofern eine Besonderheit ist, als sonst in keiner Küchentradition der Welt Avocados als Süßspeise serviert werden. Als Kind in Brasilien konnte ich meine Finger nicht davon lassen, auch wenn die Erfahrung gelehrt hat, dass mehr als ein paar Esslöffel davon die Einnahme der nächsten Tagesmahlzeit nahezu unmöglich machen.
Die rosa Beeren in diesem Rezept habe ich dazugedichtet: Sie sehen hübsch aus und verleihen der sehr vollmundigen Crème eine knusprige Würze:

Für 4 Portionen:
2 sehr reife Avocados
6 EL feiner Zucker
200 ml Obers
Zeste und Saft einer Limette
1 EL rosa Beeren

Die Avocados halbieren, den Kern entfernen und das Fruchtfleisch in einen Mixer geben. Zucker, Limettensaft und Obers beifügen und alles mixen, bis es sehr cremig ist. In vier Dessertschalen oder Gläser füllen und mit rosa Beeren und Limettenzesten garnieren. Vorzugsweise sehr kalt servieren!

Tipp: Sie können statt Obers auch Weißwein oder Prosecco nehmen – 1/8 Liter sollte reichen! Eventuell benötigen Sie dann, ganz nach Ihrem Geschmack, wegen der Säure weniger Limettensaft oder mehr Zucker.
Und noch ein Tipp: Lassen Sie die Crème im Tiefkühler gefrieren – währenddessen öfter mal gut durchrühren, damit das Eis cremig wird. Servieren Sie es zu einem Salat aus exotischen Früchten oder einfach nur so.

Pistazieneis mit rosa Pfeffer

Eine weitere Variation zum Thema rosa Pfeffer: ein cremiges, aromatisches Eis, bei dem Pistazienöl für einen intensiven Geschmack sorgt. Dieses Grundrezept können Sie natürlich mit verschiedenen Ölen nach Geschmack zubereiten, z.B. Haselnuss-, Walnuss-, Mandel-, Macadamia- oder Kernöl.

Für 4–6 Portionen:
80 g Zucker
1 Vanilleschote
3 Eier, getrennt
50–80 ml Pistazienöl
200 ml Obers
je 2 EL rosa Pfeffer und gehackte Pistazien

Den Zucker mit 2 bis 3 Esslöffel Wasser anfeuchten und auf mittlerer Flamme mit der aufgeritzten Vanilleschote aufkochen, bis er schäumt. Der Sirup hat die richtige Temperatur, wenn sich sehr dünne Zuckerfäden an den Spitzen einer Gabel bilden.
Die Eigelb (am besten in einer Küchenmaschine oder mit einem Handmixer) schaumig schlagen, den Sirup dabei in einem dünnen Strahl einlaufen lassen. Nun weiter schlagen, bis die Masse wieder etwas abgekühlt ist, das dauert etwa 5 bis 10 Minuten. Dann das Öl ebenfalls in einem dünnen Strahl während des Rührens beimengen. Die Masse sollte weiß und dicklich sein.
Nun Obers und Eiweiß getrennt cremig aufschlagen, dann beides unter die Eigelbmasse heben. Die rosa Beeren und die Pistazien unter die Masse mengen und mindestens 4 Stunden einfrieren. Dazu passen die Pistazien-Cantuccini von S. 243.

Basilikum-Pfeffer-Eis

Diese ungewöhnliche eiskalte Verführung können Sie zum Beispiel auf duftenden reifen Erdbeeren anrichten.

Für 4–6 Portionen:
75 ml Sekt oder Weißwein
Saft von 1 Zitrone
100 ml Pfeffersirup (siehe S. 197)
2 Eier, getrennt
1 Bund Basilikum
125 g Obers

Die Hälfte der Basilikumblätter in ein Sieb geben und mit kochendem Wasser übergießen, dann sofort in eiskaltem Wasser abschrecken (so bleiben sie schön grün). Die restlichen Blätter in feine Streifen schneiden – hierzu ein paar Blätter übereinanderlegen, einrollen und dieses Bündel in Scheiben schneiden. Beiderlei Basilikumblätter bereithalten.

Sekt oder Weißwein, Zitronensaft, 50 ml Sirup und 2 Eigelb in einen kleinen Topf geben, unter ständigem Rühren einmal kurz aufkochen lassen und danach sofort vom Herd nehmen – noch kurz weiterrühren, damit das Eigelb eindickt, aber nicht ausflockt. Diese Crème etwa handwarm auskühlen lassen, dann mit den blanchierten Basilikumblättern im Mixer pürieren und durch ein Sieb passieren.

Die restlichen 50 ml Pfeffersirup einmal aufkochen. Das Eiweiß steif schlagen und zwischenzeitlich den heißen Sirup einlaufen lassen. Weiter schlagen, bis ein cremiger, fester Eischnee entsteht. Das Obers cremig (nicht zu steif!) aufschlagen und unter den Eischnee heben, dann mit den Basilikumstreifen unter die Eigelbcrème ziehen und mindestens 4 Stunden einfrieren.

Pfirsich-Roseneis mit rotem Kampot Pfeffer

Meiner lieben Freundin Elisabeth, die mit einem toskanischen Garten voller Tomaten, Oliven, Melonen, Obstbäumen und duftenden Kräutern gesegnet und außerdem eine der besten Köchinnen zwischen Kampot und Siena ist, schickte ich nach der ersten Pfefferlieferung aus Kambodscha gleich ein paar Kostproben. Das blumige, betörende Aroma des roten Pfeffers hat es ihr besonders angetan – und dieses Rezept von Elisabeth bringt es auch wirklich perfekt zur Geltung! Ich zitiere ihre poetisch-kulinarische Anleitung:

Für 6–8 Portionen:
»6 gut duftende, offene und wenn möglich, tief rosafarbene Rosenblüten
2 Esslöffel Rosenlikör
600 Gramm Fruchtfleisch von frischen und reifen gelben Pfirsichen
150 Gramm Zucker
frischgepresster Saft einer halben Zitrone
100 Gramm flüssige Sahne
1 guter Kaffeelöffel frisch gemahlener roter Pfeffer

Die Pfirsiche werden zusammen mit den Rosen-Blütenblättern püriert und auf kleiner Herdflamme mit dem Zucker gemischt, so lange, bis sich der Zucker vollkommen auflöst. Die Mischung darf nie mehr als lauwarm werden, denn sonst gehen die öligen Essenzen, d.h. die Geschmacksträger, verloren. Dann fügt man den Zitronensaft, die Sahne, den Rosenlikör und den frisch gemahlenen roten Pfeffer hinzu und lässt die Masse in der Eismaschine bis zur gewünschten Vollendung frieren. Dieses Eis ist wahrscheinlich wieder eine Bestätigung, dass der liebe Gott existiert.«

Eingelegte Pfirsiche mit Pfeffer

Als ich zum ersten Mal meine Nase in den roten Kampot Pfeffer gesteckt habe, war die Assoziation »Pfirsich Eistee«. Kaum waren in diesem Jahr die ersten schönen Pfirsiche auf dem Markt, kamen sie auch gleich ins Einmachglas – mit Pfeffer natürlich.

Für 2 große Einmachgläser:
1 kg schöne, reife Pfirsiche
1 l Wasser
400 g Zucker
10 cl Pfirsichlikör
1 EL roter Kampot Pfeffer, ganz

Die Pfirsiche in ein Sieb legen und mit kochendem Wasser übergießen. Die Haut vorsichtig abziehen, die Pfirsiche halbieren und die Kerne entfernen. Nun mit der Schnittseite nach unten in 2 große Einmachgläser schlichten, dazwischen einige Pfefferkörner, und den Likör hineingießen. Den Zucker und das Wasser in einem Topf einmal aufkochen und über die Pfirsiche gießen, sodass sie vollständig bedeckt sind. Die Gläser in einen Topf oder eine Auflaufform mit Wasser stellen und bei 80 °C im Ofen etwa 20 Minuten sterilisieren. Gut zu Eis, ganz pur oder püriert und mit Prosecco aufgegossen als Bellini.

Mangopudding mit Passionsfrucht und grünem Pfeffer

Ein schnelles, einfaches Dessert, das immer alle Geschmäcker trifft.

Für 8 Portionen:
800 ml Mangopüree (die beste Sorte ist Alphonso, man bekommt das Püree in Dosen)
400 ml Kokosmilch
100 g Zucker
50 ml Wasser
8 Blätter Gelatine
8 Passionsfrüchte
1 TL grüner Pfeffer
1 Schuss Orangensaft

Die Gelatine in sehr kaltem Wasser einweichen. Den Zucker mit dem Wasser in einem Topf erhitzen, bis der Zucker geschmolzen ist. Von der Flamme nehmen und die ausgedrückte Gelatine darin auflösen. Diese Flüssigkeit nun gut mit Mangopüree und Kokosmilch verrühren und in 8 Gläser (nicht bis zum Rand) füllen. Mindestens 4 Stunden im Kühlschrank stocken lassen.
Vor dem Servieren den grünen Pfeffer sehr grob mörsern und mit dem Fruchtfleisch der Passionsfrüchte und einem Schuss Orangensaft verrühren. Diese Mischung über die Mangopuddings verteilen und servieren.

Salzige Schokokaramellsauce mit Chili

Als kleines Extra auf Ihrem Eisdessert, zu frischen Früchten oder einfach zum genussvollen Löffeln ist diese Karamellsauce wirklich eine Sünde wert!

100 g Zucker
30 ml warme Milch
100 ml Obers
40 g Schokolade, zerkleinert
50 g salzige Butter
1 Prise Chili, gemahlen

Den Zucker in einem kleinen Topf schmelzen und goldgelb karamellisieren. Die warme Milch langsam einrühren, dann das Obers dazugeben und aufkochen lassen. Die Schokolade dazugeben und von der Flamme nehmen, unter Rühren schmelzen. Zum Schluss die Butter und die Prise gemahlenen Chili einrühren und bis zum Servieren bei Zimmertemperatur aufbewahren. Wenn Sie die Sauce auf Vorrat machen, sollten Sie sie im Kühlschrank aufbewahren, sie wird dabei etwas fester und lässt sich auch herrlich aufs Frühstücksbrot streichen. Im Kühlschrank ist die Sauce mindestens 1 Woche haltbar.

Cantuccini mit Pistazien und rosa Pfeffer

Als knusprige Beigabe zu cremigen Desserts, zu Kaffee und Süßwein oder einfach zum Knabbern zwischendurch können Sie diese Cantuccini reichen. Besonders gut passen sie zu süßer Avocadocrème (siehe S. 238). Hier sind neben den süßlichen rosa Pfefferbeeren auch Pistazien im Spiel – beide gehören übrigens zur selben Pflanzenfamilie der Sumachgewächse.

Für etwa 45 Stück:
60 g weiche Butter
250 g feiner Zucker
2 Eier
Zeste einer Limette
400 g Mehl
1–2 TL Backpulver
1 Prise Salz
150 g ungesalzene Pistazien, ganz
2–3 EL rosa Pfeffer
3 EL dunkler Sherry

Butter, Eier und Zucker schaumig rühren, die Zeste dazugeben. Dann das Mehl (gesiebt), Backpulver und Salz mit dem Sherry, dem Pfeffer und den Pistazien einarbeiten. Drei lange Teigwürste formen und auf einem Backblech mit Backpapier bei 200 °C etwa 20 Minuten backen. Das Blech herausnehmen und die noch warmen Cantucci schräg in etwa 1 cm breite Stücke schneiden. Mit der Schnittfläche auf das Blech legen und 5 bis 10 Minuten nachbacken, bis sie goldgelb und knusprig sind.

Tarte au Citron mit grünem Pfeffer

Für dieses Rezept können Sie statt grünem Pfeffer ebenso gut einen fruchtigen schwarzen wie roten Pfeffer verwenden.

Mürbteig:
200 g Mehl
50 g Mandeln, sehr fein gerieben
125 g Butter
1 Eigelb
1 EL Zucker
1 Prise Salz
kaltes Wasser nach Bedarf

Alle Zutaten bröselig vermengen, dann mit ein wenig kaltem Wasser rasch zu einem glatten, geschmeidigen Teig verkneten. Diesen eine Stunde kalt stellen. Den Teig etwa 3 mm dünn auf einer bemehlten Fläche ausrollen. Eine gebutterte Tarteform (ca. 23 cm Durchmesser) mit dem Mürbteig auskleiden und kalt stellen.

Nun zur Füllung:
2 ganze Eier und 3 Eigelb
150 g Zucker
100 g Butter, geschmolzen
100 g Crème fraîche
Saft und geriebene Schale von 2 Zitronen
1 TL grüne Pfefferkörner, grob zerstoßen

Alle Zutaten gut verrühren (ohne zu schlagen) und in die Tarteform gießen. Bei 180 °C (Ober-/Unterhitze) etwa 30 bis 40 Minuten auf der zweiten Schiene von unten backen. Achten Sie dabei auf die Farbe: Die Tarte sollte nicht zu dunkel werden. Die Tarte ist fertig, wenn die Füllung gestockt ist.
Optional können Sie die Zitronentarte auch mit einer Baiserhaube versehen. Schlagen Sie hierzu 2 Eiweiß und 100 g Zucker zu sehr festem Schnee, den Sie auf der gebackenen Tarte verteilen und backen Sie die Tarte bei 150 °C etwa 15 Minuten, bis das Baiser eine leicht goldgelbe Farbe bekommt.

Erdbeer-Tartelettes mit wilder Pfeffer-Schoko-Ganache

Für 8 Tartelettes oder 1 große Tarte:
Mürbteig:
200 g Mehl
100 g Butter
1 Eigelb
1 EL Zucker
1 Prise Salz
kaltes Wasser nach Bedarf

Mehl, Zucker, Butter und Eigelb bröselig vermengen, dann mit ein wenig kaltem Wasser rasch zu einem Teig verkneten. Diesen eine Stunde kalt stellen. Den Teig etwa 3 mm dünn ausrollen, falls noch Butterstückchen zu sehen sind, einige Male zusammenlegen und erneut ausrollen, bis der Teig glatt und geschmeidig ist. Den Mürbteig in kleine, gebutterte und bemehlte Tarteförmchen (oder eine große) legen, mit einer Gabel einige Male einstechen, trockene Hülsenfrüchte auf den Teig legen, damit er keine Blasen schlägt und etwa 20 Minuten bei 180 °C blindbacken.

Ganache:
100 g Zucker
4 EL warme Milch
200 ml Obers
200 g bittere Schokolade (70 % Kakaoanteil)
1 gehäufter TL Voatsiperifery Pfeffer

Den Zucker karamellisieren, dann langsam die warme Milch und danach das Obers einrühren. Alles aufkochen, bis sich der Zucker gelöst hat, dann von der Flamme nehmen. Die Schokolade in Stücke brechen und darin schmelzen lassen (dabei nicht zu viel rühren!). Den Pfeffer kurz in einer trockenen Pfanne anrösten und sehr grob zerstoßen, dann in die Schokoganache einrühren. Diese etwas abkühlen lassen und in die Tartelettes füllen. Wenn die Ganache vollständig ausgekühlt ist, die Tartelettes mit schönen Erdbeeren belegen, sodass die spitzen Enden nach oben schauen. Vor dem Servieren mit einigen grob gehackten Pistazien bestreuen und ganz leicht mit einem Hauch Staubzucker bestreuen. Schmeckt auch mit Himbeeren köstlich!

Knusprige Rhabarbertarte mit Erdbeeren und Pfeffer

Für eine große Tarte:
etwa 400 g Mürbteig aus:
250 g Mehl
150 g Butter
1 Eigelb
1 Prise Salz
etwas kaltes Wasser

Das Mehl und das Salz auf die Arbeitsfläche geben und die kalte Butter in Stücken auf dem Mehl verteilen. Rasch und bröselig vermischen, dann das Eigelb und etwas Wasser dazugeben und zu einem Teig verkneten. Nicht zu lange kneten! Es dürfen ruhig noch ein paar ganze Butterstücke zu sehen sein, die werden dann beim Auswalken verarbeitet. Den Teig etwa 1 Stunde kalt stellen. Nun den Teig 1 cm dick auswalken, zusammenschlagen und erneut auswalken. Diesen Vorgang wiederholen, bis der Teig geschmeidig ist. Dann dünn auswalken und auf ein Blech mit Backpapier legen.

150 g Zucker
150 g Wasser
2 EL weißer Pfeffer
1 Tasse Erdbeeren
750 g Rhabarber
Butterflocken (etwa 50 g)

Aus Wasser, Zucker und Pfeffer einen Sirup nach dem Rezept für Pfeffersirup (siehe S. 197) herstellen. Erdbeeren in der Hälfte des Sirups aufkochen und etwa 5 Minuten köcheln lassen, dann mit dem Mixstab pürieren. Den Rhabarber waschen, trocknen und in längliche Stücke schneiden. Den Teigboden mit dem Erdbeer-Pfeffersirup bestreichen und mit den Rhabarberstücken belegen. Den Rhabarber nochmals mit dem reinen Pfeffersirup bepinseln, einige Butterflocken darauf verteilen und bei 200 °C etwa 30 Minuten backen. Schmeckt warm oder kalt. Dazu passt eine Mischung aus Crème fraîche und Limettensaft oder eine Kugel Eis (z.B. Basilikumeis, siehe S. 240).

Halbflüssige Schokotörtchen mit rotem Kampot Pfeffer

Neben rotem Kampot Pfeffer eignet sich auch Voatsiperifery Pfeffer ganz hervorragend für dieses Rezept. Wenn Sie klassisch bleiben möchten oder weihnachtlich gestimmt sind, würzen Sie diese schmelzende Schokoversuchung mit etwas gemahlenem Piment.

Für etwa 4 Törtchen:
125 g dunkle Schokolade (70 % Kakaoanteil)
125 g Butter
25 g Mehl
60 g Zucker
1 EL Kampot Pfeffer (sehr grob zerstoßen, etwa auf Drittelpfefferkörnchen-Größe)
3 ganze Eier und 2 Eigelb
Butter und geriebene Mandeln für die Form

Die Schokolade mit der Butter langsam schmelzen, dann lippenwarm auskühlen lassen. Mit den restlichen Zutaten gut verrühren. 4 kleine ofenfeste Auflaufförmchen aus Keramik sehr großzügig ausbuttern und mit geriebenen Mandeln auskleiden. Die Masse in die Förmchen füllen (nicht bis an den Rand!) und entweder einige Stunden in den Kühlschrank oder eine Stunde in den Tiefkühler stellen. Im vorgeheizten Ofen bei 180 °C Umluft 12 bis 15 Minuten backen – so lange, bis die Schokomasse oben fest ist und leicht aufzubrechen beginnt. Sie können die Törtchen vorsichtig auf Teller stürzen oder direkt im Förmchen servieren. In letzterem Fall etwas früher aus dem Ofen nehmen, denn im heißen Förmchen gart das Dessert noch nach.
Tipp: Verraten Sie Ihren Gästen nicht, dass es halb flüssige Schokotörtchen gibt. So ist im besten Fall die Überraschung perfekt, im anderen Fall gibt es warme, köstlich-cremige Schokobrownies …

Ananas-Tarte-Tatin mit Voatsiperifery Pfeffer

Karamellisiertes Obst aus der Pfanne ist immer ein gutes, schnelles Dessert, für das man nicht viel mehr braucht als eben Obst, Zucker, etwas Butter und einen Schuss Hochprozentiges. Mit wenig mehr Aufwand (und einem Mürb- oder Blätterteig) machen Sie aus dieser Grundidee eine Tarte Tatin. Ganz klassisch wird diese verkehrt gebackene Tarte mit Äpfeln zubereitet, hier eine Variante mit Ananas und wildem Pfeffer. Tasmanischer Pfeffer passt ebenfalls hervorragend.

Für 8 kleine Tarte Tatins oder 1 große:
200 g Mehl
100 g Butter
1 EL Zucker
1 Eigelb
1 Prise Salz
kaltes Wasser nach Bedarf

Mehl, Butter, Zucker, Salz und Eigelb bröselig vermengen, dann mit ein wenig kaltem Wasser rasch zu einem Teig verkneten. Diesen eine Stunde kalt stellen.

1 reife Ananas
150 g Zucker
75 g Butter
1 guter Schuss (etwa 1/16 l) Rum oder Cachaça
2 EL Voatsiperifery Pfeffer, grob zerstoßen
4 EL Kokosflocken

Den Ofen auf 180 °C vorheizen. Die Ananas schälen, von Strunk und den kleinen, stacheligen Augen befreien und in 1 cm große Würfel schneiden. Den Zucker in eine große Pfanne geben und bei mittlerer Hitze vorsichtig schmelzen. Erst rühren, wenn alle Kristalle geschmolzen sind! Dann die Butter einrühren, den Alkohol dazugeben und einmal aufkochen. Nun die Ananasstücke dazugeben und gut durchschwenken. Von der Flamme nehmen und den Pfeffer einrühren. Acht kleine oder eine große Tarteform ausbuttern, die Ananasstücke darin verteilen und mit Kokosflocken bestreuen.
Nun den Teig etwa 3 mm dünn ausrollen, falls noch Butterstückchen zu sehen sind, einige Male zusammenlegen und erneut ausrollen, bis der Teig glatt und geschmeidig ist. Die Ananasstücke mit Teig belegen, etwas andrücken und auf mittlerer Schiene etwa 25 bis 30 Minuten backen, bis der Teig knusprig ist. Danach die Tarte noch heiß stürzen: Dazu einen Teller auf die Tarteform legen und mit Ofenhandschuhen schnell umdrehen. Vorsicht, heiß! Aber es lohnt sich! Hierzu passt Kokoseis.

Würziges Backwerk

So wie bei gewürzten Weinen lassen sich Rezepte für gewürztes, mit Honig gesüßtes Gebäck bis in die Antike zurückverfolgen. Charakteristisch für schweres Honiggebäck war und ist, dass der Teig vor dem Backen in einem Topf erhitzt und nicht mit Germ zubereitet wird. Aus der Grundidee »Honigkuchen« entwickelte sich über die Zeit in ganz Europa eine Vielzahl regionaler Spezialitäten durch Zugabe von weiteren Zutaten wie Nüssen, Eiern und später auch von Schokolade.
Der Name Pfefferkuchen entstand erst im Mittelalter, zu einer Zeit, als viele Gewürze, etwa Nelken, Zimt, Muskat und Ingwer, seltener aber Pfeffer selbst, in derartigem Backwerk zu finden waren. Der Genuss von süßem Gewürzbrot hat heute in nur wenigen Ländern außerhalb der Weihnachtszeit Tradition. Bis zur Einführung der Zunft der Lebzelter Mitte des 14. Jahrhunderts wurde Lebkuchen im deutschsprachigen Raum vornehmlich in Klöstern zubereitet und zur Stärkung, etwa bei Krankheit oder während der Fastenzeit, oder als festliche Nascherei verabreicht. An nachfolgende Rezepte können Sie sich zu jeder beliebigen Jahreszeit wagen.

Apicius' gepfefferte Honigkekse

Ein sehr puristisches Rezept für »Pfefferkuchen«:
»Nimm Weizenauszugsmehl, koche es in heißem Wasser, so dass du einen sehr festen Brei erhältst, und rolle ihn dann auf einem Backblech aus. Wenn er abgekühlt ist, schneide gleichsam Plätzchen aus und backe sie in bestem Öl. Nimm sie heraus, übergieße sie mit Honig, streue Pfeffer darauf und serviere. Besser wirst du sie noch machen, wenn du Milch statt Wasser dazugibst.«[1]

» 1 Maier, R.: Das römische Kochbuch des Apicius, S. 115.

Musketierbrot nach einem Rezept aus dem Grazer Koch- und Arzneybuch von 1688[2]

250 g Honig
je 15 g Nelken, Zimt, Ingwer, Pfeffer und Koriander, gemahlen
2 Muskatnüsse, gemahlen
Schale von 2 Zitronen, fein gehackt
Mehl

Den Honig in einem Topf aufschäumen lassen, dann die Gewürze und Zitronenschale etwas in dem warmen Honig ziehen lassen. Nun etwa 180 g Mehl dazugeben, sodass ein fester, geschmeidiger Teig entsteht. Diesen gut kneten, solange er noch warm ist (am besten mit dem Knethaken der Küchenmaschine oder des Handmixers) und danach etwa 3 cm dick auf einem Backblech mit Backpapier glatt verteilen. Bei 180 °C Ober- und Unterhitze auf der zweiten Schiene von oben backen, bis er eine schöne Farbe hat. Das Originalrezept empfiehlt 3 bis 4 Stunden Backzeit, bei meinem Versuch waren 20 Minuten genug. Danach in Rauten schneiden und auskühlen lassen.
Ich empfehle, die Menge der angegebenen Gewürze drastisch zu reduzieren – mit der Hälfte davon ist der Lebkuchen immer noch sehr stark gewürzt. Es ist auch besser, die Gewürze nicht in den heißen Honig zu geben, da sie durch die Hitze bitter werden.

Nonnenfürze nach einem Kochbuch von 1692

»Nimm geriebene Honiglebkuchen und vermische sie mit klein geschnittenen Mandeln, Zimtpulver und Pfeffer. Erwärme Honig und gieß ihn zu der Lebkuchenmasse, so dass sie etwas durchfeuchtet wird. Dann bereite einen Teig aus Mehl, Zucker, Rosenwasser und Eiweiß und walke ihn dünn aus. Forme aus der Lebkuchenmasse kleine Laibe und belege damit den Teig. Das Ganze bedecke wiederum mit einer Teigplatte. Trenne mit einem Teigrad einzelne Stücke ab, gib es in den Ofen und lass es backen.« [3]

» 2 Vgl. Ein Koch- und Artzneybuch, S. 8.
» 3 Maria Sophia Schellhammer, Die wol unterwiesene Köchinn. Braunschweig 1692. Zit. nach Schach-Raber, U.: Historische Kochrezepte von A–Z, S. 27.

Und so funktioniert es:

300 g Lebkuchen, gerieben
200 g Mandeln, fein gerieben
150 g Honig
50 g zerlassene Butter
1 TL Zimt
½ TL Pfeffer, nicht zu fein

Teig:
500 g Mehl
2 EL Zucker
½ Glas Rosenwasser
2 Eiweiß

Für die Zubereitung so verfahren wie im beschriebenen Rezept. Die Masse für die Lebkuchenfüllung sollte nicht zu klebrig sein, geben Sie den Honig nach und nach zu, bis Sie eine marzipanähnliche Masse haben. Kleine, längliche Laibe aus einer etwa walnussgroßen Menge formen. Auf die erste Teigplatte legen, mit ein wenig Abstand zwischen den Laiben. Nun die zweite Teigplatte darüberlegen, etwa als ob Sie Ravioli machen würden. Die obere Teigplatte zwischen den Lebkuchenlaibchen leicht andrücken und mit einem Teigrad auseinanderschneiden. Lassen Sie die so vorbereiteten Stücke vor dem Backen etwas antrocknen (mindestens 3 Stunden oder über Nacht) und backen Sie sie bei 160 °C, bis der äußere Teig hell und knusprig ist.

Brauner Lebkuchen nach Katharina Prato

»Man verrührt 1 Kilo siedenden Honig, ½ Kilo fein gestoßenen Zucker und 1 Kilo Weizenmehl und lässt dies über Nacht in einem irdenen Geschirr ziehen. Dann knetet man den Teig mit 3 oder 4 Eier ½ Stunde tüchtig ab, gibt 1 Deka Potasche, mit Franzbrantwein aufgelöst, 8 Gramm Cardamomen, 1 ½ Deka Zimmt, 1 ½ Deka Gewürznelken, etwas Ingwer, Muskatnuß und weißen Pfeffer und 25 g ungeschälte, grob zerhackte Mandeln dazu, knetet es noch ½ Stunde, worauf man den Teig, fingerdick ausgetrieben, auf das mit Schmalz bestrichene Blech legt und im heißen Ofen bäckt. Man glasiert dann die Oberfläche mit dickflüssig gekochtem Zucker, stellt das Blech damit zum Trocknen in den kühlen Ofen und schneidet den Lebkuchen noch warm in längliche Stücke.«[4]

» 4 Prato, K.: Die süddeutsche Küche, S. 526.

Statt Pottasche können Sie ersatzweise Speisesoda oder Weinsteinsäure nehmen. Backen Sie den Lebkuchen bei 200 °C etwa 15 bis 20 Minuten. Falls Sie eine leistungsfähige Küchenmaschine besitzen, können Sie den Teig in dieser mit dem Knethaken durcharbeiten. Für die Zuckerglasur kochen Sie 150 g Zucker mit 40 ml Wasser so lange auf, bis ein dicker, zähflüssiger Faden an einer Gabelspitze entsteht.

Panforte aus Siena

Panforte gilt als eine traditionelle Spezialität aus Siena, die dort schon von Mönchen im Mittelalter gebacken wurde. Es gibt so viel Energie wie ein Müsliriegel und wird dort das ganze Jahr über genascht.

je 200 g Haselnüsse und geschälte Mandeln
400 g gemischte kandierte Zitrusschalen, fein gehackt
100 g Mehl
je 1 TL Zimt, Nelken, Ingwer, Kardamom
je ½ TL Muskatnuss und schwarzer Pfeffer
200 g Zucker
200 g Honig
Staubzucker und etwas Zimt zum Bestreuen

Die Haselnüsse und Mandeln im 180 °C heißen Ofen goldgelb rösten, dann auskühlen lassen. Den Ofen auf 150 °C Umluft stellen. Die Haselnüsse mit einem Küchentuch von den Schalen befreien, mit den Mandeln grob hacken und mit den Trockenfrüchten, Gewürzen und dem Mehl in einer Schüssel vermengen. Den Zucker und den Honig in einem großen Topf unter Rühren zum Kochen bringen und dann die Mehl-Nuss-Mischung gut einarbeiten. Eine eckige Auflaufform mit Backpapier auslegen, die Masse hineingeben und glatt streichen. Etwa ½ Stunde backen und danach 10 Minuten in der Form rasten, dann auf einem Gitter vollständig auskühlen lassen. In längliche Stücke schneiden (etwa 3 x 10 cm) und mit etwas Staubzucker und Zimt bestreuen.

Pain d'Épices aus Dijon

In Frankreich wird Pain d'Épices meist mit Roggenmehl, Honig und Gewürzen gebacken. Es hat eine brotähnliche Konsistenz und schmeckt zum Frühstück, zu einer Tasse Tee oder Kakao zwischendurch und eignet sich auch sehr gut als Begleitung zu Käse und Wein oder zu Gänseleber.

250 g Honig
200 ml Milch
250 g Roggenmehl
1 Packung Backpulver
je ½ TL Zimt, Ingwer, Anis und Nelken
je ¼ TL schwarzer Pfeffer und Muskatnuss
Schale einer Orange, fein gerieben
1 Prise Salz

Den Honig und die Milch in einem großen Topf erwärmen (nicht kochen!). Das Mehl mit dem Backpulver mischen, in die Honigmilch sieben und zu einer zähflüssigen Masse verrühren. Nun die restlichen Zutaten einrühren und alles in eine gut gebutterte Kastenform füllen. In den heißen Ofen geben, nach 20 Minuten mit Alufolie oder Backpapier abdecken und weitere 30 Minuten backen. 15 Minuten in der Kastenform und dann auf einem Gitter vollständig auskühlen lassen.

Pepper-Mint Mojito

Für 2 Gläser:
10 Minzeblätter
6 EL Pfeffersirup (siehe S. 197)
Saft einer Limette
6 cl weißer Rum
Sodawasser
Crushed Ice

Die Minzeblätter sowie den Pfeffersirup in die Gläser aufteilen und die Blätter mit einem Stößel etwas zerdrücken. Den Limettensaft einrühren, das Glas mit Crushed Ice anfüllen und dann den Rum und das Soda dazugeben. Umrühren und mit einem Minzeblatt garniert servieren.

Peach Daiquiri à la Kampot

Für 2 Gläser:
4 eingelegte Pfirsichhälften (siehe S. 241)
2 Pfefferkörner und 2 EL Sirup aus demselben Einmachglas
Saft einer halben Limette
10 cl weißer Rum
2 cl Pfirsichlikör

Alle Zutaten in einen Mixer geben, zur Hälfte mit Eiswürfeln oder Crushed Ice anfüllen und mixen.

Spicy Strawberry Margarita

Für 2 Gläser:
6 schöne Erdbeeren
6 EL Pfeffersirup (siehe S. 197)
Saft einer halben Limette
10 cl Tequila

Die Erdbeeren schneiden und einige Zeit in dem Pfeffersirup ziehen lassen. Dann alles in einen Mixer geben, zur Hälfte mit Eiswürfeln oder Crushed Ice anfüllen und mixen.

Oriental Orange Surprise

Für 2 Gläser:
10 cl Gin
2 cl Triple sec oder Orangenlikör
15 cl Orangensaft
Saft von einem daumenlangen Stück Ingwer, gerieben und ausgepresst
1 Spritzer Limettensaft
1 TL flüssiger Honig
2 Prisen Szechuanpfeffer, fein gemahlen
2 Stück Sternanis, ganz

Alle Zutaten bis auf Szechuanpfeffer und Sternanis in einen Shaker mit Eiswürfeln geben, gut schütteln, mit den Eiswürfeln in gekühlte Gläser füllen, den Sternanis auf den Drink geben und diesen mit einer guten Prise Szechuanpfeffer bestreut servieren.

Bloody Mary – ganz klassisch

Für 2 Gläser:
8 cl Wodka
16 cl Tomatensaft
je 1 oder 2 Spritzer Zitronensaft und Worcestershire-Sauce
wenige Tropfen Tabasco
Selleriesalz (oder Apicius' »Gewürzsalz für viele Dinge«, siehe S. 188)
schwarzer Pfeffer, griesig gemahlen
Stangensellerie zum Garnieren

Alle Zutaten außer Pfeffer im Shaker mit Eiswürfeln gut schütteln und ohne Eiswürfel in Gläser füllen. Mit Pfeffer bestreut und einer geschälten Selleriestange garniert servieren.

Café Touba

Um das Original dieses Rezeptes nachzumachen, benötigen Sie rohe Kaffeebohnen und Selimpfeffer, vom Ersten zwei und vom Zweiten eine Handvoll. Beides wird gemeinsam in einer Pfanne stark geröstet, bis die Bohnen dunkel sind, und danach zu einem feinen Pulver gemörsert. In der Zwischenzeit kochen Sie etwa 2 Liter Wasser auf. Der Kaffemix kommt in einen Filter oder ein Passiertuch und wird dann portionsweise mit dem heißen Wasser aufgegossen. Der fertige Kaffee kommt erneut auf die Flamme, sollte aber nicht kochen. Mit einer Tasse oder einer Schöpfkelle schöpft man den Kaffee und gießt ihn aus ausreichender Höhe so lange wieder in den Topf, bis der Kaffee eine Schaumschicht entwickelt. Vor dem Servieren wird noch reichlich Zucker zugefügt.
Interpretieren Sie die Idee mit langem Pfeffer, wenn Sie keinen Selimpfeffer bekommen können. Für eine Tasse Filterkaffee oder Espresso genügt ein Stück langer Pfeffer, fein gemahlen und vor der Zubereitung des Kaffees in das Kaffeepulver gemischt.

Masala Chai

Bei den gewürzten indischen Tees ist (wie beim Garam Masala) ein gewisser Gestaltungsfreiraum gegeben. Die Gewürze werden grob zerkleinert oder fein gemahlen und entweder gemeinsam mit den Teeblättern oder getrennt in Wasser gekocht und dann mit dem fertigen Schwarztee vermischt. Mit Milch und viel Zucker wird der starke Tee abgerundet. An den Raststätten entlang der indischen Überlandstraßen steht der Chai-Kessel den ganzen Tag auf dem Feuer; Wasser, Teeblätter Gewürze und viel Büffelmilch werden immer wieder dem kochenden Chai zugegeben. Je später der Tag, desto intensiver das Gebräu. Das hält die indischen Fernfahrer munter und mutig (manchmal etwas zu mutig!).
Welche Gewürze Sie wählen, ist Ihren Vorlieben überlassen. Der Geschmack des Tees sollte jedenfalls nicht von den Gewürzen dominiert werden. Eine Anregung:

1 Zimtstange
1 Stück langer Pfeffer
½ TL schwarzer Pfeffer
2 Nelken
3 Kardamomkapseln
½ TL Süßholz
½ TL Fenchel

Alle Zutaten so zerstoßen, dass sie nicht zu fein sind, sich aber gut und gleichmäßig mischen lassen. Für 1 Liter Wasser etwa einen Esslöffel Schwarzteeblätter mit einem Teelöffel dieser Mischung abmessen, alles in einem Topf einmal aufkochen, dann von der Flamme nehmen und 10 Minuten zugedeckt ziehen lassen. Nach Geschmack mit warmer Milch aufgießen und mit Zucker süßen.

Hot Xocolatl

Das Vorbild für unsere süße, heiße Schokolade war eine herbe, aromatische Angelegenheit: Die Maya und Azteken bereiteten ihr Schokoladengetränk ungesüßt mit Wasser und diversen Gewürze zu, für eine cremige Textur sorgte Maismehl. Hier eine angepasste Version dieser Idee, die durchaus eine kleine Mahlzeit ersetzt:

Für eine große Tasse:
2 EL dunkles Kakaopulver
1 EL brauner Zucker (oder mehr nach Geschmack)
½ TL Maismehl
Mark von ¼ Vanilleschote
2 Pimentkörner, fein gemahlen
1 Prise Chilipulver
10 g dunkle Schokolade
400 ml Milch

Kakaopulver, Zucker, Maismehl und die Gewürze in einem kleinen Topf mit etwas kalter Milch gut verrühren. Nun die restliche Milch dazugeben und unter ständigem Rühren mit einem Schneebesen erhitzen, bis der Kakao einmal aufkocht. Von der Flamme nehmen, das Stück Schokolade darin schmelzen und heiß genießen.

QUELLENVERZEICHNIS

Allen Quellen voran seien Gernot Katzers Buch »Picantissimo« und seine Gewürzseiten im Internet erwähnt: Es gibt selten eine Frage zu Gewürzen, die sich nicht mit einem Blick in diese gedruckten oder virtuellen Seiten klären lässt. Auch bei der Recherche für dieses Buch, insbesondere der Teile über die Pfefferpflanzen, waren dies unentbehrliche Informationsquellen.

Arnot, Stanford (Hrsg.): Indian Cookery as practiced and described by the natives of the East. London 1831

Barth, Dr. Heinrich, zit. nach Petermann, August: Neuere Nachrichten über die afrikanischen Reisenden Dr. Barth und Dr. Vogel. In: Niebour, F. (Verl.): Hamburger Literarische und Kritische Blätter, Bd. 30, Hamburg 1854

Beck, Charlotte et al. (Hrsg.): Pfefferland – Geschichten aus der Welt der Gewürze. Wuppertal 2003

Die Bibel. Einheitsübersetzung. Stuttgart 2006 (11. Auflage)

Blum, Carsten: Analytik und Sensorik von Gewürzextrakten und Gewürzölen. Dissertation, Hamburg 1999

Boileau-Despréaux, Nicolas: Oeuvres complètes de Despréaux. Tome 1, Paris 1825

Brillat-Savarin, Jean Anthèlme: La Physiologie du Goût ou Meditation de Gastronomie Transcendante. Brüssel 1947

Caldicott, Chris & Carolyn: The Spice Routes. Chronicles and recipes from around the world. London 2001

Carême, Marie Antoine: L'Art de la cuisine française au dix-neuvième siècle. O.O. 2008

Chaucer, Geoffrey: Canterbury Geschichten, übersetzt in den Versmaßen der Urschrift und durch Einleitung und Anmerkungen erläutert von Wilhelm Herzberg. Hildburghausen 1866

Chevallier, M. A.: Dictionnaire des altérations et falsifications des substances alimentaires médicamenteuses et commerciales avec l'indication des moyens de les reconnoitre (2 Bände). Paris 1857

Civitello, Linda: Cuisine and Culture: A History of Food and People. Hoboken, N.J. 2011

Coe, Sophie D.: America's first cuisines. London 1994

Collingham, Lizzie: Curry – A tale of cooks and conquerors. New York 2006

Contente Domingues, Francisco: A Carreira da Índia. Lisboa 1989

Czarra, Fred: Spices. A Global History. London 2009

da Orta, Garcia: Colloquies on the Simples & Drugs of India. Nach der neuen Auflage von Conde de Ficalho (Hrsg.). Lissabon 1895, London 1913

Dierbach, Dr. J. H.: Die Arzneimttel des Hippokrates, oder Versuch einer systematischen Aufzählung der in allen hippokratischen Schriften vorkommenden Medikamente. Heidelberg 1824

Dikshit, Anupam; Naqvi, Ali A.; Husain, Akhtar: Schinus Molle: A new Source of Natural Fungitoxicant. In: Applied and Environmental Microbiology, Vol. 51, No.5, American Society for Microbiology

Ein Koch- und Arzneybuch. Gedruckt zu Grätz/ Bey denen Widmannstetterischen Erben, 1688

Fansa, Mamoun; Katzer, Gernot; Fansa, Jonas (Hrsg.): Chili, Teufelsdreck und Safran. Zur Kulturgeschichte der Gewürze. Oldenburg 2009 (2. Auflage)

Fischart, Johann; Rabelais, François: Affentheurlich Naupengeheurliche Geschichtklitterung. 1594, Bestand der Bayrischen Nationalbibliothek

Freedman, Paul (Hrsg.): Food: The History of Taste. London 2007

Freedman, Paul: Out of The East – Spices and the Medieval Imagination. New Haven & London 2008

Fryde, Natalie: Ein mittelalterlicher deutscher Großunternehmer: Terricus Teutonius de Cologna in England, 1217–1247. Stuttgart 1997

Fuchs (Hrsg.): Oeuvres Complètes de Pierre Poivre. Librairie a Paris 1797

Gayet, Mireille: Grand traité des épices. Paris 2010

Giertz, Gernot (Hrsg.): Vasco da Gama. Die Entdeckung des Seewegs nach Indien. Lenningen 1990

Glachant, Roger: Histoire de L'Inde des Français. Paris 1965

Gööck, Roland: Das Buch der Gewürze. Hamburg 1965

Guha, P.: Betel Leaf: The Neglected Green Gold of India. In: Journal of Human Ecology, 19(2), Kamla-Raj 2006

Haebler, Konrad: Die überseeischen Unternehmungen der Welser und ihrer Gesellschafter. Leipzig 1903

Hansi, Helga: Zum Beispiel Gewürze. Göttingen 1997

Happel, Eberhard Werner: Mundus Mirabilis Tripartitus oder Wunderbare Welt in einer kurtzen Cosmographia fürgestellet. Ulm 1687

Heather, Peter: Der Untergang des römischen Weltreiches. Stuttgart 2007

Henze, Dietmar: Enzyklopädie der Entdecker und Erforscher der Erde. Graz 1979

Heyd, Wilhelm: Geschichte des Levantehandels im Mittelalter. Stuttgart 1879

Histoire Philosophique et Politique des établissements & du commerce des Européens dans les deux Indes. La Haye 1774

Holland, Ingo: Gewürze. Wiesbaden 2006

Hornsey, Ian S.: A history of beer and brewing. London 2003

Hümmerich, Franz: Die erste deutsche Handelsfahrt nach Indien 1505/06. Ein Unternehmen der Welser, Fugger und anderer Augsburger sowie Nürnberger Häuser. München und Berlin 1922

Ibn Battuta: Die Wunder des Morgenlandes. Reisen durch Afrika und Asien (Übersetzung von Ralf Elger). München 2010

Isidore of Seville: »Etymologiae« book 17, in: »Isidorus Hispalensis Etymologiae 17«. Paris 1981

Karsten, Arne; Mischer, Olaf: Die Geschichte Venedigs. Geoepoche Nr. 28, November 2007

Katzer, Gernot: Scharfstoffe in Gewürzen. In: Fansa, Mamoun; Katzer, Gernot; Fansa, Jonas (Hrsg.): Chili, Teufelsdreck und Safran. Zur Kulturgeschichte der Gewürze. Oldenburg 2009 (2. Auflage)

Katzer, Gernot; Fansa, Jonas: Picantissimo. Das Gewürzhandbuch. Göttingen 2007

Külb, Dr. Ph. H. (Hrsg.): Cajus Plinius Secundus, Naturgeschichte übersetzt und erläutert von Dr. Ph. H. Külb. Stuttgart 1840

Küster, Hansjörg: Kleine Kulturgeschichte der Gewürze. Ein Lexikon von Anis bis Zimt. München 2003 (2. Auflage)

Kumar, Nikhil: Betelvine (piper betle L.) Cultivation: a unique case of plant establishment under anthropogenically regulated microclimactic conditions. In: Indian Journal of History of Science, 34 (I), 1999

La cuisinière bourgeoise, suivi de l'office. Brüssel 1767 (neue Auflage)

Le Viandier de Guillaume Tirel dit Taillevent, Manuskripte der Französischen Nationalbibliothek, der Bibliothek Mazarine und der Archive von La Mancha. Hrsg. v. Jerôme Pichon und Georges Vicaire (Nachdruck). Genf 1967

Maier, Robert (Hrsg.): Das römische Kochbuch des Apicius. Vollständige zweisprachige Ausgabe. Stuttgart 1991

Mathew, Sam P.; Mohandas, A.; Nair, G. M.: Piper sarmentosum Rxb. – an addition to the flora of the Andaman Islands. In: Current Science, Vol. 87, No.2, Juli 2004, Indian Academy of Sciences, Bangalore

Mayer, Johannes Gottfried; Goehl, Konrad (Hrsg.): Kräuterbuch der Klostermedizin. Leipzig 2003

Meier, Karl Ernst (Meier-Lemgo, Karl): Engelbert Kämpfer, der erste deutsche Forschungsreisende 1651–1716. Stuttgart 1937

Miller, Innes J.: The Spice Trade of the Roman Empire, 29 B. C.-A.D. 641. Oxford, 1969

Milton, Giles: Nathaniel's Nutmeg. London 1999

Mohn, Manuela: Gewürze. Geschichte, Handel, Küche. Stuttgart 2001

Monier-Williams, Sir M.: Sanskrit-English Dictionary. New Delhi 1994 (neue erweiterte Auflage)

Müller, F. Max; Bloomfield, Maurice: Hymns of the Atharva-Veda: The Sacred Books of the East Part Fourty-Two (Reprint). Whitefish 2004

Müller, Friedrich: Wo der Pfeffer wächst; Gewürze und Genüsse aus heißen Ländern. München 1981

Nagel, Jürgen G.: Abenteuer Fernhandel – Die Ostindienkompanien. Darmstadt 2007

Neef, Reinder; Cappers, René T. J.: Ausgegrabene Gewürze. Archäologische Nachweise von Gewürzen aus dem Orient. In: Fansa, Mamoun; Katzer, Gernot; Fansa, Jonas (Hrsg.): Chili, Teufelsdreck und Safran. Zur Kulturgeschichte der Gewürze. Oldenburg 2009 (2. Auflage)

Neuhof, Johan: Die Gesandtschaft d. Oost Indischen Compagney an den Grossen tartarischen Cham. O.O. 1669

Patai, Raphael: The Jewish Alchemists. A History and Sourcebook. Princeton, NJ 1994

Pegge, Samuel: The Forme of Cury. A Roll of Ancient English Cookery Compiled. O.O. 2008 (Neuauflage)

Pemsel, Helmut: Weltgeschichte der Seefahrt. Wien 2001

Plinius Naturgeschichte, Erster Band, übersetzt von Johann Daniel Denso. Rostock und Greifswald 1764

Plinius Naturgeschichte, Zweyter Band, übersetzt von Johann Daniel Denso. Rostock und Greifswald 1765

Prato, Katharina: Die Süddeutsche Küche. Graz 1895 (24. Auflage)

Rabinowitz, Louis Isaac: Jewish Merchant Adventurers: A study of the Radanites. London 1948

Requena, Alberto: En Clave Mediterránea. Cartagena 2008

Rock, Wilhelm: Nahrungs- und Genussmittellehre zum Gebrauche an Koch- und Haushaltungsschulen. Wien 1911

Scappi, Bartolomeo: Opera. UK 2010 (Reprint)

Schach-Raber, Dr. Ursula (Hrsg.): Historische Kochrezepte von A–Z. Aus den Beständen der Universitätsbibliothek Salzburg, zusammengestellt von Mag. Beatrix Koll. Salzburg 2009

Schivelbusch, Woflgang: Das Paradies, der Geschmack und die Vernunft. Frankfurt am Main 2010 (7. Auflage)

Schmidt, Eberhard (Hrsg.): Die großen Entdeckungen – Dokumente zur Geschichte der europäischen Expansion. Band 2. München 1984

Schwarzens, Georg Bernhardt: Reise in Ost-Indien. Heilbronn 1751 (Privatbesitz)

Scully, Terence: The Art of Cookery in the Middle Ages. Woodbridge 1995

Scully, Terence (Übersetzung & Kommentar): The Opera of Bartolomeo Scappi (1570). Toronto 2008

Seidemann, Johannes: World Spice Plants and Plant Spice: Economic Usage, Botany, Taxonomy. Berlin, Heidelberg 2005

Siges, Thomas H. et al.: The Invasive Shrub piper aduncum and Rural Livelihoods in the Finschhafen Area of Papua New Guinea. In: Human Ecology, Vol. 33, No. 6, Dezember 2005

Sprenger, Balthasar: die Merfart unn erfarung nüwer Schiffung und Wege zuo viln onerkanten Inseln und Künigreichen/von dem großmechtigen Portugalischen Kunig Emanuel Erforscht/ funden/ bestritten unnd Ingenommen. Gedruckt Anno MDIX (1509)

Storbeck, Olaf: Globalisierung, Anno 1503. Handelsblatt vom 13. 03. 2006

Swahn, J. O.: The Lore of Spices. Their history, nature and uses around the world. New York 1997

Tavernier, Jean-Baptiste: Les six Voyages de Monsieur Jean-Baptiste Tavernier, Ecuyer Baron d'Aubonne qu'il a fait en Turquie, en Perse et aux Indes, Tome V. Gervais Clouziers et Claude Barbin, Paris MDCLXXVI (1676)

Teuteberg, Hans Jürgen: Gewürze, in: Hengartner, Thomas; Merki, Christoph Maria (Hrsg.): Genussmittel. Ein kulturgeschichtliches Handbuch. Frankfurt 1999

The Economist, Historical Archive 1843 to 2006. A taste of adventure. The history of spices is the history of trade, Dec. 17th 1998 KERALA, INDIA, AND THE MOLUKKA ISLANDS, INDONESIA (print edition)

Theophrasts Naturgeschichte der Gewächse, übersetzt und erläutert von K. Sprengel. Altona 1822

Thüry, Günther E.; Walter, Johannes: Condimenta. Gewürzpflanzen in Koch- und Backrezepten aus der römischen Antike. Herausgegeben von Michael Kiehn, Institut für Botanik und Botanischer Garten der Unviersität Wien, Herrsching 2001 (4. Auflage)

Tomber, Roberta: Indo-Roman trade: from pots to pepper. London 2008

Trebeljahr, Moritz: Pêro da Covilhas Indien- und Äthiopienreise und die Expansionspolitik Johannes II. von Portugal. Magisterarbeit an der Albert-Ludwigs-Universität, Freiburg im Breisgau 2003

Turner, Jack: Spices. The History of a Temptation. New York 2005

Uffenbach, Peter: Kreuterbuch deß uralten und in aller Welt berühmtesten Griechischen Scribenten Pedacii Dioscorides Anazarbaei, (...). Frankfurt am Main 1610

Valéry, Marie-Françoise: Les Épices. Paris 1998

van Mökern, Philipp: Ostindien, seine Geschichte, Cultur und seine Bewohner. Resultate eigener Forschungen und Beobachtungen an Ort und Stelle (2 Bände). Leipzig 1857.

Vaupel, Elisabeth: Gewürze. Acht kulturhistorische Porträts. Deutsches Museum 2002

Vives, Gérard: Poivres. Rodez 2010

Voltaire: Essaie sur les moeurs et l'esprit des nations. Geneve 1756

Wendt, Reinhard: Vom Kolonialismus zur Globalisierung – Europa und die Welt seit 1500. Paderborn 2007

Weth, Georg A.: »Ick will wat Feinet« – Das Marlene Dietrich Kochbuch. Berlin 2001

Wichmann, Siegfried (Hrsg.): Spitzwegs Leibgerichte – Die Kochrezepte des weiland Apothekers und Malerpoeten. O.O. 1979

Wiethold, Julian: Exotische Gewürze aus archäologischen Ausgrabungen als Quellen zur mittelalterlichen und frühneuzeitlichen Ernährungsgeschichte. In: Fansa, Mamoun; Katzer, Gernot; Fansa, Jonas (Hrsg.): Chili, Teufelsdreck und Safran. Zur Kulturgeschichte der Gewürze. Oldenburg 2009 (2. Auflage)

Wilkinson, Endymion: Chinese History – A Manual. Harvard 2000

Wintergerst, Martin: Reisen auf dem Mittelländischen Meere, der Nordsee, nach Ceylon und nach Java 1688–1710. Neu herausgegeben nach der zu Memmingen im Verlag von Johann Wilhelm Müller im Jahre 1712 erschienen Original-Ausgabe. Haag 1932

Wolfram, Herwig: Die Goten. Von den Anfängen bis zur Mitte des sechsten Jahrhunderts. München 2001 (4. Auflage)

Zäck, Rudolf: Die neuzeitliche Küche von Küchenmeister Rudolf Zäck. Konstanz 1935

Onlinequellen

Zu Geschichte, Zeitgeschehen und Wirtschaft:

A Taste of Adventure. History and Importance of the Spice Trade. In: The Economist, 17. Dezember 1998, http://www.economist.com

Brazilian Peppertrade Board: http://www.peppertrade.dom.br

Fachverband der Gewürzindustrie e. V.: http://www.gewuerzindustrie.de

International Pepper Exchange: http://www.ipcnet.org

Schelling, Peter: Kein Wunder, dass der Aufschwung jetzt da ist. Artikel vom 15.04.2007, http://www.welt.de

The Guardian: http://www.guardian.co.uk (diverse Artikel)

Pflanzenporträts sowie deren Wirkstoffe, Geschichte, Verwendung und wirtschaftliche Bedeutung:

Bornscheuer, U.; Dill, B.; Dingerdissen, U.; Eisenbrand, G.; Faupel, F.; Fugmann, B.; Gamse, T.; Heiker, F. R.; Kirschning, A.; Pohnert, G.; Schreier, P.; Streit, W.: RÖMPP Online [Online], Stuttgart, Georg Thieme Verlag, Version 3.12., [März 2011]: http://www.roempp.com/prod

Buscher, Prof. Dr. Hans-Peter: http://www.medicoconsult.de

Café Touba: une consommation très galoppante: http://www.xibar.net/Cafe-Touba-Une-consommation-tres-galopante_a3595.html

Caldecott, Todd: http://www.toddcaldecott.com/index.php/herbs/learning-herbs

Diskurides, Pedanios: Materia Medica, übersetzt von Julius Berendes 1902: http://www.pharmawiki.ch, Dr. Alexander Vögtli

Gernot Katzers Gewürzseiten: http://www.uni-graz.at/~katzer/germ/index.html

Henriette's Herbal Homepage: http://www.henriettesherbal.com

Krünitz, D. Johann Georg: Oekonomische Encyklopädie oder allgemeines System der Staats- Stadt- Haus- und Landwirtschaft in alphabetischer Ordnung. (1773–1858): http://www.kruenitz1.uni-trier.de

Orwa C.; Mutua A.; Kindt R.; Jamnadass R.; Simons A.: 2009. Agroforestree Database: a tree reference and selection guide Version 4.0: http://www.worldagroforestry.org

Plant Spec Sheets, Rutgers University: http://www.pfidnp.org

Taylor, Dr. Leslie: Technical Data Report for Matico (Piper aduncum, angustifolium), 2006: http://www.rain-tree.com/reports/matico-tech-report.pdf

The Epicentre – Encyclopedia of Spices: http://www.theepicentre.com

Transport-Informations-Service: http://www.tis-gdv.de/tis/ware/gewuerze/pfeffer/pfeffer.htm

Historische Rezepte:

Alte Kochbücher: http://www.uni-giessen.de/gloning/

Grazer Kochbuchplattform: http://www-classic.uni-graz.at/ubwww/sosa/druckschriften/dergedeckteTisch/index.html

Kochbuchhandschrift der Universitätsbibliothek Graz Nr. MS1609, (UBG Ms1609/057v/058r) siehe Grazer Kochbuchplattform

Mittelalterliche Küche: http://www.oldcook.com/de

Zotter, Hans: Rezept- und Zutatenliste zu Pierre de Lune, Le nouveau cuisinier, Pierre David, Paris 1660: http://www.uni-graz.at/1cuisinier.pdf

Die AutorInnen

Konrad Pernstich studierte Maschinenbau. Sein Beruf führte ihn in zahlreiche Länder, unter anderem lebte er insgesamt 17 Jahre in Brasilien, Indonesien und Indien. In seiner Freizeit beschäftigte er sich intensiv mit Kultur und Geschichte seiner Gastländer.

Nathalie Pernstich-Amend studierte an der London School of Economics Wirtschaft und Politikwissenschaft und anschließend indische Philosophie an der SOAS (School of Oriental and African Studies). Seit 1997 lebt sie in Wien und betreibt dort die Kochbuch- und Gewürzhandlung Babette's – Spice and Books for Cooks (www.babettes.at).

Bildnachweis:
Vorsatz: Weißer und schwarzer Pfeffer. Aus: Codex Fuchs.
Nachsatz: Pfeffer. Aus: Michael Boym: Flora Sinensis Frvctvs …, 1665.
S. 3: Schwarzer Pfeffer. Aus: Köhler's Medizinal-Pflanzen.
S. 10: Pfefferernte. Aus: Paré, Des Monstres et Prodiges.
S. 15: Pfefferernte in Indien. Aus: Marco Polo.
S. 26 f.: Die Seewege in die Gewürzländer. Aus: Histoire Philosophique et Politique.
S. 48: Eine Allegorie des Gewürzhandels. Aus: Histoire Philosophique et Politique, 1774.
S. 59: Ernte von langem und rundem Pfeffer, Chili und Piment in der Karibik. Aus: Simon de Vries.
S. 71: Piperatorium. Aus: British Museum.
S. 84: Taillevents Saucenrezepte. Aus: »Le Viandier«.
S. 87: Pratos Pastetengewürz. Aus: Süddeutsche Küche.
S. 91: Spitzwegs Hypocras. Aus: Spitzwegs Leibgerichte
S. 92: Echte und »falsche« Pfeffergewächse. Aus: Pierre Pomet: L'Histoire générale des Drogues simples et composés.
S. 97: Piper nigrum. Abbildung aus einem Arzneibuch, 19. Jahrhundert.
S. 103: Das Kapitel Pfeffer. Aus: Kreuterbuch des Dioscorides nach Peter Uffenbach, 1610.
S. 110: Auf einem indischen Gewürzmarkt. Foto: Privat.
S. 118: Taly auf seiner Pfefferplantage. Foto: Privat.
S. 122: Der lange und der runde Pfeffer. Aus: Johan Neuhof.
S. 126: Piper cubeba. Aus: Köhler's Medizinal-Pflanzen.
S. 138: Piper angustifolium. Aus: Köhler's Medizinal-Pflanzen.
S. 157: Die Chilipflanze. Aus: Codex Fuchs.
S. 166: Grana Paradisi. Aus: Adolphus Ypeys Sammlung der Arzneipflanzenbilder.
S. 169: Piment. Aus: Köhler's Medizinal-Pflanzen.
S. 177: Szechuanpfeffer. Foto: Didier Descouens.

Dankeschön!

Viele Leute haben unser Buchprojekt auf unterschiedlichste Weise beflügelt und unterstützt.
Besonders bedanken möchten wir uns bei unserem Verleger Michael Baiculescu für das Vertrauen in unser vorerst eher vage definiertes Projekt und bei unserer Pfeffer-Lektorin Inge Fasan für ihr waches Auge, ihr Feingefühl und die sehr angenehme Zusammenarbeit.
Seiner Partnerin Violette dankt Konrad besonders für die Hilfe beim Durchforsten der umfangreichen französischen Quellen und für die motivierende Unterstützung während des gesamten Projektes.
Von Nathalie: Danke, Peter, für die Geduld mit dem über Wochen bücherbedeckten Esstisch und der mutigen Verkostung diverser Pfeffer-Experimente. Das nächste Buch gibt's erst, wenn ich ein eigenes Arbeitszimmer habe – versprochen!
Für das informelle Erstlektorat bedanken wir uns herzlich bei Katharina Wind: Deine Anregungen und Korrekturen waren Gold (oder Pfeffer?) wert!
Auch dem kleinen feinen Verkostungsteam Bernadette Wörndl und Sophie Laurent vielen lieben Dank für das tapfere »Körndlkauen«, die vielen tollen Ideen und die Ernsthaftigkeit bei der Sache (aber lustig war's schon auch!).
Überhaupt dem gesamten Babette's Team unendlichen Dank fürs »Rückenfreihalten« während der Schreibphase und deren Nachwehen. Ihr seid einfach die Besten!
An Bertil Akesson: Vielen Dank für den stets inspirierenden Austausch über Pfeffer sowie für die interessanten Informationen aus erster Hand. Auf die Geschmackserlebnisse, die wir durch Deine feinen Pfeffer erfahren, möchten wir nicht mehr verzichten (www.akessons-organic.com/de/)!
Der lieben Elisabeth Haller-Cetica dankt Nathalie besonders für die unvergleichlichen Momente auf ihrer toskanischen Gartenterrasse bei kulinarischen Gesprächen und Gelagen (es soll uns nie schlechter gehen!) und für das köstliche Pfirsicheis mit Rosen und Pfeffer, das nun auch die LeserInnen dieses Buches verzaubern wird. Mögen noch viele Genießer den Weg zu Dir finden (www.ilteso.it)!
Unsere persönliche »Entdeckung« des Kampot Pfeffers verdanken wir Severin Corti, der knapp nach Eröffnung der Babette's Gewürzfiliale im Herbst 2008

danach fragte. Damals wussten wir noch nicht, was uns ohne diesen Pfeffer entgeht!
Viele Menschen haben Babette's teilweise von Kindesbeinen an begleitet und unterstützt und leisten auf diese Weise auch einen Beitrag zur Entstehung von Projekten wie diesem. Bedanken möchten wir uns in diesem Sinne bei Jill Halek für die ungebrochene Treue seit der ersten Stunde, bei Thomas Zedrosser, Romana Schemm, Thomi Adank und Andrea Scholdan für ihr Vertrauen, bei Barbara van Melle für ihre Begeisterung für Pfeffer, bei Cornelia und Markus Jaksche für so manch bahnbrechende Erkenntnis … und bei vielen weiteren unserer wichtigen WegbegleiterInnen, die wir hier unmöglich alle aufzählen können. Der Dank kommt persönlich!

Kleines Glossar Österreichisch – Deutsch

Abrebeln	(Pfeffer-)Beeren von den Stielen trennen
Auswalken	(Teig) ausrollen
Eidotter, Dotter	Eigelb
Eiklar, Klar	Eiweiß
Einbrenn	Mehlschwitze
Eischnee	geschlagenes Eiweiß
Faschiertes	Hackfleisch
Fleischlaberl	Frikadelle
Germ	Hefe
Karotte	Möhre, Mohrrübe
Kletzenbrot	Früchtebrot
Lungenbraten	Filet
Marille	Aprikose
Marmelade	Konfitüre
Melanzani	Auberginen
Obers	Sahne
Orange	Apfelsine
Paradeiser	Tomate
Rexglas	Einmachglas
Rote Rüben	Rote Bete
Rotkraut	Rotkohl
Rübe	Rohne
Rucola	Nusssalat, Rauke
Sauerrahm	Saure Sahne
Schöpfer, Suppenschöpfer	Schöpfkelle
Schweinsschopf	Schweinekamm
Stamperl	Schnapsglas
Topfen	Quark
Trockengerm	Trockenhefe
Walken	(Teig) ausrollen
Zwetschke	Zwetschge, Pflaume

REZEPTVERZEICHNIS NACH PFEFFERSORTEN

Kapitel	Rezept	schwarzer Pfeffer	grüner Pfeffer	weißer Pfeffer	roter Pfeffer	langer Pfeffer	Voatsiperifery	Kubebenpfeffer	Cayennepfeffer / Chili	Mönchspfeffer	Paradieskörner	Piment	Rosa Pfeffer	Szechuanpfeffer	Tasmanischer Pfeffer	div. weitere Gewürze	Seite
Frühstück	Rühreі nach Marlene Dietrich	x			x												182
	Spiegelei nach Bernard Loiseau	x			x												183
	Weiches Ei nach Katharina Prato	x			x												184
	Pancakes mit Ahornsirup und Piment											x					185
	Crêpes mit Zitronenbutter, Zucker und Zitronenpfeffer	x															186
	Pain d'Épices mit Trockenfrüchten			x												x	187
Aus dem Mörser	Apicius »Gewürzsalz für viele Dinge«	x		x						x						x	188
	»Süßes Pulver« nach Taillevent										x					x	189
	»Süßes Pulver« nach Bartolomeo Scappi										x					x	189
	Quatre Épices			x												x	190
	Garam Masala	x														x	190
	Berbere	x				x			x		x	x				x	191
	Balinesisches Bumbu			x		x										x	192
	Chinese Five Spice													x		x	193
	Baharat	x										x				x	193
	Jamaican Jerk Paste	x							x			x				x	194
	Dekorative Mischung für die Mühle	x	x	x								x	x				195
	Pfeffermischung für Steak	x	x		x	x									x		195
	Pfeffermischung für Wild	x	x	x		x		x				x			x		196
	Zitronenpfeffer	x															196
	Kubeben-Thymian-Salz							x								x	197
	Pfeffersirup			x													197
	Pfeffer-Ingwer-Honigsirup	x														x	198
Rezepte mit Gemüse	Grüner Spargel und junge Karotten mit Pfeffersabayon													x			199
	Zucchini-Tarte-Tatin mit Kubebenpfeffer und gefüllter Blüte							x									200
	Melanzanikaviar mit langem Pfeffer					x											201
	Rosa Flammkuchen mit Ziegenkäse, frischen Feigen und Rohschinken														x		202
	Burmesische Pfeffersuppe	x														x	203
	Herbstliches Ofengemüse mit Ahornsirup und Piment	x										x				x	204
	Pilze aus dem Wok mit grünem Pfeffer		x	x													205
	Artischocke mit verschiedenen Pfeffern nach Alain Passard	x	x		x			x		x		x		x			206
Rezepte mit Fisch	Jakobsmuscheln »Waldorf« mit grünem Pfeffer		x														207
	Fischtartar mit kambodschanischer Pfeffersauce				x											x	208
	Süß-sauer marinierte Sardinen mit rosa Pfeffer												x	x		x	209

Kapitel	Rezept	schwarzer Pfeffer	grüner Pfeffer	weißer Pfeffer	roter Pfeffer	langer Pfeffer	Voatsiperifery	Kubebenpfeffer	Cayennepfeffer / Chili	Mönchspfeffer	Paradieskörner	Piment	Rosa Pfeffer	Szechuanpfeffer	Tasmanischer Pfeffer	div. weitere Gewürze	Seite
	Garnelen im Tempurateig mit Paradieskörnern										x						209
	Goldbrasse mit Mönchspfeffer und Thymian im Salzmantel							x		x						x	210
	Geschmorter Pulpo mit Piment					x						x				x	211
	Seeteufel, auf Zwiebeln und langem Pfeffer geschmort					x											212
	Linguine mit Calamares, Zitronenpfeffer und Kapern	x															213
	Gedämpfter Red Snapper mit gemischten Pfeffern, Zimtblüten und Orange			x	x						x			x		x	214
Rezepte mit Fleisch	Wachteln mit Kubeben-Honig-Glaze, Thymian und Trauben							x									215
	Südindisches Pfefferhuhn	x							x							x	216
	Ente mit Szechuanpfeffer, Honig und Soja													x			217
	Stifado vom Kaninchen	x										x				x	218
	Hase im Pfeffer	x										x				x	219
	Balinesische Spieße vom Schwein			x		x										x	220
	Geschmorte Lammhaxen mit Zwiebeln, Melanzani und Berbere	x				x			x		x	x				x	221
	Rinderfilet im Wok mit grünen Paprika, Zwiebeln und zweierlei Pfeffer	x												x		x	221
	Pfeffersteak	x	x		x	x									x		222
	Kalbsfilet im Pfeffermantel		x														224
	Wildfilet im Pfeffermantel	x	x	x		x		x				x			x		224
Beilagen und kleine Snacks	Pfeffernüsse	x														x	225
	Pfefferstangerl	x	x	x	x							x			x		225
	Knusprige Puris mit schwarzem Pfeffer	x														x	226
	Gewürzreis mit Minze	x														x	227
	Süß-sauer eingelegte Melanzani					x			x							x	228
	Essiggurkerl mit Estragon und Mönchspfeffer	x								x						x	229
	Frittierte Bananen im Pfeffermantel	x			x												230
Pfeffersaucen	Poivre noir nach Taillevent	x															231
	Poivre jaune	x														x	231
	Sauce Cameline					x					x					x	232
	Grüne Sauce nach Bartolomeo Scappi	x														x	232
	Grüne Pfeffersauce für Steaks		x														233
	Weiße Pfeffersauce zu Fisch	x		x													233
	Sauce Poivrade für Braten vom Wild	x					x					x				x	234
	Mayonnaise, variiert	x						x	x				x	x	x	x	234
	Indische Pfeffersauce	x														x	235
	Chinese Mastersauce								x					x		x	236
	Kampot Pfeffersauce		x														236

Kapitel	Rezept	schwarzer Pfeffer	grüner Pfeffer	weißer Pfeffer	roter Pfeffer	langer Pfeffer	Voatsiperifery	Kubebenpfeffer	Cayennepfeffer / Chili	Mönchspfeffer	Paradieskörner	Piment	Rosa Pfeffer	Szechuanpfeffer	Tasmanischer Pfeffer	div. weitere Gewürze	Seite
Desserts	Ziegenfrischkäse mit Tasmanischem Pfeffer und Rotweinfeigen														x		237
	Zitronen-Topfen-Crème mit Gin und schwarzem Pfeffer	x															238
	Süße Avocadocrème mit rosa Pfeffer												x				238
	Pistazieneis mit rosa Pfeffer												x				239
	Basilikum-Pfeffer-Eis			x													240
	Pfirsich-Roseneis mit rotem Kampot Pfeffer				x												240
	Eingelegte Pfirsiche mit Pfeffer				x												241
	Mangopudding mit Passionsfrucht und grünem Pfeffer		x														242
	Salzige Schokokaramellsauce mit Chili								x								242
	Cantuccini mit Pistazien und rosa Pfeffer												x				243
	Tarte au Citron mit grünem Pfeffer		x														244
	Erdbeer-Tartelettes mit wilder Pfeffer-Schoko-Ganache						x										245
	Knusprige Rhabarbertarte mit Erdbeeren und Pfeffer			x													246
	Halbflüssige Schokotörtchen mit rotem Kampot Pfeffer				x		x					x					247
	Ananas-Tarte-Tatin mit Voatsiperifery Pfeffer						x								x		247
Würziges Backwerk	Apicius' gepfefferte Honigkekse	x															249
	Musketierbrot, 1688	x														x	250
	Nonnenfürze, 1692	x														x	250
	Brauner Lebkuchen nach Katharina Prato			x												x	251
	Pan Forte aus Siena	x														x	252
	Pain d'Épices aus Dijon	x														x	253
Gepfefferte Getränke	Pepper-Mint Mojito			x													254
	Peach Daiquiri à la Kampot				x												254
	Spicy Strawberry Margarita			x													255
	Oriental Orange Surprise													x		x	255
	Bloody Mary	x							x							x	255
	Café Touba					x										x	256
	Masala Chai	x				x										x	256
	Hot Xocolatl								x			x				x	257
Gewürzte Weine	Paradoxer Wein	x														x	89
	Gewürzmischung für Hypocras aus »The Forme of Cury«					x					x					x	90
	Hypocras nach Carl Spitzweg															x	90
	Glühwein aus Babette's Gewürzküche					x						x				x	90

REZEPTEVERZEICHNIS ALPHABETISCH